Catherine J. Weisser

Die geheime Welt der Ehe

Ihre *Hoch*Zeit!
Mehr als nur ein Fest

Copyright: © 2022 Catherine J. Weisser
Cover Design: Alexander Bayer, Johannes Bayer und Catherine Weisser
Cover Fotographie: Alexander Bayer, StudioVisions, Balgach/CH
Illustrationen: Johannes Bayer, Balgach/CH
Cover Graphik: Uccio Demerici, Balgach/CH
Models: Eileen Plamauer und Marc Bayer, Lustenau/AUT
Bildrechte: Catherine Weisser
Lektorat: Erik Kinting – www.buchlektorat.net

Weisser Hai Verlag
Catherine Weisser
Schulhausstrasse 19
CH-9470 Buchs SG

Softcover	978-3-9525515-2-3
Hardcover	978-3-9525515-3-0
E-Book	978-3-9525515-4-7
Softcover Luxusausgabe	978-3-9525515-0-9
Hardcover Luxusausgabe	978-3-9525515-1-6

Druck und Vertrieb (nicht exklusiv):
tredition GmbH
Halenreie 40-44
22359 Hamburg

Bestellung und Verlagsauslieferung Buchhandel (DACH)
Brockhaus/Commission (BroCom)
Email: walker@brocom.de
Tel: +49 7154 1327-9208
Fax: +49 7154 1327-13

sowie

Weisser Hai Verlag
Catherine Weisser
Schulhausstrasse 19
CH-9470 Buchs SG
www.weisser-hai.org (Bücher und Coaching)
info@weisser-hai.org

Das Werk, einschließlich seiner Teile, ist urheberrechtlich geschützt. Jede Verwertung ist ohne Zustimmung des Verlages und der Autorin unzulässig. Dies gilt insbesondere für die elektronische oder sonstige Vervielfältigung, Übersetzung, Verbreitung und öffentliche Zugänglichmachung.

Bibliografische Information der Deutschen Nationalbibliothek:
Die Deutsche Nationalbibliothek verzeichnet diese Publikation in der Deutschen Nationalbibliografie; detaillierte bibliografische Daten sind im Internet über http://dnb.d-nb.de abrufbar.

Hinweis:
Das vorliegende Buch basiert auf den praktischen Beobachtungen und Erkenntnissen der Autorin aus ihrer jahrzehntelangen Berufserfahrung als Scheidungsanwältin und ihrer Arbeit als Mediatorin. Das Buch wurde mit Sorgfalt erarbeitet. Trotzdem handelt es sich um die subjektive Meinung der Autorin und es erfolgen alle Angaben und Informationen ohne Gewähr. Weder die Autorin noch der Verlag noch der Vertrieb/Druck übernehmen eine Haftung für eventuelle Nachteile oder Schäden, die aus den im Buch vorgetragenen Informationen, Aussagen und Empfehlungen resultieren, beziehungsweise resultieren könnten.

Es ist bei einem Buch über Beziehungen zwischen zwei Ehepartnern, die männlich, weiblich oder divers sein können, nicht einfach, die Grätsche zwischen korrektem Gendern und guter Verständlichkeit hinzubekommen. In diesem Sinne bitte ich um Nachsicht, dass der Verständlichkeit mitunter der Vorzug gegeben wurde. Wenn vom *Partner* oder *anderen* die Rede ist, wurde daher teilweise aufs Gendern verzichtet.

Sämtliche handelnde Personen und Namen sind frei erfunden. Ähnlichkeiten mit echten Personen sind zufällig.

Mit freundlicher Unterstützung von

Alexander Bayer, VisionStudios, Balgach/Schweiz
Johannes Bayer/Balgach/Schweiz
Eileen Planmauer und Marc Bayer, Lustenau/Österreich

Inhalt

ZWISCHEN LIEBE, TÜLL UND KALTEN FÜßEN 11

1. TEIL
SIE, IHR/E PARTNER/IN UND DAS WESEN IHRER EHE

DAS MAß ALLER DINGE DES EHEGLÜCKS 19
   Merksätze für Notfälle und Eilige: 21

PARTNERWAHL 22
   Der perfekte Partner 22
   Merksätze für Notfälle und Eilige: 35
   Nur Selbsttreue bringt Vertrauen 35
   Merksätze für Notfälle und Eilige: 40
   Die geheime Partnerwahl durch Mutter Natur 40
   Gefahren der Antibabypille: Wer trickst hier wen aus? 44
   Schicksalsfügungen 48
   Merksätze für Notfälle und Eilige: 50

WESHALB MENSCHEN HEIRATEN 51
   Die Ehe im Wandel der Zeit 51
      Patriarchat 53
      Neue Gesetzeslage 54
      Ehe und Kinder I 55
      Bildung 56
   Männer in geordneten Bahnen 57
   Frauen und ihr Märchen ohne Ende 61
      Merksätze für Notfälle und Eilige: 65

Sex 65
Männer 66
Frauen 67
Merksätze für Notfälle und Eilige: 69

DIE ARCHITEKTUR DER EHE 70
Vom Formlosen zur Form 70
Der Bauplan der Ehe 72
Merksätze für Notfälle und Eilige: 74
Die Außenfassade der Ehe 74
Merksätze für Notfälle und Eilige: 79
Die Innenräume der Ehe 80
Merksätze für Notfälle und Eilige: 83
Verändert die Heirat Ihre Beziehung? 84
Ehefrauen sind in der Ehe unglücklicher als Ehemänner ... 87
Merksätze für Notfälle und Eilige: 89
Die zwei Bausteine Ihrer persönlichen Ehewelt 90
Merksätze für Notfälle und Eilige: 102
Die unbekannte Ehewelt des/r Partner/in 103
Merksätze für Notfälle und Eilige: 105
Ehe und Kinder II 107
Merksätze für Notfälle und Eilige: 108

DIE GEHEIMEN MECHANISMEN DER EHE 109
Jede Ehe umfasst vier Beziehungen 109
Merksätze für Notfälle und Eilige: 117
Sie können nur Ihr eigenes Verhalten bestimmen! 118
Wo sind die Pantoffelhelden? 120
Merksätze für Notfälle und Eilige: 122

VOM PAAR ZUM EHEPAAR 123
Die konkrete Veränderung der Frau zur Ehefrau 123
Freiwilliger Verzicht auf Lebensqualität und Freiheit 125

Die konkrete Veränderung vom Mann zum Ehemann 133
Merksätze für Notfälle und Eilige: 137
Ehe und Kinder III 138
Ehe ohne Kinder 145
Merksätze für Notfälle und Eilige: 146
Die konkrete gemeinsame Veränderung: Der dicke Fallstrick
der Selbstverständlichkeiten 147
Merksätze für Notfälle und Eilige: 156
Die Formel der Eheprobleme 157
Enttäuscht durch Ent-Täuschung 162
Die Angst vor der Ehrlichkeit 163
Merksätze für Notfälle und Eilige: 167
Dritte Einflüsterer als Brandbeschleuniger 169
Wenn Dritte ihre Außenansicht in Ihr Eheinneres tragen. 169
Außenstehende und die bejubelte Liebes-
Selbstverletzung 173
Außenstehende und häusliche Gewalt 176
Merksätze für Notfälle und Eilige: 178

2. TEIL

DIE VERBORGENEN
KONFLIKTMECHANISMEN IM
SPEZIELLEN

DIE STATIONEN DES SCHEITERNS **183**
Die Honigfalle 183
Das geheime Eintrittsportal 183
Der Honig: Der Leitsatz aller Liebenden 185
Die Falle 187
Merksätze für Notfälle und Eilige: 189

Der Mechanismus der Abwärtsspirale 191
Die sieben Stufen in die Ehekrise 191
1. Stufe   Aufopferung und Selbstverleugnung: der Auslöser jeder Ehekrise 192
Beispiele aus der Praxis 195
2. Stufe   Überforderung und wachsende Unzufriedenheit 199
3. Stufe   Die Aufforderung an den Partner, sich ebenfalls anzustrengen und Opfer zu bringen 202
4. Stufe   Die Verweigerung 202
5. Stufe   Die Ehe kippt 205
6. Stufe   Intensivierte Beziehungsarbeit und Zusammenbruch der Kommunikation 206
7. Stufe   Entfremdung und Einsamkeit 207
Brandbeschleuniger Beziehungsarbeit 208
Erste Hilfe für Männer: Ein Blick in die weibliche Welt des Selbstwerts 215

EHEHÖLLE GEWALT **222**
Die beiden unterschiedlichen Formen der Gewalt 223
Gewalt gegen sich selbst 224
Merksätze für Notfälle und Eilige: 233
Häusliche Gewalt 234
Merksätze für Notfälle und Eilige: 240
Der Kitt der Gewaltehen 241
Merksätze für Notfälle und Eilige: 246

UMDENKEN – DER WEG INS EHEGLÜCK **248**
Der Umbau des Fallstricks zum Fangnetz 248
Merksätze für Notfälle und Eilige: 253
Die Beseitigung der Honigfalle: Der Leitsatz der Liebenden reloaded 254

Merksätze für Notfälle und Eilige: 261

DIE WUNDERBARE WELT DES OFFENEN KONFLIKTS 263
Merksätze für Notfälle und Eilige: 272
Kritikfähigkeit leicht gemacht 273

DIE EHELICHE KOMMUNIKATION 279
Merksätze für Notfälle und Eilige: 286
Sprechen Sie Ehelisch? 288
Natürlich sprechen Sie Ehelisch! 292
Merksätze für Notfälle und Eilige: 299
Beispiele aus dem Ehelisch-Translate 301
Wunschkonzert im Eheinneren 305
Merksätze für Notfälle und Eilige: 309
Außenstehende sprechen nicht Ihr Ehelisch 310
Merksätze für Notfälle und Eilige: 313

DER DREH DER AUFWÄRTSSPIRALE 314
Das Spiel des Eheversprechens schafft leicht Ordnung 316
Merksätze für Notfälle und Eilige: 325
Der Ausgleich macht glücklich 326
Das Punktesystem des Ausgleichs – speziell für Männer: kostengünstig und effektiv! 328
Die ausgeglichenen Kräfteverhältnisse in der Ehe 332
Merksätze für Notfälle und Eilige: 336
Die Königsdisziplin: Die Win-win-Entscheidung im scheinbar unauflösbaren Konflikt 337
Wer von Ihnen trägt schwerer an den Konsequenzen der Entscheidung? 338
Respektierung der Persönlichkeitsgrenzen 340
Merksätze für Notfälle und Eilige: 342

LITERATURHINWEISE 345

ZWISCHEN LIEBE, TÜLL UND KALTEN FÜßEN

Am Tag Ihrer Hochzeit, wenn Sie frühmorgens an- und aufgeregt aufstehen, in heißer Erwartung des schönsten Tages Ihres Lebens, freuen Sie sich auf Ihre glückliche, bessere Zukunft voller Magie zusammen mit Ihrem Partner / Ihrer Partnerin an Ihrer Seite. Dazu sagen Sie Ja! Aus vollem Herzen. Natürlich wissen Sie, dass auf Ihrem gemeinsamen Lebensweg nicht immer eitel Sonnenschein herrschen wird, dennoch vertrauen Sie beide darauf, dass Sie eine feste Basis unter den Füßen haben und auch in schlechten Tagen zueinanderhalten, dass Ihre große Liebe alle Hürden überwinden wird.

Den beängstigenden Gedanken, dass fast die Hälfte aller Ehen vor dem Scheidungsrichter enden, schieben Sie beiseite. Dass das eines Tages auch Ihnen passieren könnte, ist schlicht unvorstellbar. – *Aber für alle Scheidungspaare war das am Tag der Hochzeit wohl genauso undenkbar gewesen wie für mich jetzt ...* Und genau diese Bedenken, die in flüchtigen Momenten als ungebetener Gast immer wieder in Ihren Kopf eindringen, bevor sie von Liebe und Hoffnung verscheucht werden, verunsichern Sie. Dieser Gedanke und der Umstand, dass Sie mit dem Jawort die Tür in die Ehe aufstoßen und unbekanntes Gelände betreten, lassen Ihre immer wieder aufkeimenden Ängste angesichts düsterer Statistiken mehr als berechtigt erscheinen. Da kann man schon mal kalte Füße bekommen.

Die drängendste Frage, die Sie nun umtreibt, ist: *Was machen glückliche Ehepaare anders als die anderen?* Denn zur Gruppe der Glücklichen möchten Sie auch gehören. – Genau mit dieser Frage werden wir uns eingehend beschäftigen.

Jedes Eheleben ist bunt und individuell und einzigartig wie die beiden Partner, die sich in ihrer Ehe miteinander verbinden. Es gibt Millionen von Ehen, deshalb ist es auch unmöglich, die 1.000.000.000 + 1 Zutaten für das ganz persönliche Eheglück jedes einzelnen Lesers im Alltag aufzuzählen. Jeder von uns ist unverwechselbar und durchlebt in jeder Lebensphase eine persönliche, individuelle Reifung und verändert sich. Sie und Ihr Ehepartner sind unterschiedliche Persönlichkeiten, Ihre gemeinsame Dynamik ist einzigartig, genauso wie jeder von Ihnen beiden es für sich ist. Denken Sie nur an das ganz unterschiedliche Bedürfnis nach Nähe und Freiheit jedes Ehepartners im Wechselspiel, je nach Situation und Persönlichkeit. Die einen lieben es, alles entweder gemeinsam zu machen oder gar nicht, andere brauchen eine gehörige Portion Privatsphäre und Zeit für ihre eigenen Hobbys und Interessen. Einige wollen in besonderen Stresssituationen Ruhe und Distanz, andere bedürfen gerade dann einer liebevollen Schulter und zärtlicher Umarmungen. Wie soll man das für jeden Ehepartner final definieren? Checklisten und allgemeingültige Verhaltenstipps werden Ihnen kaum gerecht werden und damit nicht helfen können.

Die einzig mögliche Herangehensweise kann daher nur die sein, Ihnen aufzuzeigen, was sich durch die Heirat unbemerkt in Ihrer Welt verändert. Nur so werden Sie verstehen, wo unmittelbar nach Unterzeichnung der Heiratsurkunde plötzlich die Stolpersteine und Fallen herkommen und wo genau sie zu finden sind. Fallen, getarnt als Honigtöpfe die, wenn Sie hineintappen, einen verborgenen, aber stets gleichen (!) Mechanismus auslösen, der Sie ungeachtet Ihrer gegenseitigen Liebe unerbittlich in die Ehekrise führen wird – hin zum einzigen Scheidungsgrund.

Sie haben richtig gelesen: Es gibt tatsächlich nur einen einzigen Scheidungsgrund – und den werden Sie kennenlernen. In Zukunft werden Sie sich nicht mehr von den verschiedenen Masken, die er trägt, täuschen lassen.

Wohl noch verblüffter dürften Sie sein zu hören, dass ausgerechnet der berühmte Leitsatz der Liebe *Liebe ist nicht das, was man erwartet zu bekommen, sondern das, was man bereit ist zu geben* (Katherine Hepburn), das große Einfallstor in schwere Ehekrisen ist.

Natürlich werden Sie auch nach der Lektüre dieses Buchs immer wieder in Konfliktsituationen mit Ihrem/r Partner/in geraten und immer wieder Streitigkeiten miteinander austragen. Ihre neu gewonnene Sichtweise auf Ihre Ehe, sich selbst und Ihre/n Partner/in wird es Ihnen aber ermöglichen, den einzigen Scheidungsgrund bewusst zu umgehen und die Talfahrt in den Abgrund Ihrer Ehe zu stoppen. Zudem funktioniert die Spirale der Ehe, wie jede andere Spirale auch, nicht nur ins Negative, sondern auch ins Positive. Es kommt nur darauf an, welchen Drall Sie ihr geben. Sie werden erkennen, dass eheliche Konflikte nicht ehegefährdend sind, sondern in Wirklichkeit Ihre Chancen, den Horizont Ihrer Ehewelt zu vergrößern und Ihre gegenseitige Liebe zu steigern und zu festigen. Aber das Gegenteil passiert, wenn Sie das Rezept des Liebesleitsatzes in verstaubt-traditioneller Weise befolgen. Das Ganze liegt in Wahrheit nämlich etwas anders. Nicht schlechter. Nur anders. Diese etwas andere Sichtweise werden Sie aus diesem Buch gewinnen. Sie werden sich am Ende die Augen reiben und fragen, wie Sie jemals anders denken konnten.

Natürlich gab vor dem Schreiben dieses Buches jeder in meiner Umgebung zu bedenken, dass Verlobte, Flitterwöchner und jung Verheiratete nichts von ehelichen Schwierigkeiten, nichts vom Scheidungsgrund lesen möchten. Sie träumen lieber auf romantischen Wiesen, Sandbänken und in Schlafzimmern von ihrer gemeinsamen Zukunft voller Liebe und Magie. – Ja, ich weiß. Doch ich vertraue auf Ihre Neugier und auf Ihren Mut. Ihre Neugier, einen Blick hinter die Fassade der Ehe werfen zu wollen. Und auf Ihren Mut, Ihre träumerischen Vorstellungen über die Ehe möglichst frühzeitig einem Faktencheck zu unterziehen.

Im Grunde genommen stehen Sie bei Ihrer Hochzeit am selben Punkt wie eine Zweierseilschaft, die sich zur schwierigen Hochgebirgstour aufmacht. Auf eine solche Bergtour bereiten Sie sich ja nicht nur mit der entsprechenden Ausrüstung (Kleider, Schuhe, Proviant, Seile und Zelte etc.) vor, sondern Sie schauen sich, neben der Wetterkarte, auch auf einer Geländekarte die Gefahrenzonen an, damit Sie diese möglichst umgehen können. Falls das nicht möglich sein sollte, wissen Sie von vornherein, dass Sie dort bei der Querung besonders vorsichtig sein müssen, um einen Absturz zu vermeiden.

Dasselbe gilt für die Ehe: Damit Ihre Ehe glücklich verlaufen wird, sollten Sie Beschaffenheit und Lage der Gefahrenquellen kennen, damit Sie nach Möglichkeit nicht hineintappen. Sind Sie aber bereits hineingetappt, ist es sicher von Vorteil zu wissen, wo Sie sich genau befinden, wie Sie sich aus Ihrer misslichen Situation befreien und wieder sicheren Boden unter Ihre Füße bekommen.

Wenn Sie bereit sind, in die Welt der Ehe einzutauchen, kann ich Ihnen eines versprechen: Sie werden die Ehe plötzlich ohne die rosarote Zuckerguss-Pappe sehen können. Und das freigelegte Eheleben ist, wie Sie für sich feststellen werden, viel freier, farbiger, spannender und positiver, als Sie bisher glaubten. Schluss mit Häftlingskostüm und kalten Füßen am Polterabend!

Sie werden wissen, was die glücklichen Ehepaare anders machen als die unglücklichen. Es wird dann an Ihnen liegen, den Mut aufzubringen, die vermeintliche Sicherheitsleine der althergebrachten Klischees loszulassen und – vielleicht sogar gegen Widerstände von außen – Ihr eigenes Ehe-Abenteuer zu erleben.

Nur eines werden Sie dem Buch nicht entnehmen können, nämlich was Sie konkret Gutes für sich und Ihre/n Partner/in tun können.

Diese Auswahl ist von Ihrem ganz persönlichen Gusto abhängig und Sie brauchen dazu auch keinen Rat, weder von mir noch von anderen, außer von Ihrem/r Ehepartner/in. Es ist wie bei den tollen Ferien: Die einen lieben das Campen, die anderen Luxusresorts. Hier herrscht Ihr Wunschkonzert.
Sie können sich nicht einigen? Erfahren Sie nachfolgend unter anderem, wie eheliche Konflikte zur Win-win-Situation der Liebe gemacht werden können.

1. TEIL:

SIE, IHR/E PARTNER/IN UND DAS WESEN IHRER EHE

DAS MAß ALLER DINGE DES EHEGLÜCKS

Was machen glückliche Ehepaare anders als die anderen? Ganz einfach: Sie halten sich erfolgreich vom Scheidungsgrund fern. Wie gesagt: Es gibt nur einen einzigen Scheidungsgrund, der allerdings immer verschiedene Masken trägt und deshalb nicht leicht zu erkennen ist. Aber sobald Sie diesen einzigen Scheidungsgrund kennen, wissen Sie auch, wovon Sie sich fernhalten müssen. Schließlich erleben wir die ganze Welt in Gegensätzen: Ohne Nacht keinen Tag, ohne Licht keine Dunkelheit, ohne Nass kein Trocken, um nur einige der Abermillionen Beispiele zu nennen. Wollen Sie also trocken bleiben, sollten Sie sich vom Wasser fernhalten. Mit dem Eheglück und der Scheidung ist das nicht anders.

Also, lüften wir das Geheimnis und dringen zum Offensichtlichen vor: Alle gescheiterten Ehen sind vom Richter geschieden worden, weil einer oder beide Ehepartner in der ehelichen Gemeinschaft die eigene Lebensqualität dauerhaft und ohne Hoffnung auf Besserung als so tief abgesunken erlebt haben, dass er/sie oder beide zur Überzeugung gelangt ist/sind, alleine besser leben zu können. Um sich von diesen Fesseln der Ehe zu befreien, um wieder aufblühen zu können, ersuchte mindestens ein Ehegatte das Gericht um Scheidung der Ehe. – Das ist auch schon alles. Wenig spektakulär.

Das heißt natürlich im Umkehrschluss, dass die Ehe glücklich verläuft, wenn jeder Partner, im Vergleich zum Singleleben, seine ganz persönliche Lebensqualität in der Ehe höher einstuft, mindestens jedoch als gleich hoch.

Die Ehe bietet für die Steigerung der Lebensqualität grundsätzlich von Haus aus die besten Voraussetzungen. In der ehelichen Gemeinschaft teilen die beiden Gatten die Arbeit untereinander auf, sodass jeder entlastet wird. Zudem leben die meisten Ehepaare in einem gemeinsamen Haushalt, sodass Kosten gespart werden können. Alleinerziehende müssen regelmäßig mehr arbeiten, um finanziell über die Runden zu kommen, und es ist Fakt, dass Alleinerziehende einem deutlich größeren Armutsrisiko ausgesetzt sind als Verheiratete.

Die Ehe bietet also ganz klar sowohl finanziell und auch arbeitstechnisch eine erste, gute Starthilfe für jedes junge Ehepaar. Allerdings scheinen diese Aspekte der höheren Lebensqualität nicht von ausschlaggebender Bedeutung zu sein, denn die scheidungswilligen Paare nehmen den Wegfall dieser ehelichen Vorzüge in Kauf, um sich von den Fesseln der Ehe zu befreien.

Tatsächlich beschlägt die von den Scheidungswilligen angestrebte bessere Lebensqualität als Single vielmehr die Wiedererlangung ihrer persönlichen Freiheit und Entscheidungsbefugnis, die Chance auf die Rückgewinnung von persönlicher Wertschätzung und Zustimmung, und die bessere und breitere Abdeckung ihrer persönlichen Bedürfnisse.

Einfach! – Könnte man meinen. Dem ist allerdings nicht so, die hohe Scheidungsrate beweist das eindrücklich. Wir alle wissen, dass der Teufel stets im Detail steckt. Und diese teuflischen Details knöpfen wir uns in diesem Buch vor.

Ich bitte Sie, diese ganz einfache Binsenweisheit im Hinterkopf zu behalten, die *das Maß aller Dinge Ihres Eheglücks* ist: Solange Sie sich in ihrer Ehe wohlfühlen, wohler als wenn Sie Single wären, werden Sie nicht an Scheidung denken.

Wir werden deshalb nachfolgend in allen nachfolgend zu entdeckenden Aspekten der Ehe immer wieder darauf zu sprechen kommen.

Merksätze für Notfälle und Eilige:

1. Jede Absenkung von Lebensqualität im Ehealltag ist grundsätzlich ein direkter Angriff auf Ihre Ehe.

2. Die Ehe mit ihrer arbeitsteiligen Organisation der beiden Partner bietet eine sehr gute Steilvorlage für die Steigerung der Lebensqualität

PARTNERWAHL

Der perfekte Partner

Als Erstes mag Sie erstaunen, dass die übliche Frage, ob Sie Ihren *richtigen* Partner gefunden haben und heiraten, die falsche Frage ist. Die Antwort ist (sofern Sie keine Zwangsheirat eingehen müssen/mussten, wovon wir in diesem Buch ausgehen) in jedem Fall: *Ja, das haben Sie!*
Es wird Sie überraschen, besonders wenn Sie jahrelang sorgfältig nach dem für Sie richtigen Partner gesucht haben sollten, dass jeder der *richtige* Partner ist, wenn er/sie an Ihnen dasselbe Eheinteresse hat wie Sie an ihr oder ihm. Der richtige Partner muss zwingend den mit Ihnen übereinstimmenden, ernsthaften Willen haben, die Ehe mit Ihnen einzugehen und diese aufrechtzuerhalten. – Nichts weiter.
Die Erklärung dafür ist ebenso einfach wie einleuchtend: Niemand ist wirklich perfekt, weder Sie noch Ihr Partner. Natürlich ist Ihr *Objekt der Ehebegierde* toll, liebenswürdig und heiß, aber selbst in Ihren liebevoll-begehrlichen Heiratsaugen weist er/sie in verschiedener Hinsicht doch immer ein gewisses Verbesserungspotenzial auf. – Dort, in diesen Punkten, gibt es Luft nach oben. Die von Ihnen gesehene Luftsäule, und auch die in Ihren Augen verbesserungswürdigen Eigenschaften Ihres Partners sind, je nach Situation, Lebenserfahrung und Entwicklung, sehr variabel. Eine maximal zulässige Höhe der Luftsäule gibt es genauso wenig wie die Maximalanzahl von Charakter- und Verhaltensdefiziten. Sie werden sich im Verlauf Ihrer Ehe situationsbedingt immer wieder über Ihren Partner ärgern und, je nach Ihrem Temperament, immer wieder Aggressionen gegen ihn/sie verspüren, Ihre Wunden und Verlet-

zungen lecken müssen. Gefühle wie Wut, Trauer und auch Unglücklichsein gehören einfach genauso zum Leben wie die der echten Zuneigung und Liebe, der unbändigen Freude und überschäumenden Begeisterung, darum schaden die negativen Gefühle Ihrem Eheglück nicht zwangsläufig. Natürlich spürt jeder Ehegatte immer wieder in entsprechenden Situationen die Höhe der Luftsäule der Unzulänglichkeiten des/der Partners/in und hadert damit, womöglich doch die/den *Falsche/n* geheiratet zu haben. Das ist *der* dominante Gedanke während Ehekrisen. Die Wahrscheinlichkeit ist hoch, dass Sie – oder Ihr/e Partner/in – sich gerade in solchen ehelichen Krisensituationen zu anderen Menschen hingezogen fühlen werden. Im direkten Vergleich gibt es bekanntlich immer jemanden, der noch reicher, schöner, witziger, schlanker, sportlicher, fröhlicher, jünger, spritziger etc. ist als der eigene Partner – und man selbst. Keine Sorge: Das ist ganz normal! Entspannen Sie sich. Das für sich genommen ist keinesfalls ehegefährdend (wir werden darauf später noch zu sprechen kommen). Solange Sie beide Ihre Ehe aufrechterhalten wollen, haben Sie den richtigen Partner an Ihrer Seite. Eheglück bedeutet nämlich nicht ständige Abwesenheit von negativen Gefühlen gegenüber sich selbst und/oder dem Partner bei gleichzeitig immerwährender Harmonie. Nein, weit gefehlt!

Auch an den Willen zum Eingehen und/oder Aufrechterhalten der Ehe werden, außer Ernsthaftigkeit und Gegenseitigkeit, keine besonderen Anforderungen gestellt. Die Gründe, die zur Bildung des Ehewillens beigetragen haben, sind unerheblich.
Warum das so ist? Weil die Ehe nur aufrechterhalten werden kann, wenn Sie sich immer wieder für die Ehe entscheiden. Nach langen Ehejahren können Ihre Gründe zur Aufrechterhaltung der Ehe ganz andere sein als die Gründe, die Sie zur Heirat bewegt hatten, und alle sind gültig. Deshalb spielen die Beweggründe für die Ehe-

schließung letztlich keine Rolle. Ob es sich um eine Liebesheirat oder eine Zweckehe handelt, geschlossen aus wirtschaftlichen oder anderen Überlegungen heraus, ist vollkommen bedeutungslos. Letztendlich zählt nur der bestehende, ernsthafte, gegenseitige Ehewille der beiden Beteiligten. Ist der gegeben, haben Sie für sich für Ihr Eheglück den richtigen Partner an Ihrer Seite.

Ihre Ehe wird glücklich verlaufen, wenn Sie der Meinung sind, mit Ihrem/r Partner/in besser, glücklicher zu fahren als alleine beziehungsweise mit jemand anderem – der ja unweigerlich in Ihren Augen wiederum seine persönlichen Unzulänglichkeiten und Defizite aufweisen wird.

Völlig unromantisch und rein wirtschaftlich ausgedrückt heißt das: Sie sind im Eheglück angelangt, wenn Ihre ganz persönliche Glücks-Kosten-Nutzen-Analyse des ehelichen Zusammenlebens mit Ihrem Ehepartner mindestens ausgewogen ist, am besten im Plus liegt. Und das ist definitiv keine Hexerei. Auch wenn Ihnen der Weg dorthin jetzt noch unbekannt und vielleicht sogar magisch erscheinen mag.

Von zentraler Wichtigkeit ist also nicht die Frage, ob Ihr Partner der/die Richtige für Sie ist, sondern vielmehr Ihre schonungslos ehrliche Antwort auf die Frage, *ob Sie selbst der/die Richtige* für Ihr Herzblatt sind.

Nein, das ist nicht dasselbe, denn Ihren Partner beurteilen Sie quasi von außen. Nichts garantiert Ihnen, dass Sie bei ihm/ihr immer hinter die Fassade sehen können. Sie mögen zwar *glauben*, ihn oder sie in- und auswendig zu kennen, aber wirklich wissen tun Sie das nicht.

Wie viel besser kennen Sie sich selbst! Ihre eigene Persönlichkeit kennen Sie am besten. Sie haben schon immer viel tiefere Einsichten in Ihre eigene wahre Persönlichkeit gehabt als alle anderen, schließlich leben Sie mit sich selbst ja schon Ihr ganzes Leben lang im engsten Kontakt zusammen. Sie kennen fast alle Ihrer eigenen Geheimnisse, aber auch nur fast. Ab und an überraschen Sie doch noch selbst. In manchen Momenten rufen wohl auch Sie aus: »Na so was! So kenne ich mich ja gar nicht!« Aus diesem Grunde können auch nur Sie ganz persönlich die Frage ehrlich beantworten, ob Sie der/die richtige Partner/in für Ihr Herzblatt sind.

Weil Sie ganz sicher den perfekten Partner an Ihrer Seite haben, was eine Trennung immer so unglaublich schwierig macht, wenden wir uns der Frage zu, welche Attribute Sie selbst zum/zur richtigen Partner/in für Ihr Herzblatt machen.
In diesem Zusammenhang ist vorab wichtig zu wissen, dass Sie, wenn Sie sich in eine/n Partner/in verlieben und diese/n kennenlernen, in dessen/deren Revier eintreten. Sie lernen nach und nach seine/ihre Werte, Denkstruktur, Lebensweise, Interessen, Vorlieben und Abneigungen sowie seine/ihre Familie und Freunde kennen. Seinem/ihrem Habitat hat sich Ihr Herzblatt angepasst. Dort bewegt er/sie sich sicher, elegant und selbstverständlich, weiß was zu tun ist, lässt Unpassendes sein und drückt sich wunderbar aus. Er/sie wird von seiner Umgebung geliebt, bewundert, respektiert und ist begehrt.
Auch Sie haben eine wundervolle Persönlichkeit und Sie sind ganz sicher der/die *Richtige,* wenn sich Ihr/e Partner/in davon begeistern und mitreißen lässt, was in Ihnen Wohlbefinden durch seine/ihre Wertschätzung auslöst. Sie fühlen sich rundum wohl und geborgen – und sind der/die *Richtige,* wenn Sie in Gegenwart Ihres Partners Sie selbst sein können, ohne dass Sie von ihm/ihr dauernd das Gefühl des Ungenügens vermittelt bekommen. Sie sind zweifelsfrei der richtige Partner für Ihr Herzblatt, wenn Sie ihm/ihr unbekümmert alle Facetten Ihrer Persönlichkeit sowie alle verrückten Ge-

danken und Träume zeigen können und er/sie trotzdem – oder vielleicht gerade deswegen – bei Ihnen bleibt und mit Ihnen den Rest des Lebens verbringen möchte. Wenn Sie sich und Ihr Inneres nicht verbiegen, verstecken und verleugnen müssen, Sie sich treu bleiben können und sich überwiegend wohlfühlen, wenn Sie mit Ihrem Partner zusammen sind. Wenn Sie nicht fürchten müssen, dass er/sie Ihre Liebesbeziehung aufkündigen und die Hochzeit absagen würde, sollte er/sie Sie besser kennen, nämlich so, wie Sie wirklich sind. So muss es sein. Denn nur dann haben Sie eine gute Lebensqualität zusammen mit Ihrem/r Partner/in.

Im Umkehrschluss sind Sie dann nicht der/die richtige Partner/in, wenn Sie von Ihrem Herzblatt weitgehend nicht akzeptiert werden, wie Sie sind. Wenn Sie das Gefühl haben, Ihre Persönlichkeit oder Aspekte davon, und/oder Ihre Bedürfnisse vor Ihrem/Ihrer Liebsten verbergen und verleugnen zu müssen, damit Sie sich nicht für sich selbst schämen müssen, damit Sie die Beziehung am Leben halten können, dann sind Sie nicht der/die Richtige für den Herzensmenschen an Ihrer Seite. Sobald Sie fürchten müssen – oder sogar konkret wissen –, dass er/sie die Beziehung beenden würde, wenn er/sie wüsste, welche Anteile und Facetten Ihre Persönlichkeit wirklich hat, welche Bedürfnisse in Ihnen in Wahrheit schlummern, dann sind Sie sie schlicht der/die Falsche.

Dabei ist an Ihnen überhaupt rein gar nichts falsch. Nicht das Geringste ist falsch an Ihnen. Nur können im Habitat Ihres/Ihrer Partners/in Ihre Stärken nicht zur Geltung kommen, weil nicht diese, sondern andere, die Sie vielleicht nicht haben, gefragt sind. Das gibt es. Leider.
Stellen Sie sich nur mal einen Pinguin vor der, ausgebüxt aus dem Zoo, sich plötzlich in der heißen, staubtrockenen australischen

Steppe wiederfindet. Genau *weil* er ein perfekter, wundervoller Pinguin ist, mit dem nichts falsch ist, wird er in dieser Umgebung unweigerlich in Probleme geraten. Trifft er auf ein Känguru, das ihn beschützt und ihm die nahe gelegenen Wasserlöcher zeigt, ist natürlich der perfekte Partner des Pinguins in dieser Umgebung rasch gefunden. Aber wir sind uns sicher einig, dass die Lebensqualität des Pinguins in der Wüste Australiens, an der Seite seines Känguru-Freundes, nicht gut sein kann, weil er den sich dort stellenden Anforderungen als der perfekte Pinguin, der er nun einmal ist, beim besten Willen nicht gerecht werden kann. Der Pinguin wird in die vollständige Abhängigkeit des perfekt an dessen Lebensraum angepassten Kängurus geraten, das die vorhandenen Stärken des Pinguins nicht einmal ansatzweise erahnen kann wie sein Fliegen unter der Oberfläche des kalten Meerwassers und seine akrobatischen Landungen auf Felsen. Dasselbe gilt für das Känguru, das sich, so perfekt es auch für die Umgebung Australiens auch sein mag, in der kargen Eis- und Meerlandschaft der Antarktis niemals wohlfühlen wird. Weder dem Känguru noch dem Pinguin wird es jemals möglich sein, im Habitat des jeweils anderen die eigenen Grundbedürfnisse zu decken, geschweige denn sich wirklich daheim zu fühlen und aufblühen zu können. Zudem wird es zu sehr vielen Missverständnissen zwischen Känguru und Pinguin kommen, weil ihre Welten dem jeweils anderen über jede Vorstellungskraft hinaus fremd sind.

Wenn Sie mit Ihrem/Ihrer Partner zusammenbleiben wollen, weil Sie glauben, Defizite zu haben, und die Ehe als Chance ansehen, sich dauerhaft ändern und dem Lebensstil, den Werten und dem Charakter Ihres/r Liebsten anpassen zu können, ist das kein guter Plan. Die Ehe ist kein Umerziehungslager – für keinen der beiden Partner – und Sie können Ihre Persönlichkeit nicht einfach so able-

gen wie ein altes Hemd. Sie sind und werden immer Sie selbst bleiben, genauso wie ein schöner Pinguin immer ein schöner Pinguin sein wird und eben kein Känguru.
Und das ist auch gut so. Jeder Mensch verfügt über Aspekte und Facetten der individuellen Persönlichkeit, über die er sich identifiziert. Dieser Kerngehalt der eigenen Persönlichkeit ist unantastbar. Werden Sie, nur um mit Ihrem Herzblatt zusammenbleiben zu können, darauf verwiesen, Ihr Innerstes auf Dauer verleugnen und unterdrücken zu müssen, zerstören Sie gleichzeitig Ihr Verständnis und Ihren Zugang zu sich selbst. Sie werden sich über die Zeit nicht mehr im Spiegel erkennen können, den Kontakt zu Ihrem Inneren verlieren und sich in einer einzigen, großen Lüge – und Leere – wiederfinden. Mit hoher Sicherheit wird Ihnen früher oder später alles um die Ohren fliegen und Sie werden sich fragen, wie Sie dahingekommen sind.

Welche Aspekte zu Ihrem persönlichen Kerngehalt gehören, bemerken Sie sofort: Wenn Sie sich unwohl fühlen, ein schlechtes Bauchgefühl entwickeln, vielleicht ohne selbst zu wissen warum, könnte im Zusammensein mit Ihrem/Ihrer Partnerin dieser Kern im Innersten Ihrer Persönlichkeit unangenehm berührt worden sein.
Falls Sie beispielsweise schwul, lesbisch oder bisexuell sein sollten und eine rein heterosexuelle Ehe mit Ihrer großen Liebe eingehen möchten, ist es wichtig, den/die Partner/in vorher über Ihre sexuelle Orientierung zu informieren, um zu erkunden, ob er/sie bereit ist, mit Ihnen eine offene Ehe zu führen.
Sollte das nicht möglich sein, sind Sie selbst nicht der/die richtige Partner/in für die Eingehung der Ehe mit Ihrem Herzblatt. Das ist immer dann der (traurige) Fall, wenn sich *wichtige und grundlegende Persönlichkeitsaspekte* der beiden Partner *unvereinbar gegenüberstehen*. Die sexuelle Orientierung, wie sie oben be-

schrieben worden ist, ist selbstverständlich nur ein Beispiel von vielen. Jede Facette der Persönlichkeit, über die sich ein Mensch identifiziert und die ihn ausmacht, ist grundsätzlich nicht verhandelbar. Niemand kann wichtige und grundlegende Facetten der eigenen Persönlichkeit, zu der unter anderem auch die sexuelle Orientierung gehört, dauerhaft unterdrücken. Das mag eine gewisse Zeit lang gut gehen, aber wenn Sie Ihre wahre Persönlichkeit bis zur Selbstaufgabe dauerhaft verleugnen müssen, wird Ihre Lebensqualität irgendwann ins Bodenlose abfallen. Weil Sie alleine – ohne Ihren Ehepartner – Ihre wahre Persönlichkeit wieder werden ausleben können, werden Sie mit Beendigung der Ehe Ihre Lebensqualität steigern, weshalb Sie selbst eines Tages genau aus diesem Grund die Scheidung wünschen werden. Alternativ, oder in Kombination dazu, wird eines Tages alles ans Licht kommen und auch Ihr Partner wird – vor allem wegen Ihrer fehlenden Ehrlichkeit sehr verletzt und betroffen, – die Ehe mit einem Riesenknall beenden wollen.

Sollten Sie ein Suchtproblem haben, dann kann nicht die Ehe, sondern nur eine spezialisierte Suchteinrichtung Sie retten, Sie heilen. Ihr Partner wird Sie dabei sicher gerne liebevoll unterstützen und begleiten, das aber auch offensichtlich unabhängig davon, ob Sie miteinander verheiratet sind oder nicht. Sie müssen Ihre Lebensweise in Zusammenarbeit mit Suchtfachstellen selbst ändern. Diese Entschlussfassung und diese Arbeit wird Ihnen niemand abnehmen können. Alle Hoffnungen und Erwartungen, dass die Ehe das für Sie erledigen könnte, werden zwangsläufig enttäuscht werden.

Dasselbe gilt auch gleichermaßen, wenn Sie an sich selbst keine besonders schwirigen Facetten und Lebensweisen ausmachen können, dafür aber an Ihrem Partner. Auch in diesem Fall werden

Sie sich ernsthaft fragen müssen, ob Sie der/die Richtige sind, weil ja *Ihnen* die Art, die Lebensweise des anderen nicht passt. Stellen Sie Charakterzüge oder Lebensarten an Ihrem Partner fest, die für Sie so schwierig sind, dass Sie glauben, auf Dauer mit solchen Auswüchsen nicht leben zu können, wird Ihr Alltag dadurch nachhaltig versaut werden. Sie werden, im Wissen um Ihre geradezu allergische Reaktion, auf das Sie Abstoßende geradezu warten und, wenn Ihr/e Partner/in es entgegen Ihren Wünschen wieder macht, sich darüber ärgern, was Ihre Lebensqualität absenken und deshalb der Scheidung näherbringen wird.

Wie sollen Sie ein Verhalten Ihres Partners jahrelang ertragen können, wenn er/sie etwas auslebt, das Sie insgeheim oder erklärtermaßen unglaublich nervend, mühsam oder sogar ekelhaft und abstoßend finden?

Eines muss Ihnen bewusst sein: *Sie allein* fühlen sich in diesen Momenten unglücklich, möglicherweise verletzt und einsam, während jemand anders dieselben Charakterzüge und Verhaltensweisen Ihres Partners sicher ganz toll, spannend, interessant und inspirierend findet. Seien Sie versichert: Ihr Partner findet seine Lebensart, die Sie so sehr stört, genau so richtig und gut, anderenfalls würde er sich ja nicht so verhalten (von Suchtproblemen mal abgesehen).

Werden wir konkret: Nehmen wir an, Sie stellen eines schönen Tages fest, dass Ihr Partner sich als waschechter Casanova sieht, als *Magic Macho Man* geboren, um möglichst viele Damen zu beglücken. Was, wenn er der festen Ansicht ist, dass Monogamie für bombastische Männer wie ihn nicht im Sinne der Natur sei, sondern dass seine unvergleichlichen Gene möglichst breit in die Welt gestreut werden müssten? Oder wenn Ihre Verlobte sich als sexsüchtig entpuppt, mit Gelüsten nach wechselnden Männern? – Und das alles ausgelebt wird? Genau! Dann sind Sie wie füreinander geschaffen, die perfekten Partner für die Führung einer offenen Ehe. Sie beide messen sexuellen Aktivitäten mit anderen Partnern gleichermaßen keine große Bedeutung zu, sondern sehen es als Bereicherung an, durchaus auch zum Vorteil Ihrer Ehe.

Wenn Sie allerdings das monogame, geschlossene Ehemodell leben möchten, und Sex für Sie intimer Ausdruck von tiefer und purer Liebe ist, die exklusiv dem Partner zusteht, sind Sie in einer Ehe mit einem/r *Fremdgänger/in* offensichtlich nicht gut aufgehoben. Sie werden in dieser Ehe vorhersehbar leiden, sich verletzt und erniedrigt fühlen, wann immer er/sie nach fremdem Parfüm duftet.

Nur Sie, der/die monogame Partner/in wird leiden. Ihr Unglück ist Ihr persönliches Unglück sein, nicht das Ihres Partners. Dessen Lebens- und Handlungsweise passt für Ihr Herzblatt – so ist er/sie. Andernfalls würde er/sie anders handeln. Das von Ihnen empfundene eigene Unglück, die dauerhafte Absenkung Ihrer persönlichen Lebensqualität in der Ehe durch dieses Leid, ohne Hoffnung auf Besserung, ist die matchentscheidende Ehegefährdung.

Fühlen Sie sich also in der Gesellschaft Ihres/r Partners/in überwiegend unwohl, verunsichert, dumm und glauben, den hohen Ansprüchen nicht genügen zu können, müssen sich verbiegen und verleugnen, damit er/sie bei Ihnen bleibt, sind Sie, weil Sie keine gute Lebensqualität in dieser Paarbeziehung haben, für Ihr Herzblatt nicht der/die Richtige.

Es ist natürlich schwer, den perfekten Partner zu verlassen. Aber, alles im Leben kommt mit einem Preisschildchen. Ihr Preisschild in dieser Konstellation ist vorhersehbar großes Leid durch Ihr – eigentlich unnötiges – Verkümmern. Im wahrsten Sinne des Wortes Ihr *Ver-Kümmern*. Wollen Sie das wirklich?

Vielleicht hegen Sie ja insgeheim die Hoffnung, Ihren Partner in der Ehe zähmen oder gar heilen zu können. Dann wären wir beim bereits erwähnten Umerziehungslager angelangt, also bei der Ummodelung Ihres erwachsenen Herzblattes. Das ist aber weder Inhalt noch Zweck der Ehe. Sie sind auch nicht der/die Erziehungsberechtigte Ihres/r Partners/in.

Sie können auch niemanden gesundlieben. Wenn Ihr Partner Suchtprobleme hat oder eine – in Ihren Augen – schwierige psychische Verfassung aufweist, dann können Sie ihn mit Ihrer Liebe natürlich im Heilungsprozess unterstützen, aber keinesfalls die fachkundige Hilfe von Ärzten und Therapeuten ersetzen. Und schon gar nicht ihren/seinen Willen ändern, wie sie/er sein Leben führen möchte.

Sie können für Ihren Partner selbstverständlich auch keinen Entschluss fassen, aufrechterhalten oder aufgeben, denn wenn er/sie wie in obigem Beispiel Sex mit jemand anderem hat, hätten Sie sich, sofern Sie eine monogame Ehe führen möchten, ganz sicher dagegen entschieden. Jede Änderung in der Lebensweise Ihres Partners kann deshalb immer nur von diesem selbst ausgehen. Weder Ihre Liebe noch Ihr Wille werden jemals dazu führen, dass er/sie sich in seiner Persönlichkeit oder seinem Verhalten ändern wird, sondern können nur – allerhöchstens – Anstoß sein, dass er/sie seine Lebensweise hinterfragt.

Abschließend sei zu diesem Thema die eine – zugegebenermaßen ketzerische – Frage erlaubt: Weshalb sollte sich Ihr/e Partner/in, seine/ihre Lebensweise und seine/ihre Persönlichkeit ändern, um Ihnen zu gefallen? Weshalb soll er/sie sich ändern – nicht aber Sie? Ihr/e Partner/in hat ja keine Probleme mit seinem/ihrem Lebensstil ... Weshalb sollten in unserem Beispiel also nicht Sie lernen, in einer offenen Ehe zu leben? Natürlich, weil Sie es nicht können und nicht wollen und auch nicht müssen und auch nicht sollen. Sie sind Sie – in Ihrer wundervollen Pracht. Und Ihr Partner ist Ihr Partner – in ihrer/seiner wundervollen Pracht.

Aus all diesen Gründen brauchen Sie auch nicht zu erschrecken, bloß weil Sie beide, durchaus auch in wesentlichen Punkten, unterschiedliche Lebensweisen haben oder bevorzugen. Das wird unausweichlich immer wieder der Fall sein. Zudem verändern sich mit der persönlichen Reifung im Leben auch die persönlichen Ansichten darüber, was wichtig ist und was nicht. Sobald Sie beispielsweise Eltern werden, verschieben sich die bisherigen Prioritäten des Lebens grundlegend. Das heißt, Lebensweisen, Ansichten, Meinungen, Vorlieben, Stärken und Schwächen sind nicht statisch. Sie können diese am Tag Ihrer Hochzeit, wie immer an jedem Tag, als Momentaufnahme genießen, aber im Wissen, dass sich alles schleichend oder auch plötzlich (denken wir nur zum Beispiel an einen Unfall) verändern kann und wird. Wenn Sie diese lebendige Veränderung und Reifung aufhalten wollen, werden Sie einen harten Prüfstein haben: Das Leben selbst.

Leben ist Veränderung, weil es immer im Fluss ist und voranschreitet. Also brauchen Sie es nicht einmal zu versuchen, die Reifung aufzuhalten – Sie würden nicht nur kläglich scheitern, sondern sich auch des größten Abenteuers berauben.

Diese Veränderung der beiden Ehepartner ist jedoch nicht beängstigend, sondern birgt neue Chancen. Sicher ist, dass Sie die Lebensweise Ihres/r Partners/in immer besser kennen- und vielleicht auch lieben lernen, was Sie zusammenschweißt. Selbst wenn Sie heute nicht perfekt zueinanderpassen, kann die gemeinsame Schnittmenge größer werden – was Sie einander näherbringen wird. Aber auch wenn das nicht der Fall sein sollte, ist Ihre Ehe deswegen noch lange nicht von vornherein zum Scheitern verurteilt. – Bei Weitem nicht!

Ihr Partner hat, wie wir alle, Eigenschaften, die Sie inniglich lieben. Ihr/e Partner/in berührt Sie in Ihrem Innersten – im Guten wie im Schlechten. Wie in jeder Beziehung wechseln sich auch in der Ehe die guten und die schlechten Tage ab. Wie glücklich oder unglücklich Sie im Zusammenspiel mit Ihrem Partner tatsächlich sind, wissen nur Sie selbst. Ihr/e Partner/in mag einen Kompass dafür haben, Sie aber haben einen Fiebermesser.

Letztendlich werden Sie mit den Resultaten Ihrer ganz persönlichen Messkurve – völlig unromantisch – eine Kosten-Nutzen-Rechnung machen. Überwiegen die Glücksmomente zu zweit, werden Sie nicht an Scheidung denken. Anders sieht es aus, wenn Sie vor lauter Kummer verkümmern. Wie diese unausweichliche Kosten-Nutzen-Rechnung jedes Partners funktioniert, wie sie interpretiert und verbessert werden kann, werden wir später noch genau besprechen.

Zeigen Sie sich einfach so, wie Sie sind. Wichtig ist, dass Sie sich in der Gegenwart Ihres Partners treu bleiben, sich also so benehmen und bewegen, wie Sie es Ihnen beliebt, ohne sich zu verstellen, ohne Ihre wahre Persönlichkeit zu unterdrücken, und informieren Sie Ihr Herzblatt ehrlich über Ihre Befindlichkeiten und Bedürfnisse. Wenn Sie bei und mit ihm/ihr Sie selbst sein können, so wie Sie wirklich sind, und vom Partner auch in schrägen Momenten akzeptiert werden, sich angenommen, verstanden, geborgen und wohl fühlen, egal was Sie sagen oder tun, passt Ihnen Ihr Leben in der Gemeinschaft mit Ihrem/r Liebsten. Klar, nicht immer nonstop, aber so über das Ganze gesehen, sind Sie zufrieden. Was wollen Sie mehr, als die fürsorgliche Zustimmung Ihres Liebsten? Deshalb denken Sie nicht an Trennung. Weshalb auch? Sie sind ja nicht verrückt!

Das ist alles. Mehr ist nicht nötig.
Das ist schon verdammt nah an der Perfektion. – Eigentlich ist genau das die Perfektion.

Merksätze für Notfälle und Eilige:

1. Sie haben den perfekten, einzigartigen Partner/in an Ihrer Seite! Gratulation!

2. Es stellt sich stets nur die Frage, ob *Sie der/die Richtige* für Ihr Herzblatt sind.
Sie sind zweifelsfrei der/die Richtige, wenn Sie sich in Ihrem Innersten mit der Persönlichkeit Ihres/r Partner/in und seiner Lebensweise wirklich wohl und angenommen fühlen.

3. Was Ihnen guttut beziehungsweise vielleicht fehlt, wissen nur Sie. Ihr/e Partner/in nicht.

Nur Selbsttreue bringt Vertrauen

Sich dem/der Partner/in so zu zeigen, wie man wirklich ist, wird immer schwieriger, da die öffentliche Zurschaustellung des perfekten Ichs inmitten eines perfekten Lebens scheinbare Notwendigkeit geworden ist. Eine normale Person, mit normaler Figur und durchschnittlichem Gesicht in einem wenig glamourösen Umfeld, scheint nicht mehr in Mode zu sein. Das ist sehr schade, denn jeder von uns ist wunderbar einzigartig und diese Individualität ist doch sehr viel spannender als die gleichgeschaltete Perfektion im Internet.

Wenngleich es schwierig scheint, weil vermeintlich langweilig, ehrlich mit sich und anderen umzugehen, ist genau diese offene Selbsttreue, die Demontage der Fassade, in jeder engen zwischen-

menschlichen Beziehung ein wesentlicher Grundpfeiler – wenn nicht *der* Grundpfeiler für die Vertrauensbildung schlechthin.
Sie fragen sich jetzt sicher, warum ausgerechnet diese vollkommen egoistische Selbsttreue – die ja gerüchteweise ehefeindlich sein soll – die Grundlage für das in den Partner gesetzte Vertrauen ist? Ich verstehe Ihr Erstaunen. In der Ehe soll ja, um das gemeinsame Glück zu finden, das *Wir* und *Uns*, aber keinesfalls das *Ich* im Vordergrund stehen. Müsste nicht das Gemeinsame gesucht und quasi trainiert werden, damit die Ehe lang und glücklich wird?
Nein. Selbsttreue zu leben heisst auch, dass Sie Ihrem Partner nicht nur Ihre Schokoladenseiten zeigen, sondern auch Facetten Ihrer Persönlichkeit, die Ihnen vielleicht nicht so vorzeigbar scheinen. Aber wer weiß, vielleicht liebt er/sie die ja ganz besonders an Ihnen? Möglicherweise schließt Ihr Partner sich aber auch Ihrer Auffassung an und findet diese Aspekte an Ihnen – und womöglich auch noch andere – ebenfalls schwierig. Möglich, dass Sie Ihre/n Partner/in damit so nerven, dass er/sie ab und an sogar die Fassung verliert und sich wütend irgendwohin absetzen muss, um sich beruhigen zu können.
Und jetzt? Was hat das mit Ihrem Vertrauen in den Partner zu tun? – Sehr viel! Eigentlich alles.
Er/Sie ist ja noch immer an Ihrer Seite und Sie beide heiraten! Er/sie bleibt bei Ihnen, trotz des Blicks hinter Ihre aufgezogene Glitzerfassade. Nur durch Ihre gelebte Selbsttreue kennt Ihr Partner auch Ihre schwierigen Seiten, Ihre Schwächen und Unzulänglichkeiten, will aber trotzdem bei und mit Ihnen bleiben – und zwar für immer. Nur Ihre Ehrlichkeit mit sich selbst und Ihrem Partner schafft diese Basis. Es ist *Ihr* Vertrauen in Ihren Partner – *Ihr* Gefühl, das Sie bilden. Weil Ihr/e Partner/in bei Ihnen bleibt, zuverlässig und stabil, obwohl er/sie Ihre Kanten und Unzulänglichkeit kennt.

Wie wollen Sie jemals Vertrauen zu Ihrem Partner finden können, wenn Sie sich, so wie Sie sind, verleugnen und verstecken müssen, im festen Glauben, vom Partner verlassen zu werden, sobald Sie ihm/ihr Ihre wahre Persönlichkeit offenbaren? Wie sollen Sie jemals auf Ihren Partner bauen können, ihm/ihr vertrauen, dass er/sie Sie an erste Stelle setzt und bei Ihnen bleiben möchte, wenn Sie glauben, dass er/sie weg ist, sobald Sie sich outen?

Sie sehen also: Nur Ihre Selbstreue, wozu auch das echte Zurschaustellen Ihrer ganz individuellen Persönlichkeit mit allem Drum und Dran, allen Ecken und Kanten, allen Träumen, Wünschen, Abneigungen, Stärken und Schwächen gehört, wird es Ihnen ermöglichen, festes Vertrauen in Ihren Partner fassen zu können. Die Voraussetzung ist, dass Sie bereit sind, ihm/ihr die echte Chance zu geben, Sie kennen- und lieben zu lernen, und zwar nicht so, wie Sie gerne wären, sondern wie Sie tatsächlich sind.

Doch es gibt noch einen weiteren Aspekt, weshalb in der Ehe die offene Selbsttreue so wichtig ist: Die Ehe ist ja auf Dauer ausgelegt und durch das Leben werden Sie eine persönliche Reifung erfahren. Nach 20 Jahren sind Sie nicht mehr dieselbe Person. Sie werden Ihre Fähigkeiten vertieft und vielleicht sogar auf andere Gebiete erweitert haben, andere Träume, Ansichten und Meinungen wie zuvor haben. Natürlich wird Ihr/e Partner/in nur mit Ihrer Offenheit und Selbsttreue an Ihrer persönlichen Reifung teilhaben können. Durch fehlende Offenheit zur Lebensweise, die Ihnen wirklich wichtig ist, verweigern Sie Ihre/m Partner/in, mit Ihnen Schritt halten zu können, was die hohe Gefahr birgt, dass er/sie von Ihnen abgehängt wird. In der Ehe heißt das nichts anderes, als dass Sie eines Tages alleine dastehen. Und das ist ja genau das, was Sie verhindern wollen. Sie allein haben es in der Hand, Ihre Vertrauensbasis zu Ihrer/m Partner/in zu schaffen und sie/ihn auf Ihrer Reise durch Ihr Leben mitzunehmen.

Ja, natürlich besteht bei all dem das Risiko, dass Sie feststellen, dass die Sache nicht klappt. Sie von Ihre/r Partner/in enttäuscht werden. Aber, das heißt auch nichts anderes, als dass Sie sich selbst getäuscht haben. Sie stellen fest, dass Ihr/e Partner/in entweder nicht mit Ihrer Lebensweise zurechtkommt oder Sie nicht mit ihrer/seiner. Dass einer von Ihnen abrauscht, weil sich einer von Ihnen oder gleich beide besser fühlen, wenn er/sie alleine ist. – Dann sind wir wieder an dem Punkt angelangt, dass Sie eben nicht der/die Richtige für diesen Menschen sind. Dass Ihr Objekt der Begierde mit Ihnen nicht umgehen kann, Sie nicht glücklich machen, Sie nicht so annehmen kann, wie Sie nun einmal sind. Diese Enttäuschung, also im Wortsinne *Ent-Täuschung*, das Zerschellen Ihrer Wunschvorstellungen und Träume, ist natürlich immer schmerzhaft, keine Frage. Aber dennoch ist mit Ihnen nach wie vor alles in bester Ordnung! In diesen Situationen werden Sie sich sofort etwas besser fühlen, wenn Sie sich noch einmal an unseren wunderschönen Pinguin und das tolle Känguru erinnern, die sich zwar gegenseitig wirklich, wirklich mögen, aber sich im Habitat des jeweils anderen einfach nicht wohlfühlen, weil Sie dort für sich selbst keine genügend hohe Lebensqualität finden können – beim besten Willen und bei aller Liebe nicht.

Dieses Jammertal, durch das wir alle immer wieder gehen müssen, schafft natürlich auch immer wieder Platz, der nötig ist, damit jemand Neues auftauchen und bei Ihnen die Chance haben kann, sich von Ihnen begeistern zu lassen. Genau das ist Ihnen ja passiert – schließlich heirateten Sie oder haben es gerade vor! Das heißt, Sie zwei beide haben sich und gegenseitiges Vertrauen gefunden. Dieses Vertrauen, das Sie am Tag Ihrer Heirat ineinander haben oder hatten, muss natürlich auch während der Ehe, also über viele Jahre hinweg, aufrechterhalten bleiben. Sobald Sie nämlich den Verdacht hegen, dass Ihr/e Partner/in etwas anderes macht als das, was Sie sehen können, wenn Sie also glauben, dass *der Schein trügt*, werden Sie Ihr Vertrauen in ihn/sie verlieren. Stellt sich dann auch noch heraus, dass Ihr Verdacht berechtigt gewesen ist und Ihr/e Partner/in wirklich hinter Ihrem Rücken etwas anderes getan hat, als er/sie Ihnen gegenüber gezeigt und geäußert hatte, ist der *Vertrauensbruch in Ihnen* da. Sie werden sich vom Partner betrogen, belogen und verraten fühlen. Wiederum: Es sind Ihre Gefühle, die betroffen sind.

Der einzige Grund dafür war: Ihr/e Partner/in gaukelte Ihnen etwas vor. Ihr/e Partner/in hatte einen Schein aufgebaut und sein/ihr wahres Gesicht – die Selbsttreue – vor Ihnen versteckt und damit Ihr Vertrauen in ihn/sie zerstört.

Sie sehen also: Nur die ehrliche und offene Selbsttreue schafft Vertrauen.

Allerdings sind die beiden Ehepartner individuelle Persönlichkeiten, sodass zwei unterschiedliche Charaktere vorhanden sind, die getreulich ausgelebt werden sollten. Diese beiden Selbsttreuen können – müssen (!) – natürlich auch in wesentlichen Zügen zueinander im Konflikt stehen.

Es sind denn auch ausnahmslos diese Konfliktsituationen, die Probleme machen und, vor allem, wenn Vertrauensfragen tangiert werden, schwere Ehekrisen heraufbeschwören. In den Situationen, in denen Sie sich einig sind und deckungsgleiche Werte leben, werden Sie nie Probleme haben. Die Frage ist also, *wie* Sie Konfliktfälle konstruktiv meistern können, und das werden wir später noch ganz genau untersuchen.

Merksätze für Notfälle und Eilige:

1. Können Sie Sie selbst sein und Ihr/e Partner/in blickt dabei – zumindest meistens (sicher nicht immer) – verzückt auf Sie? Perfekt! Dann sind Sie der/die Richtige für Ihre/n Partner/in, weil er/sie Ihre persönliche Wohlfühloase ist.

2. Sie wissen, dass er/sie Sie nicht wegen Ihren Eigenschaften und Lebensweisen verlassen wird, die Sie selbst als schwierig und unzulänglich taxieren. Ihr Schatz ist und bleibt stabil und zuverlässig an Ihrer Seite – trotz allem. Sie wissen konkret, dass er/sie Ihre Art, Ihren Charakter und Ihre Persönlichkeit liebt. Auch wenn Sie (wie der Rest der Welt) vielleicht manchmal schwierig sind.

3. Deshalb entsteht in Ihnen Ihr Vertrauen zu Ihrem Herzblatt.

Die geheime Partnerwahl durch Mutter Natur

Die Frau ist die einzige Beute, die ihrem Jäger auflauert.
(Unbekannt)

Mein ehemaliger Arbeitgeber, ein sehr begnadeter, erfahrener Anwalt, hatte mir gegenüber behauptet: *Frauen heiraten und Männer werden geheiratet*, was ich stets mit einem Lachen quittierte. Erst jetzt, nach jahrzehntelanger Berufserfahrung und untermauert durch Studienresultate, die die Zusammensetzung und Wirkung von Düften betreffen, weiß ich, wie recht er hatte.

Sie werden sich jetzt vielleicht fragen, was denn Düfte mit unserem Thema zu tun haben? Sehr viel.

Uns allen ist schon längst bekannt, dass vor allem die Blut- und Genauffrischung mittels Durchmischung verschiedener Familien deutlich gesündere und robustere Kinder hervorbringt, als es Nachkommen zwischen engen Blutsverwandten sind. Für den gesunden Erhalt der Gattung Mensch ist es deshalb nötig, dass Kinder immer möglichst unterschiedliche Gene ihrer Elternteile in sich vereinigen. Körperliche Beziehungen mit Geschwistern oder Elternteilen sind nicht erwünscht, nach den meisten Rechtsordnungen sogar strafbar. Aber was schützt uns davor, uns in das Verbotene zu verlieben, also Inzest zu betreiben? Genügen die gesetzlichen Verbote des Inzests und sture Gesetzestreue aller oder sollten doch besser Gentests vor der Heirat durchgeführt werden oder, noch besser, vor dem sich Verlieben? Quasi als Eintrittsticket für Datingplattformen, wo dann das Verbotene gar nicht erst angezeigt wird? In den allermeisten Fällen kennen wir unsere Eltern und Geschwister ja, da braucht es keine Gentests. Also doch nur Gesetze und stures Gehorchen?

Nein, üblicherweise können Sie Ihre Bedenken, allen Datenschutz und Ihre Geldbörse (für den Gentest) getrost wegstecken und in dem von Ihnen ausgewählten Partner Ihren natürlichen Idealpartner erkennen, denn: Mutter Natur hat vorgesorgt.

Neuere Forschungen belegen nämlich: Männlichkeit ist riechbar (nein, ich meine nicht die Umkleidekabine der Männer im Sportstudio). Männlichkeit an sich, die Genzusammensetzung der Männer, sowohl bei Tieren als auch beim Menschen, kann man/frau riechen. Dafür verantwortlich sind Eiweißmoleküle, die im Körper produziert werden und, je nach Gen- beziehungsweise Hormonzusammensetzung, anders duften. Wir kennen das Phänomen schon länger von Hunden, die bei Diabetikern die durch den Insulinabfall bedingte Geruchsveränderung wahrnehmen und durch eine antrainierte Warnhandlung rechtzeitig helfend eingreifen können.

Bei der Partnerwahl funktioniert das im Grunde gleich: Auch wir Menschen können durch ein kleines, spezielles Organ im oberen Teil der Nase Eiweißmoleküle anderer Menschen riechen, die aufgrund unterschiedlicher genetischer Zusammensetzung in ihrem Geruch variieren.

Mutter Natur hat es nun so eingerichtet, dass paarungsbereite Frauen den Geruch derjenigen Sexualpartner vorziehen, deren Genpool sich so deutlich von ihrem eigenen unterscheidet, dass er mit hoher Wahrscheinlichkeit nicht zu den eigenen Verwandten zählt.[1] Diese Duftwahrnehmung ist sehr alt und dürfte sich entwickelt haben, so die Forscher, als die Menschen noch in größeren Gruppen zusammengelebt hatten. Es wird angenommen, dass damals zwar die Mutter der Kinder, nicht unbedingt aber deren Vater bekannt gewesen ist. In diesen Gruppen gab es deshalb wohl einige Halbgeschwister als potenzielle Sexualpartner, ohne dass jemand um diese enge Blutsverwandtschaft gewusst hatte.

Je unterschiedlicher also der fremde Genpool (vor allem der Gene, die für das Immunsystem und die Gewebeverträglichkeit zuständig sind, abgekürzt *MHC* von engl. *major histocompatibility complex* = Hauptgewebeverträglichkeitskomplex) vom eigenen ist, desto besser riecht er für die Schnüffelnase. Die Damen sind übrigens viel empfindlicher als die Männer und sollen diese Duftstoffe etwa zehnmal besser wahrnehmen können. Diese tollen, nicht mit der Frau verwandte Männer riechen für sie einfach deutlich besser als die verwandten Männer.

Aber die Natur geht noch weiter: Der Teil des Gehirns nämlich, der für die Duftwahrnehmung zuständig ist, sitzt ausgerechnet unmittelbar neben dem Zentrum für Gefühle. Diese direkte Nachbarschaft der beiden Gehirnepizentren für Düfte und Gefühle bewirkt eine direkte gegenseitige Beeinflussung – auch bei der Partnerwahl: Liebe liegt daher tatsächlich in der Luft – im wahrsten Sinne des Wortes. Deshalb sind die Gefühle von Liebe und Vertrauen riechbar. Unbewusst natürlich, aber gemäß Forschung ist es so.

Die Gehirnareale, die Gerüche und Emotionen verarbeiten, gehören zu den archaischen Teilen unseres Gehirns und entstammen in ihrer Anlage offenbar den Urgehirnen der ersten Menschen. Die Fähigkeit des Menschen, den Genpool des anderen zu erschnüffeln und dadurch Gefühle aufkommen zu lassen, ist vielleicht fast so alt wie die Fähigkeit zu atmen. Das bedeutet im Umkehrschluss, dass wir uns, solange wir leben, diesem Phänomen wohl nicht wirksam werden entziehen können. Wenngleich heutzutage das Risiko, auf unbekannte Halbgeschwister zu treffen, eher gering ist, hat sich dieser körperliche Mechanismus bis heute erhalten.

Das Streben nach Liebe führt die Prinzessin also – immer schön der Nase nach – zur Sicherung des gesunden Nachwuchses naturgemäß auf direktem Weg zu dem Mann, dessen Gene ihrem eigenen Genpool möglichst wenig ähnlich sind. Der feine Geruchssinn hat ihr schon 100 Meter gegen den Wind – oder quer durch die Bar von der Seite her – signalisiert, was er für ein *supertoller Hecht im Karpfenteich* ist. Und sie bringt ihn subtil zur Kontaktaufnahme. Die sensible Prinzessin wählt ihn, den Wohlduftenden, der in ihr all diese schönen, positiven Gefühle der Liebe, Zärtlichkeit, körperlichen Begierde und des Vertrauens wecken könnte, aus allen Möglichkeiten aus.

Zudem ist bekannt, dass Frauen grundsätzlich Männer mit breiten Schultern, schmalen Hüften und Sixpack besonders sexy finden, denn die Nachkommen eines vor gesunder Männlichkeit strotzenden Partners haben gute Aussichten, auch gesund zu sein und seine tollen Eigenschaften zu erben. Das sicherte die Existenz der mütterlichen Gruppe. Das heißt aber auch, dass das gesunde, kernige Aus-

sehen des Mannes für die paarungsbereite Frau schon in der Steinzeit wohl durchaus eine Rolle gespielt hat.
Heutzutage kann ein Mann seine fehlende körperliche Attraktivität und Fitness, durch einen hohen Status und ein gut gefülltes Bankkonto wettmachen, weil ihn dies ebenfalls als guten Versorger ausweist, was offenbar auch durch Studien belegt ist.

Gefahren der Antibabypille: Wer trickst hier wen aus?

Was jetzt wohl die meisten überraschen wird: Auch die Einnahme der Antibabypille – ein erheblicher Eingriff in den Hormonhaushalt der Frau – wirkt sich auf die Partnerwahl aus.
Die Antibabypille täuscht bekanntlich dem weiblichen Körper eine Schwangerschaft vor und während einer Schwangerschaft kann kein neues Kind gezeugt werden.
Allerdings schlägt die, durch die Pharmaindustrie ausgetrickste Mutter Natur aufs Heftigste zurück, denn sie weiß nichts von Verhütungspräparaten und geht natürlich davon aus, dass die Schwangerschaft der Frau echt ist. Das bedeutet, dass die Frau – vorher so subtile Jägerin des geeigneten Sexualpartners – nun auf *weibliches Brutverhalten* umschaltet. Die Libido der *künstlich Schwangeren* sinkt in vielen Fällen, worüber der Beipackzettel der Antibabypille übrigens unter den *unerwünschten Nebenwirkungen* informiert. Gemäß verschiedenen Publikationen soll etwa die Hälfte aller die Pille schluckenden Frauen von sexueller Lustlosigkeit betroffen sein, was – natürlich – auch die Beziehung zu ihrem Partner belastet.
Doch nicht nur das. Auch die Sicht der Frau auf ihren Partner ändert sich radikal: Der ständige Begleiter einer (vermeintlich) Schwangeren muss nun ganz andere Voraussetzungen erfüllen als

der kernige Mann, der mit ihr möglichst gesunde Kinder zeugen sollte.

Für die (angeblich) Schwangere spielt sein Aussehen keine große Rolle mehr. Frauen, die ohne Pille verhüten, haben höhere Ansprüche an die äußerliche Attraktivität ihres männlichen Begleiters als die anderen Frauen. Die nicht mit der Pille verhütenden Frauen sind also deutlich wählerischer – auch das ist durch Studien belegt.[2] Das allein ginge ja noch, der Zahn der Zeit nagt sowieso an allen Körpern.

Richtig schlimm aber ist, dass die Duftpräferenzen der Frauen durch die Pille verändert werden und damit *die Auswahl der Männer.*
Während der durch die Pille vorgetäuschten *Schwangerschaft* hat sie eine besondere Vorliebe für den Duft der Männer, deren Genmaterial (MHC) *möglichst nah* an ihrem eigenen ist und mit dem sie eng verwandt sein könnte, statt wie ohne Pille, nach einem Mann mit großem Genpoolunterschied zu suchen. Die Prinzessin wählt also unter dem Einfluss der Pille mit einiger Wahrscheinlichkeit einen anderen Sexualpartner aus, als sie es ohne getan hätte.

Nach Absetzen der Pille machen andere männliche Duftstoffe sie *wuschiger* als mit der Pille. Das ist gesicherte wissenschaftliche Erkenntnis, nur das Warum ist noch ungeklärt. Spekuliert wird, dass sich die schwangere Steinzeitfrau möglicherweise zu ihrer Unterstützung mit ihren eigenen Verwandten umgeben hat.[3] Das wäre eine vernünftige Erklärung für dieses *Umschalten* der in (angeblich rund 100 Mitglieder zählenden) Gruppen lebenden Frauen, die die Identität der Väter ihrer Kinder wohl nicht gekannt haben. Denn um die Gesundheit des Nachwuchses zu sichern, hatte es offensichtlich nicht genügt, nur den für die Zeugung genetisch idealen Partner zu finden. Ebenso wichtig war und ist es noch heute für die Frauen, sich selbst und vor allem den Nachwuchs bis ins Erwachsenenalter auch gut über die Runden zu bringen. Neun Monate Schwangerschaft sind eine lange Zeit und die Menschenkinder sind Nesthocker, die jahrelanger intensiver Pflege bedürfen. Ohne die entsprechende wirtschaftliche Unterstützung durch die eigene Gruppe wäre die schwangere Steinzeitfrau mitsamt ihren Kindern wohl nicht überlebensfähig gewesen. Sie war mit ihren Kindern darauf angewiesen, mit wertvollem Fleisch versorgt und vor Säbelzahntigern beschützt zu werden. Diese Unterstützung hatte sie offenbar von ihrer Verwandtschaft erhalten, ihrer eigenen mütterlichen Gruppe.

Bei Kinderwunsch muss die Pille abgesetzt werden. Die Libido der Frauen steigert sich im Schnitt und für viele beginnt ein neues, im wahrsten Sinne des Wortes *geiles* Lebensgefühl. Allerdings können sich die Folgen der Verhütung mittels Pille geradezu fatal auf die Beziehung auswirken: Sobald nämlich die Frau bei Kinderwunsch mit der Einnahme aufhört, besteht die große Gefahr, dass sie ihren zuvor erwählten Ritter nicht mehr so prickelnd findet wie zuvor. Vielmehr orientiert sich die Frau im nun nicht mehr künstlich schwangeren Zustand um. Sie zieht plötzlich Männer mit einem ganz anderen Duft vor, nämlich des Duftes der weit vom eigenen Genpool entfernten Gene. Die Gefahr, dass die durch den Duft beeinflussten weiblichen Emotionen nachlassen, ist ebenfalls vorhanden. Verschärft wird die Situation, wenn die Frau, der wieder körperliche Attraktivität ihres Begleiters wichtig wird, ihren Mann nicht besonders attraktiv finden. Dann steigert sich nach Absetzen der Pille die Unzufriedenheit der Frau.
Forschungen belegen, dass die weibliche sexuelle Unzufriedenheit in der Beziehung im Schnitt wächst, und zwar unabhängig von der Attraktivität der Männer, wenn die Frau zu Beginn der Beziehung die Pille genommen, aber später damit aufgehört hat. Diese Fakten sind ebenfalls wissenschaftlich belegt.[4]

Haben die beiden Partner Pech, wird sie nach Absetzen der Pille möglicherweise ernüchtert feststellen, dass sie ihn, ohne den wahren Grund zu kennen, tatsächlich *nicht mehr riechen* kann. Die Emotionen werden unter solchen Umständen infolge der unmittelbaren Nachbarschaft von Duft- und Emotionszentrum im Gehirn unweigerlich ebenfalls kippen. Es ist wie in jeder Nachbarschaft: Wenn der eine Nachbar ständig rüberstinkt, kommt beim anderen bald schlechte Laune auf. Was im Positiven wirkt, wirkt auch im Negativen.

Sobald die Frau ihren Partner *nicht mehr riechen* kann, dürfte die Beziehung – und gegebenenfalls die Ehe – frühzeitig an ihrem Ende angelangt sein.[5] Dagegen hilft nichts, denn niemand kann seine Genduftzusammensetzung ändern und sich einfach über diese Signale von Mutter Natur hinwegzusetzen.

Mir ist keine wissenschaftliche Forschung darüber bekannt, wie sich das Verhalten der Männer verändert, deren Partnerin die Pille nimmt. Es ist einzig wissenschaftlich belegt, dass die Männer Frauen in der Zeit um den Eisprung herum besonders attraktiv finden.[6] Es scheint, dass auch die Männer die monatlichen Hormonveränderungen im Zyklus der Frau riechen können. Die Einnahme der Pille gleicht diese weiblichen Hormonschwankungen aus und es gibt Aussagen, dass die Frauen, die mittels der Pille verhüten, deshalb im wettbewerblichen Nachteil seien.

Angesichts der bisherigen wissenschaftlichen Erkenntnisse scheint es sehr ratsam, vor der Heirat für einige Zeit die Pille abzusetzen, damit Sie beide sich gegenseitig ohne Einwirkung von künstlich zugefügten Hormonen kennenlernen, einfach um einen etwas sichereren Boden unter die Füße zu bekommen ...

Damit darf wohl – etwas unromantisch – vermutet werden, dass unsere Gefühle maßgeblich von unseren Genen, Hormonen, dem Immunsystem und dadurch hervorgerufenen Düften sowie dem steinzeitlichen Überlebenstrieb bestimmt und unbemerkt gesteuert werden, alles mit dem Ziel, möglichst gesunde und wirtschaftlich gut versorgte Nachkommen zu haben.

Einer meiner Freunde – natürlich ein Arzt – sagte mir einmal allen Ernstes, die Liebe sei der große und raffinierte Betrug der Natur an der Menschheit. Sie verflöge nach einigen Jahren, sobald die ehemals Verliebten ihre Kinder in die Welt gesetzt hätten. Ich bin mir sicher, dass er unrecht hat.

Schicksalsfügungen

Doch gibt es nicht nur evolutionstheoretische Erklärungen, weshalb sich Partner gegenseitig auswählen. Zu diesem Thema gibt es natürlich auch die Meinung anderer Fachrichtungen, die an dieser Stelle ebenfalls zu erwähnen sind.

Der Aufschrei der Psychologen beispielsweise ist mittlerweile unüberhörbar geworden. Der eine konstatiert laut und deutlich: »Das alles mag zwar sein. Aber ausschlaggebendes Moment war für Ihre Partnerwahl, dass er Ihnen so ähnlich ist mit seinen ähnlich gelagerten Kindheitserfahrungen und Problemen.«

»Nein!«, lässt sich seine Konkurrenz vernehmen. »Das ist, weil er im Vergleich mit Ihnen so unglaublich anders ist und Sie in Ihrem jeweiligen Unterbewusstsein die Lösung der eigenen Probleme gewittert hatten. Sie spiegeln sich in ihm wider und schließlich wächst man nur am Du!«

»Nein!«, mischt sich nun auch Ihr Farb- und Stilberater ein: »Sie haben ihm wahnsinnig gut gefallen und dabei haben Sie nicht nur die komplementäre Farbpalette, sondern auch noch einen gleichen Stil dazu! Klar, dass Sie zusammengehören!«

Befragen Sie den Starastrologen Ihres Vertrauens, wird sich mit hoher Wahrscheinlichkeit herauskristallisieren, dass Sie gar nicht anders konnten, als sich damals in just diesen Partner zu verlieben: »Schließlich fuhr Ihre Sonne genau dazumal über die Venus Ihres Partners – und das mitten durch den Mondknoten im perfekten Haus, positiv bestrahlt von Mars und Jupiter, also bitte... Ganz klar – die Sterne sind die Ursache Ihrer Liebesgefühle und Ihres berechtigten Vertrauens in gerade diesen Partner.«

Wie auch immer Sie es drehen und wenden: Ihre Zweifel an Ihrer eigenen Wahrnehmung bei der Wahl des Partners, die Sie bei ernsthaften Eheproblemen unweigerlich haben werden – der konstante Zustand Ihrer Psyche, wenn die Ehe in Schieflage geraten ist –, sind unnötig. Ob Sie in Ihrer Partnerwahl durch göttliche Fügung, genetisch, vom Unterbewusstsein, der Präferenz im Farb- und Stilbereich oder gar astrologisch oder durch Karma gesteuert worden sind, spielt letztendlich keine Rolle. Sie hatten in jedem Fall gute Gründe, genau diesen einen Menschen zu wählen, den Sie gewählt haben. Sie hatten gute Gründe, sich Hals über Kopf, oder langsam und dafür stetig, in ihn zu verlieben. Alles war und ist richtig, genau so und nicht anders. Sie sind nicht verrückt – aber ein Teil der Natur. Und Mutter Natur ist gerissen und amoralisch, schert sich weder um Wünsche des Einzelnen nach emotionaler und wirtschaftlicher Stabilität noch um wechselnde moralische Konzepte. Sie stattet die Menschen dafür aus, instinktiv den richtigen Partner für möglichst gesunde Kinder zu wählen, unberührt davon, ob Sie mit sich hadern, weil Sie glauben, die oder den Falsche/n geheiratet zu haben.

Merksätze für Notfälle und Eilige:

Sie können sich sicher sein, genau den/die richtigen Partner/in an Ihrer Seite zu haben. Sie haben sehr gute Gründe, diese/n aus allen Möglichkeiten ausgewählt zu haben.

WESHALB MENSCHEN HEIRATEN

Die Ehe im Wandel der Zeit

Die Gegenwart ist das Produkt der Vergangenheit. Um die ehelichen Herausforderungen verstehen zu können, die sich in der Gegenwart stellen, lohnt sich der Blick zurück. Wobei wir ganz kurz sehr weit zurückgehen ...
Nach der biologischen Systematik gehören die Menschen zur Familie der Menschenaffen, zur Ordnung der Primaten und damit zu den höheren Säugetieren.[7] Forscher wie Christopher Ryan glauben, dass Menschen grundsätzlich nicht monogam veranlagt sind, sondern dass *die lebenslange, feste Monogamie eine kulturelle Erfindung* sei.[8] Früher, so der allgemeine Tenor der Forschung, als die Menschen noch in Gruppen gelebt hatten, sei es bei diesen wohl so zugegangen wie bei den Bonobos, weil sie nicht nur die Nahrung, sondern auch alles andere geteilt hätten, so die Vermutung. Erst vor etwa 10.000 Jahren, als die Menschen sesshaft wurden, hätten sich die exklusiveren Bindungen einzelner Personen herausgebildet. Erst dann hätte man nämlich Vieh und bearbeitete Ackerfläche zum Vererben gehabt, weshalb es plötzlich eine Rolle spielte, welches Kind von welchen Eltern abstammte. Ryan glaubt, dass deshalb auch die Frauen zu einer Art des Besitztums wurden, denn nun musste die Abstammungslinie kontrolliert werden. Die Religion habe erst viel später die moralische Absegnung zur Monogamie erteilt.[9]
Hauptsächlich in der westlichen Welt wird die Ehe traditionell als dauerhafte Verbindung zwischen einem Mann und einer Frau verstanden, die eine sogenannte *Schicksalsgemeinschaft* bilden, indem sie beide Verantwortung füreinander übernehmen, vor allem in fi-

nanzieller Hinsicht, und einander Beistand leisten. Erst seit einigen Jahren ist in manchen Staaten auch die gleichgeschlechtliche Ehe erlaubt, Diskriminierungen aufgrund geschlechtlicher Orientierungen werden zunehmend abgeschafft. In diesem Buch beschäftigen wir uns mit der heterosexuellen Ehe der modernen westlichen Welt, aber nur, weil sich die langjährige Berufserfahrung der Autorin auf diese beschränkt, wobei aber grundsätzlich davon ausgegangen wird, dass sich eine gleichgeschlechtliche Ehe nicht zwangsläufig wesentlich unterscheidet.

Die Ehe, in der westlichen Welt vertragsähnlich durch das Jawort vor dem Zivilstandesbeamten (oder z. B. in Großbritannien oder den USA vor dem Priester) staatlich anerkannt begründet, beinhaltet verbindliche und institutionalisierte Rechte und Pflichten für beide Partner. Zwischen den Familien entstehen dadurch neue Verwandtschaftsverhältnisse. Die Ehe sicherte ursprünglich durch die Zusammenarbeit der Gatten das wirtschaftliche Überleben der Familie, denn Sozialhilfen und andere staatliche Unterstützungen gab es früher nicht. Außerdem war die Ehe auch schon immer ein Instrument, um durch die neuen Verwandtschaftsverhältnisse zwischen Familien das Vermögen und die Macht zu mehren.

Mit zunehmender Industrialisierung und wachsendem Wohlstand wandelten sich der Zweck der Ehe und die Erwartungshaltung an sie. Im Zeitalter des modernen Sozialstaates und der enormen Zeitersparnis durch den Einsatz von Maschinen und technischen Hilfsmitteln hat die Ehe weitgehend die eben genannten Zwecke verloren. So heiratet der moderne Mensch in der globalisierten Welt heute, zumindest nach außen hin, nicht mehr aus materiellen Gründen (und wenn, wird es nicht offen zugegeben, um gesellschaftlich nicht ablehnend beäugt zu werden), sondern aus Liebe.

Verändert haben sich aber auch die Lebensumstände in der westlichen Welt und, dank der Leistungen der modernen Medizin, auch die durchschnittliche Lebenserwartung: Seit 1840 ist sie vor allem in Europa, Nordamerika und Australien um mehr als 40 Jahre gestiegen. Heutzutage kann ein junges Brautpaar eine längere Ehedauer vor sich haben, als unsere Vorfahren überhaupt Lebenserwartung hatten. Durch Leistungen der modernen Medizin ist der Ehebund auf sehr, sehr viele Jahre ausgelegt, außer Sie heiraten erst mit 85+.

Patriarchat

Bis weit ins 20. Jahrhundert hinein herrschte das Patriarchat vor. Im deutschen Sprachraum zum Beispiel war der Ehemann per Gesetz das Oberhaupt der Familie, die Ehefrau und die Kinder hatten ihm zu gehorchen. Unter anderem bestimmte er den Wohnsitz der Familie und entschied darüber, ob die Ehefrau erwerbstätig sein durfte. – Er konnte (in Deutschland noch bis 1977) ihre Anstellung auch kündigen. Verheiratete Frauen dürfen erst seit 1962 ohne Zustimmung ihres Ehemannes ein Konto eröffnen beziehungsweise von ihrem in die Ehe eingebrachten Bankkonto Geld abheben – nur als Ledige hatte sie alleine eines eröffnen dürfen. Hintergrund dafür war die Angst der Männer gewesen, dass die Ehefrau unbemerkt Geld vom Haushaltsgeld für sich abzweigen könnte. Die Ehefrau durfte ohne Zustimmung des Ehemannes auch noch in den 1970er-Jahren keine größeren Anschaffungen tätigen, sondern nur für den täglichen Bedarf des Haushalts einkaufen. Die *Schlüsselgewalt* der Ehefrau hieß das damals. Wurde diese Schlüsselgewalt überschritten, war der Kaufvertrag nichtig, sofern der Ehemann ihn nicht später genehmigte, und musste rückabgewickelt werden. Ehefrauen durften nur mit Zustimmung der Vormundschaftsbehörde mit ihren Ehemännern Ehe- und Erbverträge gültig abschließen.

Der Familienname des Ehemannes und Vaters war von Gesetzes wegen der einzige Familienname. Die Frau hatte den Haushalt zu führen und die Kinder zu erziehen. Allerdings bestimmte dabei allein der Ehemann/Vater die Erziehungsziele für die Kinder, die sie dann umsetzen musste.

Hinsichtlich der Ausbildung der Kinder waren viele Eltern der festen Meinung, dass vor allem die Jungs etwas Ordentliches lernen sollten, nicht aber die Mädchen, die ja später sowieso heiraten und mit Haushalt, Kindern (und Hof) beschäftigt sein würden. Von gleichen Chancen, Rechten und Pflichten der Ehepartner war auch per Gesetz noch keine Rede.

All das ist heute unfassbar, aber diese Gesetzeslage, die die Ehefrauen diskriminierte, herrschte in Deutschland bis 1958, in Österreich bis 1975 und in der Schweiz bis 1988 vor – nur ein Wimpernschlag zurück. In Deutschland wurde übrigens erst am 4. Mai 1998 der sogenannte *Kranzgeld-Paragraf* abgeschafft, der besagte, dass ein Mann, der eine *unbescholtene Frau*, also eine Jungfrau, unter Vorspiegelung eines Eheversprechens zum Sex bewegt, sie dann aber nicht heiratet, eine angemessene *Entschädigung* zu zahlen hatte.

Neue Gesetzeslage

Der gesellschaftlichen Wandlung des Ehelebens wurde die Gesetzeslage angepasst: Die Ehegesetze in der westlichen Welt wurden in den 1980er-Jahren im wesentlichen Umfang der verfassungsmäßig garantierten Gleichstellung der Geschlechter angepasst, es gibt kein gesetzliches Oberhaupt der Familie mehr. Die modernen eherechtlichen Gesetzesvorschriften sind daher geschlechtsneutral, selbst bezüglich der Unterhaltsregelung und der elterlichen Sorge für die Kinder. Die Ehegesetze sind grundsätzlich auf eine lange Dauer ausgelegt und müssen für Millionen von Menschen jeden Alters und unterschiedlichster Herkunft, Bildungsgrade, Kulturen etc. gelten. Das kommt den Eheleuten natürlich zugute, weil sie damit den notwendigen rechtlichen Spielraum haben, ihre ganz persönlichen Vorstellungen vom Eheleben zu verwirklichen und der Dynamik ihres Lebens anzupassen, ohne sich in ein gesetzliches Korsett gezwängt zu fühlen.

Ehe und Kinder I

Die Ehe legitimiert noch heute von Gesetzes wegen die Abstammung des Kindes vom Ehemann als Vater. Der Ehemann der Mutter zur Zeit der Geburt des Kindes gilt per Gesetz als Vater, unabhängig davon, ob er auch der biologische Vater ist. Nur gestützt auf die Ehe der Mutter mit dem Ehemann reiht sich das Kind per Gesetz in die väterliche Erbfolge ein und erwirbt dem Vater gegenüber finanzielle Ansprüche. Demgegenüber müssen außereheliche Kinder vom biologischen Vater anerkannt werden, damit sie zur väterlichen Familie zugehörig werden und finanzielle Rechte erwerben. In einigen Staaten, wie zum Beispiel der Schweiz, konnten außereheliche Kinder trotz der Anerkennung durch ihren Vater noch bis weit ins 20. Jahrhundert von der väterlichen Erbfolge ausgeschlossen werden. *Zahlvaterschaft* hieß das damals.

Bildung

Viel verändert hat sich auch im Bereich Bildung und Beruf. Hier kann erst im heutigen, modernen Zeitalter weitgehend von geschlechtlicher Gleichberechtigung gesprochen werden. Im 21. Jahrhundert genießen Frauen regelmäßig eine gute Ausbildung, sind wirtschaftlich selbständig und die Gleichberechtigung der Ehegatten ist gesetzlich verankert und wird in der Praxis – völlig zurecht – immer häufiger eingefordert. Von einer *traditionellen Rollenverteilung*, in der ausschließlich der Mann der Ernährer ist und sich einzig die Frau um die Kindererziehung und den Haushalt kümmert, kann heute nur noch in den wenigsten Familien die Rede sein. Im Unterschied zu den Verhältnissen von vor 50 Jahren arbeiten die Frauen oft zumindest in Teilzeit, und zwar durchaus in anspruchsvollen und leitenden Positionen, und bringen ebenfalls gutes Geld nach Hause. Viele Frauen haben heute eine höhere wirtschaftliche Leistungsfähigkeit als Männer. Die Welt hat sich für beide Geschlechter geöffnet und es bestehen Möglichkeiten und Freiheiten in der individuellen Lebensgestaltung, von denen die früheren Generationen bei Erreichen des heiratsfähigen Alters nicht einmal zu träumen gewagt hatten. Die Mitarbeit der Ehemänner im Haushalt und die Mitübernahme von Verantwortung in der Kindererziehung ist heute weit verbreitet und wird erwartet.

Die Kinderbetreuung wird während der Arbeitszeit eines Elternteils vom Partner übernommen oder, bei gleichzeitiger Erwerbstätigkeit beider Elternteile oder bei Alleinerziehenden, entweder von Verwandten, vor allem den Großeltern, von Tagesmüttern oder KITAS. Also … weshalb heiraten wir heute überhaupt noch?

Männer in geordneten Bahnen

Warum heiraten Männer? Erinnern wir uns doch mal: Als Sie diese wundervolle Frau, Ihre spätere Gattin das erste Mal sahen, ihr Strahlen, ihre zauberhafte Ausstrahlung, waren Sie hingerissen. Als sich Ihre Blicke trafen, fühlten Sie sich angekommen, es war wie ein Heimkommen … So oder so ähnlich mag es gewesen sein. Vielleicht hat dann ein Freund oder ein Verwandter den Anstoß gegeben, dass Sie diese Frau ehelichen und Ihr Leben in ruhigere, geordnete Bahnen lenken …

Ich kenne eine Frau, die erst in den späteren Ehejahren erfahren hatte, dass ihre Heirat auf einer *Stammtisch-Bier-Idee* seiner Kumpels im *Scharfen Eck* basierte: Er müsse endlich Ordnung in seinem Leben schaffen und das ginge mit dieser tollen, aufregenden und wunderschönen Frau, die sich, das Leben und unerklärlicherweise scheinbar auch ihn liebe. Derart inspiriert, durch zwei weitere große Biere aufgemuntert und gestärkt, hatte der spätere Bräutigam noch in der Kneipe zum Telefon gegriffen und seiner Angebeteten – erfolgreich! – einen Heiratsantrag gemacht (nicht zur Nachahmung empfohlen, denn die meisten Frauen finden gelallte Telefonanträge nicht so super). Am nächsten Tag kaufte das Paar die Verlobungsringe und ihre turbulente Ehe hielt fast 60 Jahre und wurde erst durch den Tod beendet.

Zurück zu Ihnen: Jetzt stehen Sie also vor dem Standesamt beziehungsweise dem Altar und wissen: Sie sind mit der richtigen Frau, Ihrer Braut, am richtigen Ort, in Ihrem Lebensglück angekommen und bereit, Verantwortung zu übernehmen. – Sie sind zum Mann herangereift. Diese anbetungswürdige Partnerin an Ihrer Seite ist Grund und Anlass für Sie, einen lebensverändernden Schritt zu tun. Sie haben in ihr die Einzige gefunden, die Ihre Seele im Innersten berühren kann. Optisch und charakterlich ist sie hinreißend und ihr

Lachen, ihr Necken, ihre gute Laune wirken auf Sie ansteckend, ihr Charme ist unwiderstehlich und das alles wollen Sie nie wieder loslassen. Sie fühlen sich glücklich und begehrt, wenn Sie mit ihr zusammen sind. Auch Sie begehren diese unglaublich schöne und kluge Frau – in jeder Hinsicht. Sie lieben sie, weil sie Ihr Wesen, Ihre Wünsche und Ihre Ängste versteht. Bei ihr und mit ihr können Sie ganz Sie selbst sein, haben keine Angst, zurückgewiesen zu werden.

Und: Sie brauchen sie. Sie macht Sie zu einem besseren Menschen. Sie wissen nun, dass Sie für dieses berauschende Wesen und Ihre gemeinsamen Kinder für den Rest Ihres Lebens sorgen wollen. Sie sehen Sinn in Ihrem Leben, in Ihren täglichen Mühen. Diese Frau ist alles und jede Anstrengung wert! Sie steht zwar voll im Leben, braucht Sie aber dennoch. Wer, außer Ihnen, sollte regelmäßig den Ölstand ihres Wagens kontrollieren oder sie abholen, wenn sie irgendwo nachts in der Pampa ohne Benzin stecken geblieben ist? Wer außer Ihnen sollte sie beschützen, trösten und aufmuntern, wenn ihr etwas nicht gelingt? Sie anfeuern, wenn sie ihre hochfliegenden Träume verwirklichen will, mit ihr lachen, wenn sie überschäumend von ihren schrägen Erlebnissen erzählt? Dieses unerwartet gefundene Glück wollen Sie festhalten, für alle Zeiten.

Der eifersüchtige Gedanke, dass sie sich jemals einem anderen Mann als Ihnen zuwenden könnte, war und ist für Sie unerträglich. Dieses Wunderwesen gehört ganz klar in Ihr Revier! Deshalb hatten Sie ganz romantisch die betörende Schönheit an Ihrer Seite gebeten, Ihre Ehefrau zu werden. Sie sind stolz, diese umwerfende Frau für sich allein gewonnen zu haben.

Sie wissen jetzt: Ihre wilden Jugendzeiten mit allen Jugendsünden sind vorbei. Mit ihr zusammen wollen Sie sesshaft werden. Jetzt sind Sie bereit, Ihre bisherige Ungebundenheit und Ihre wechselnden Partnerinnen durch die Stabilität einer eigenen Familie zu ersetzen. Mit der Heirat starten sie in eine ganz neue Zukunft und begründen einen eigenen Ast im Familienstammbaum. Nun rücken Sie selbst auf die Position der Eltern vor. Sie leben von nun an mit Ihrer Ehefrau in einer Schicksalsgemeinschaft zusammen und sind ab sofort bereit, die volle Verantwortung für das Wohl Ihrer Familie zu übernehmen, die Ihre Ehefrau und Ihre Kinder umfasst. Diese Frau wollen Sie auch finanziell absichern.

Diese neue Zukunft ist für Sie auch nur mit dieser einen, besonderen, unwiderstehlichen Traumfrau vorstellbar. Sie setzen Ihr ganzes liebendes Vertrauen in diese bezaubernde, aber auf ihre besondere Weise auch starke Frau. Die Heirat mit ihr ist Ihr stolzester Moment. Sie bringen vor aller Welt zum Ausdruck, dass Sie Mann geworden sind, sich die Hörner abgestoßen haben, nun auch Verantwortung für das Wohlergehen Ihrer Traumfrau und der Kinder übernehmen können und wollen. Seite an Seite stehen Sie da, strahlend, und vertrauen auf eine glückliche Zukunft, zuversichtlich, gemeinsam alle Herausforderungen des Lebens meistern zu können.

Und sie gibt Ihnen das Gefühl, ein ganz besonderer Mann zu sein, *der* Mann, ihr Mann – ihr Traumprinz und Held, der immer für sie da sein wird. Gemeinsam reiten Sie hoch zu Ross in den Sonnenuntergang, der am Ende Ihres langen, schönen gemeinsamen Lebens stehen wird …

Aber natürlich sind nicht alle Hochzeiten Liebeshochzeiten. Vielleicht hat Ihre Partnerin Ihnen bei der Verlobung gleich ein Ultimatum gestellt, um Sie zur Heirat zu bewegen. Entweder Sie heiraten sie innerhalb einer bestimmten Frist, oder sie sucht sich einen anderen Mann, der mit ihr eine Familie gründen will. Die Prinzessin hat lange genug auf den erlösenden Hochzeitskuss gewartet, jetzt will sie in ein anderes Leben mit Ihnen starten, sie will Nägel mit Köpfen sehen und dass Sie endlich aus den Puschen kommen. Der Sonnenuntergang ist schon gebucht, der Reiter noch austauschbar.

Es gibt viele Männer, die sich dem Druck beugen, besonders wenn das Paar bereits Kinder hat oder sich ein Kind ankündigt. Das gehört sich schließlich so! Vielleicht wären Sie eigentlich lieber Single geblieben ...

Auch kann es sein, dass Sie sich, als Sie die Ehe eingingen, weniger für die Persönlichkeit Ihrer Auserwählten interessiert haben als für die eher materiellen Vorteile, die Sie sich durch eine Ehe mit ihr erhofften. Böse ausgedrückt: Vielleicht haben Sie in der Heirat dieser Frau nur ein Mittel zum Zweck gesehen. Möglicherweise stammt Ihre Verlobte aus reichem Hause und Ihr Vater hat Ihnen geraten, *so ein Goldvögelchen auf keinen Fall ziehen zu lassen*, damit Sie den materiellen Reichtum, den sie in die Ehe bringt, genießen könnten. Oder Sie wollten mit der Heirat eine Aufenthaltsbewilligung im Heimatstaat Ihrer Partnerin erlangen. Manche Männer wollen ihr männliches Selbstbewusstsein mit der Ehelichung einer *Trophy-Frau* aufwerten, die vor allem Modelmaße und aufgespritzte Lippen aufweisen muss, damit sie zur *Rolex* am Handgelenk passt.

Männer, die mit dem Heiraten einer Frau ihre homo- oder transsexuellen Neigungen zu vertuschen versuchen sind, seit das öffentliche Outing und gleichgeschlechtliche Ehen salonfähig geworden sind, gottlob praktisch ausgestorben, aber es gibt sie immer noch – vor allem, wenn der Mann beim Outing die elterliche Ablehnung bis hin zur Enterbung befürchten muss.

Bei den Frauen sieht das Ganze ein wenig anders aus.

Frauen und ihr Märchen ohne Ende

Davon haben Sie schon als kleines Mädchen immer geträumt: Sie stehen vor dem Standesamt/Altar und wissen: Sie sind mit dem richtigen Mann, Ihrem Prinzen, am richtigen Ort. Er ist Ihr Seelenverwandter und er ist heiß. Er kennt Sie durch und durch. Wenn Sie ihn sehen, blicken Sie in Ihre eigene, bessere Seele. Er ist der Einzige, der mit den Eigenschaften Ihrer Persönlichkeit, mit denen Sie selbst kaum klarkommen, umgehen kann. Sie fühlen sich bei ihm so wohl, so gut aufgehoben, so sicher, dass es kaum zu glauben ist. Er weiß stets, was in Ihnen vorgeht, und er ist sogar in den Momenten mit Ihnen liebevoll und geduldig, in denen Sie selbst wissen, dass Sie schwierig sind. Anstatt wie alle zuvor – sogar die eigenen Eltern! – in diesen Situationen ungeduldig und ruppig zu reagieren, schafft er es, Ihnen Ihre Selbstachtung zu lassen, Ihnen Wertschätzung entgegenzubringen und Ihnen, trotz allem, die Sicherheit zu geben, dass er an Ihrer Seite bleibt.

Das ist seine ganz große Heldentat – Sie zu lieben, trotz, oder gerade wegen diesen Eigenschaften, die Sie selbst als Ihre großen Schwächen werten, mit denen Sie ansonsten immer Kritik geerntet haben. Sei es, dass Sie kein richtiges Zeitmanagement haben und deshalb konstant zu spät kommen, oder dass Sie ein Morgenmuffel sind und vor neun Uhr nicht angesprochen werden möchten. Oder Sie gelten als zu eitel, verschwenderisch oder, oder …

Aber er, er versteht Sie, verwöhnt Sie, hilft Ihnen, wo er nur kann, und auf seine Loyalität können Sie bauen. Sie wissen, dass er Sie besonders hübsch, sexy und in jeder Hinsicht begehrenswert findet. Er ist Ihr tapferer, strahlender Ritter, der auf seinem edlen Schimmel (oder per Auto, Motorrad, Fahrrad, im Rollstuhl oder auf Schusters Rappen) zu Ihnen herbeigaloppiert kam und sich unerschrocken unter höchster Gefahr und Ihre tödliche Abweisung in

Kauf nehmend, wacker durch die von Ihnen aufgebauten Schutzmauern gekämpft hatte, um schließlich Sie, die Prinzessin, küssend zu retten. Und er ist bei Ihnen geblieben, obwohl Sie ihn noch immer oft verletzen. – Sie sind das moderne Dornröschen.

Das schöne Dornröschen war, wie wir alle wissen, ganz dringend darauf angewiesen, dass der heldenhafte Prinz auf dem stolzen Ross herangeprescht kam, sich unter höchster Lebensgefahr mit seinem Schwert durch die gefährliche Dornenhecke kämpfte, um die Schlafende durch einen Kuss zu erretten. Ebenso wurde Schneewittchen, die perfekte Hausfrau des Waldes, nur dank des Prinzenkusses wach und gerettet.

Alle modernen *Prinzessinnen* wissen daher aus sicherer Quelle schon seit dem frühesten Kindesalter, dass nur die Schönen und Wertigen nichts verschlafen und gut leben können. Es ist deshalb wichtig, dem starken Mann zu gefallen, sonst wird nicht geküsst, nicht gerettet.

Der wackere Held, der sich die Mühe mit der Dornenhecke etc. gemacht hat, findet Sie toll (was Sie selbstverständlich auch sind) und Sie lieben ihn schon deshalb mehr als Ihr Leben. Ein Leben ohne ihn, der weiß, wie Sie richtig behandelt werden müssen, damit Sie glücklich sind, können Sie sich nicht mehr vorstellen. Dieses Glück wollen Sie festhalten, im Hier und Jetzt mit der Heirat. Sie leben mit ihm Ihr ganz persönliches Märchen und wollen mit ihm zu einer Einheit verschmelzen, unzertrennlich, glückselig bis an Ihr Lebensende.

Genauso schön wie diese Märchenprinzessinnen – und sich in Ihrem grandiosen Kleid genauso fühlend – stehen Sie nun vor dem Altar (oder dem Standesbeamten), zusammen mit Ihrem Schatz, Ihrem strahlenden Ritter, und geben ihm Ihr Jawort. Ihr fantastisches Hochzeitskleid ist der Kokon, mit dem sich die mädchenhafte Raupenprinzessin schmückt, aus dem in der Hochzeitsnacht der

Schmetterling *Ehefrau* schlüpft – der Höhepunkt im Leben jedes Mädchens. Daher träumen viele junge Frauen fast ein Leben lang von ihrer Hochzeit und dem *wichtigsten Kleid im Leben einer Frau*, dem Ritual ihrer Abnabelung vom Elternhaus. Die Prinzessin verlässt nun ihr Elternhaus endgültig, in dem sie als Kind und Mädchen umsorgt und erzogen wurde – und gehorchen musste.

Sie sind nun bereit, Ihrer eigenen kleinen Familie ein warmes Nest zu bereiten und für sie – in jeder Situation – vorbehaltlos da zu sein, mit Rat und Tat. Natürlich ist Ihre Sorge um Ihre Eltern und Geschwister – und neuerdings auch um Ihre Schwiegereltern – damit zwar nicht vollständig aufgehoben, aber sie rückt klar in den Hintergrund. Jetzt tritt – ganz neu – Ihr Ehemann mit höchster Priorität und Wichtigkeit in Ihr Leben. Sie freuen sich darauf, ihn zu umsorgen, mit ihm romantische Abenteuer zu erleben und den Rest Ihres Lebens gemeinsam mit ihm zu verbringen.

Natürlich interessieren sich auch manche Frauen weitaus mehr für die materiellen oder auch anderen Vorteile, die der Mann an ihrer Seite ihnen zu bieten hat, als für seine Person selbst, aber was juckt es Sie. – Sie sind zu allem bereit, um für sich, Ihren Mann und Ihre Kinder eine glänzende Zukunft zu schaffen.

Das Problem jetzt, nach Ihrer wundervollen Hochzeit: Alle Märchen, auch die modern aufgepeppten (*Pretty Woman* und alle anderen romantischen Komödien einschließlich den Werken von Rosamunde Pilcher) enden stets mit der rauschenden Hochzeit des Prinzenpaares, aber Ihr eigenes Hochzeitsliebesmärchen endet natürlich nicht mit dem Jawort vor dem Altar. Auch nicht mit dem Hochzeitsball. Im Film *Sex and the City II* wagte sich die Autorin ausnahmsweise mal über diese Heiratslinie und siehe da, bei Carrie Bradshaw und Mr. Big kehrte umgehend der Alltag ein, der die einzigen Gespräche der frisch gebackenen Eheleute prompt nur um das neue Sofa und den Fernseher im Schlafzimmer kreisen ließ. Gähn! Dieses Pärchen hatte sich schon bald nach der Hochzeit offensichtlich nichts mehr zu sagen, weshalb die Freundinnen anrücken mussten. Bei Schneewittchen und Co. war der Alltag hingegen nicht einmal würdig genug, im Märchen auch nur mit einem Wort erwähnt zu werden, weil die Alltagsmühen in unseren romantischen Idealvorstellungen ebenso wenig Platz haben wie der Gedanke, Dornröschen könnte eines Tages die Scheidung wünschen. – Saß Schneewittchen womöglich schon kurz nach der Trauung verbittert in ihrem Schloss und kümmerte sich um alles, ließ hinter ihm aufräumen und seine Socken stopfen, während sich ihr Prinz mit Bauernmädchen und Hofschranzen vergnügte? War Dornröschen so gut ausgeschlafen, dass sie ihren Prinzen rund um die Uhr herumkommandierte, ihn nicht schlafen ließ und ihn letztendlich auslaugte? Was für erschreckende Gedanken! Diesen wichtigen Teil der Erzählung hätte man Ihnen selbstverständlich nicht vorenthalten dürfen. Hat man aber. – Betrug! Doch ich kann Entwarnung geben: Aus dem Schlusssatz jedes Märchens – *und sie lebten glücklich bis an das Ende ihrer Tage* – kann man durchaus entnehmen, dass sich auch aus Sicht der Märchenautoren ein gemeinsames Alt- und Klapprigwerden nicht grundsätzlich störend auf das Alltagsleben auswirken muss, sondern im Gegenteil sogar erhofft wird (weil es die einzige Alternative dazu ist, jung zu sterben – also nicht wirklich erstrebenswert).

Nicht überliefert ist allerdings die einzige uns hier interessierende Frage, *wie* sich die Märchenprinzessinnen den Rest ihres Lebens mit ihrem Prinzen gestaltet haben, damit sie alle, vermutlich über lange Jahre, tatsächlich glücklich blieben. Ich habe es recherchiert – und nichts gefunden. Es gibt auch kein einziges Bild von einem altersschwachen, weißhaarigen, von Runzeln zerfurchten und, wegen des immer üppigen Essens, übergewichtigen Schneewittchen mit imposanter Fettschürze und Plattfüßen. Sehr mysteriös das Ganze, wirklich.

Das Schöne daran ist aber, dass wir modernen Prinzessinnen und Ritter natürlich frei sind, unser Eheglück selbst zu suchen und zu gestalten.

> **Merksätze für Notfälle und Eilige:**
>
> Weshalb Sie Ihren Herzensmenschen heiraten, wissen Sie natürlich sehr genau, aber bei Ihrem/r Partner/in mögen andere Überlegungen eine Rolle gespielt haben – die genauso gültig und gut sind wie Ihre eigenen.

Sex

In aller Regel ist zu Beginn der Beziehung die Begierde, mit dem neuen Partner auch körperlich zu verschmelzen, bei beiden stark ausgeprägt. Die leichte, fröhliche Wertschätzung, die sich die Partner gegenseitig entgegenbringen, die Gefühle der Liebe und Zugehörigkeit werden auch auf der körperlichen Ebene genossen. Rasch wird von *Liebe* gesprochen – dabei sind die Grenzen zwischen körperlicher Begierde und Gefühlen fließend. Beide Geschlechter steuern, wie von Mutter Natur eingerichtet, zielstrebig auf die Vereinigung zu, denn nur auf diese Weise ist der Fortbestand unserer Spezies garantiert. Alles und jedes am Partner wird als interessant, erregend, provokant und sexy bewertet. Der einvernehmliche Sex ist in der ersten Phase des genaueren – zumeist vorehelichen – Kennenlernens und der ersten Ehezeit für Männer und Frauen üblicherweise frei, unbeschwert, gelöst, spaßig, befriedigend und häufig.

Männer

Die *Vergleichswelt nackter Tatsachen*, die sich Männer durch taxierende Blicke von der Umkleide in der Sporthalle über die Gemeinschaftsdusche in der Badeanstalt bis zur Pinkelparade an nebeneinander aufgereihten Urinalen aufgebaut haben, ist den Frauen grundsätzlich fremd. Für die meisten Damen ist der Firlefanz mit der Größe des Genitals maximal halb so interessant, wie die Herren offenbar annehmen. Die Vielzahl der Zusendungen mehr oder weniger prächtiger Penisse, die vor allem junge Frauen über Instagram, Snapchat, Tinder etc. erhalten, werden eher genervt zur Kenntnis genommen und belächelt. Vom Versand dieser Bilder ist übrigens abzuraten, denn falls nicht beide Partner das erklärtermaßen toll finden, ist die unaufgeforderte Zustellung von Nacktbildern, mittlerweile als *Nudes* und *Dickpics* bezeichnet, klar übergriffig. Der Absender outet sich als hirnloser Rohling, der sich auf seine Genitalien reduziert wissen will, und scheucht den Empfänger, dem damit von vornherein jede erotische Fantasie genommen wird, von sich weg, obwohl er ihn eigentlich gern beeindrucken würde. Ein Penis ist in Frauenaugen sowieso nicht gerade ein schöner Körperteil. Funkelnde Augen, feste Unterschenkel, schöne Hände und Zähne bei strahlendem Lächeln, gepflegte Füße etc. gefallen der Damenwelt üblicherweise viel besser.

Es mag bitter sein, dass Frauen dem Penis an sich nicht genauso viel Interesse entgegenbringen wie Männer, ist aber nicht zu ändern. Dieser sinnlose Wunsch nach Größe ist ohnehin irritierend, denn schon kurz nach dem normalen Durchschnitt lauert das *zu groß*. Ja, liebe Männer, es gibt ein *zu groß*, vor dem sich einige Damen fürchten, weil sie Angst vor Schmerzen und Verletzungen haben.

Bei der Gelegenheit sollte auch gleich mit der Behauptung Sigmund Freuds aufgeräumt werden, Frauen würden sich wegen des fehlenden Penis minderwertig fühlen: Das ist kompletter Unsinn! Diesen Penisneid gibt es nicht. Der weibliche Körper ist prachtvoll, so wie er ist, in jedem Alter und in jeder Lebenslage. Keine nicht-transsexuelle Frau wünscht sich einen Penis. Weshalb soll Frau also jemanden um etwas beneiden, das sie nicht haben will? Dieser angebliche weibliche Penisneid widerspiegelt – positiv ausgedrückt – nichts weiter als der lebensbejahende Enthusiasmus von Freud und seinen Anhängern über die offensichtlich zufriedenstellende Funktionsweise ihrer eigenen Schwellkörper. Nun ja. Wie gesagt, Frauen kommen ganz gut ohne das dritte Bein zwischen den großen Zehen klar. Danke.

Frauen

Ob der tapfere Ritter neben ihr gut bestückt ist oder nicht, spielt für die Prinzessin, wie wir eben erfahren haben, eine eher untergeordnete Rolle. Vielleicht hat sie sich sogar für die Hochzeit aufgespart und noch keinen Vergleich ... Eine nette Überraschung wartet dann auf sie (auf eine *große* Überraschung freut sie sich nur in dümmlichen 70er-Jahre-Witzen und 80er-Jahre Pornos). Sie will mit ihm leben, mit ihrer großen Liebe und Leidenschaft, und nimmt die Dinge an ihm so an, wie sie eben sind.

Die primären Geschlechtsteile der Damen sind deutlich subtiler und zurückhaltender ausgeformt als die der Herren, aber dafür stellen sie nicht nur einen einzigen, sondern gleich eine ganze Klaviatur von erregbaren Berührungspunkten zur Verfügung, also auch sehr beeindruckend ... Allerdings sind die weiblichen primären Geschlechtsteile für viele Menschen – erstaunlicherweise auch für sexualisierte Frauen – oft unbekanntes Gebiet. Was Vagina, Vulva und Klitoris sind, welche Funktion sie haben und wo genau sie sich befinden, ist vielen Männern und selbst Frauen nicht geläufig. Vor allem viele Männer glauben felsenfest, dass der *offizielle* G-Punkt die erogenste Zone des weiblichen Körpers sei. In diesem Glauben und im Bestreben, ihrer Angebeteten besonders schöne Momente zu bereiten, stochern sie dann an der zuvor im Internet gegoogelten Stelle ungeschickt herum. Erbarmen!

Der G-Punkt ist nicht bei jeder Frau gleich, weder gleich erregbar noch an der gleichen Stelle. Aktuell geht die Wissenschaft davon aus, dass sich beim G-Punkt die Ausläufer der Klitorisschwellkörper befinden sollen, die bei unterschiedlichen Frauen unterschiedlich lang sein können. Andere behaupten, es wäre irgendeine Drüse. Der G-Punkt ist zurzeit einfach noch ein wissenschaftliches Mysterium. Es hilft also nichts, liebe Männer, jede Frau muss für sich erkundet werden, um herauszufinden, was gut ankommt. Fies, zugegeben, aber doch auch aufregend und erotisch-schön. Kleiner Tipp: Am echten weiblichen Orgasmus ist praktisch immer die Klitoris beteiligt.

Sollte das aber mal nicht hinhauen, hüten Sie sich davor, liebe Frauen, Ihrem Liebsten einen Orgasmus vorzuspielen. Bemerkt er den Schwindel, treffen Sie ihn im Innersten seines männlichen Selbstwertgefühls – niemand wird gern im absolut intimsten Bereich zum Narren gehalten. Er wird sich unweigerlich als *unmännlich* und *erbärmlich* fühlen – Erektionsstörungen könnten die Folge sein.

Durchschaut er Ihr Oscar-verdächtiges Theaterstück nicht als leere Posse, wähnt er sich – natürlich – auf der richtigen Fährte und glaubt allen Ernstes, er hätte Sie sexuell zum Höhepunkt gebracht, während Sie in Tat und Wahrheit beim Erleben von Lust massives Verbesserungspotenzial sehen und spüren. Sie sind beide in jedem Fall die Verlierer. Deshalb ist es besser, wenn Sie beide Ihre anerzogene und völlig überflüssige Scheu gegenüber Ihrem Herzblatt ablegen. Ihre Geschlechtsorgane sind genauso wenig anrüchig wie Ihre Nieren, Ihre Augen oder Ihre Lungen. Sie alle sind Bestandteile Ihres einzigartigen Körpers, die ganz bestimmte Funktionen zu erfüllen haben.

Was? Problemzonen? Welche Problemzonen bitte? Sehen Sie sich ihn an: Er will sie alle! Sonst wäre er jetzt ja nicht bei Ihnen! Logisch?

Logisch! Welche Problemzonen Sie auch immer an Ihrem Körper zu orten glauben – Ihr/e Partner/in begehrt sie alle! Mit allem Drum und Dran. Was spielt da Ihr Spiegel für eine Rolle?

Eben!

Gestatten Sie ihm/ihr, die Landkarte Ihres schönen und aufregenden Körpers zu erkunden und kennenzulernen. Weisen Sie Ihre/n Geliebte/n in Ihren großartigen und begehrenswerten Körper ein und flüstern Sie ihm/ihr zärtlich zu, was er/sie doch bitte mehr für Sie tun soll. Männer und Frauen lieben das in aller Regel und kommen solchen höchst erfreulichen Wünschen nur zu gern höchst begeistert nach.

Merksätze für Notfälle und Eilige:

1. Problemzonen haben Sie keine. Ihr Herzblatt liebt und begehrt Sie mit Haut und Haar, mit allem Drum und Dran, so wie Sie sind.

2. Lassen Sie Ihr Herzblatt wissen, was er/sie Schönes für Sie tun kann, und halten Sie Ihren Lieblingsmenschen nicht zum Narren. Gaukeln Sie also keine Höhepunkte vor, wenn Sie sich noch in der Tiefebene aufhalten.

DIE ARCHITEKTUR DER EHE

Vom Formlosen zur Form

Vor der Heirat hatten Sie durch das formlose Zusammenleben mit Ihrem Partner signalisiert, dass Sie Ihren Partner zwar lieben, aber Ihre Freiheit noch mehr. Sie hatten sich weder gesetzlichen Pflichten noch sozialen Ehekonventionen unterworfen. Sie konnten nach Ihrem Gusto tun und lassen, was Ihnen beliebte, und waren dabei für andere nicht wirklich angreifbar. Ihre Zusammengehörigkeit hatten Sie ausschließlich durch Ihre Liebe, Ihre Loyalität und Ihre Gefühle dem Partner gegenüber legitimiert. Natürlich hatte es immer Zweifler und Kritiker gegeben, die fragten, ob Ihre Beziehung überhaupt stabil und ohne Trauschein ernst zu nehmen wäre. Ganz besonders bei Paaren mit Kindern wird der Ruf der Umgebung nach *Legalisierung* üblicherweise immer lauter, man muss ja schließlich auch an die Kinder denken. Dennoch konnte an Ihnen beiden die Kritik von Außenstehenden an Ihrer Lebensführung abperlen. Sie waren eben unkonventionell, frei, anders, wanderten bewusst und gewollt nicht auf den ausgetretenen Pfaden wie alle anderen. Wir leben schließlich in einer freien Welt!
Heutzutage kann Ihnen, solange keine Gefährdung des Kindeswohls gegeben ist, niemand vorschreiben, wie Sie zu leben haben. Ehelosigkeit gefährdet die Kinder ganz offensichtlich nicht. Als unverheiratetes Paar waren Sie zwar miteinander liiert, aber Sie hatten sich eben bewusst noch nicht für eine Verbindung zur Schicksalsgemeinschaft, wie die Ehe eine ist, entschieden. Sie konnten sich zwar für das Zusammenleben miteinander entschieden haben, hielten für sich aber die Eheschließung, eine konventionelle Form des Zusammenlebens, als nur eine von vielen möglichen Op-

tionen für Ihre Zukunft offen. Sie hätten jederzeit problemlos gehen können, wenn die Beziehung nicht mehr gepasst hätte.

In meinen Kindheitstagen – im vorigen Jahrhundert – hatte es diese Freiheiten in der Schweiz so noch nicht gegeben. Ich kann mich noch sehr gut an die Zeit meines Heranwachsens erinnern, als in unseren Breiten das Zusammenleben von Erwachsenen im *Konkubinat*, wie die eheähnliche Gemeinschaft im Juristendeutsch heißt, der Inbegriff der Ausschweifung und des Sittenzerfalls, ein unmoralischer Zustand wie in Sodom und Gomorrha – der verboten und sogar strafbar war. Auf Anzeige von ehrbaren Nachbarn und anderen Bürgern mit genauso lebhafter wie eindeutiger Fantasie hin war die Polizei in die verruchten und schmutzigen Haushalte eingedrungen und hatte die Aufgabe, insbesondere die Wäsche auf dem Bett für die Spurensuche zu beschlagnahmen. Man wollte schließlich zum Schutz der öffentlichen Ordnung und Moral sicherstellen, dass sich das Pärchen nicht mit der Behauptung einer angeblich rein platonischen Wohngemeinschaft aus der strafbaren Affäre ziehen konnte. Die Erklärungen meiner Eltern betreffend die Spurensicherung der Polizei, als gerüchteweise einmal in unserem Dorf eine entsprechende Razzia durchgeführt worden war, brannten sich in meinem Gedächtnis regelrecht ein.

Für die heutigen Paare ist diese Sichtweise, die noch bis Mitte/Ende des 20. Jahrhunderts vorherrschte, erfreulicherweise vorsintflutlich, obwohl das ja noch gar nicht sooo lange her ist. Heute kontrolliert der Staat jedenfalls keine Bettlaken mehr. Es interessiert nicht mehr, wer wen ohne Trauschein liebt. Was also ändert sich durch die Heirat überhaupt noch?

Wie Sie wissen – und gewollt herbeiführen –, gießen Sie mit der Hochzeit Ihre bisher lose persönliche Beziehung, die keinen anderen Regeln unterlag als den von Ihnen beiden selbst aufgestellten, in die traditionelle Form der Ehe. Die Unverbindlichkeit der vorehelichen Paarbeziehung wird mit der Heirat beendet und in die feste, wenn auch sehr weite und flexible Form der Ehe überführt. Die Ehefrau wird in diesem Sinne zur Ex-Freundin des Bräutigams, er zum Ex-Freund der Braut. Die bisherige lose und unverbindliche Freundschaft, aus der Sie sich jederzeit einigermaßen problemlos hätten verabschieden können, hat ausgedient. Das spüren Sie und das wollen Sie auch.

Die Ehe hat, ähnlich wie ein Gebäude oder ein Organismus mit zwei Organen, eine sehr klare Struktur.

Der Bauplan der Ehe

Wesentlich ist die Unterscheidung von innen und außen:
Außen ist alles, was nicht im Inneren der Form ist. Im Inneren der Ehe sind nur Sie und Ihr/e Ehepartner/in. Alle anderen sind Außenstehende und haben zu Ihrer Ehe keinen Zutritt.

Jeder organische Körper (egal ob Mensch, Tier oder Pflanze), aber auch jedes Gebäude, weisen jeweils eine Außen- und eine Innenansicht auf. Die äußere Umhüllung eines Körpers hat eine ganz andere Form und Struktur als das Körperinnere mit seinen vielen unterschiedlichen Knochen, Geweben, Organen und Säften in ihrem Zusammenspiel. Allein von der Außenansicht lässt sich nicht wirklich schließen, wie das Innere aussehen könnte. Dasselbe gilt für Bauwerke: Außenfassade und innere Raumaufteilung sind völlig unterschiedlich.

Die äußere Umhüllung grenzt den Innenbereich klar ab. Der Außenbereich kann nur bei schweren Verletzungen in den Innenbereich gelangen. Wenn der Arzt beispielsweise feststellt, dass Hautfetzen direkt auf der Leber liegen, und damit im Inneren des Menschen oder Tieres, ist das alles andere als gut und gesund. Dasselbe gilt bei Gebäuden: Der Außenputz muss außen bleiben – liegt der plötzlich in den Innenräumen, ist das Haus schwer beschädigt.

Bei der Ehe ist das ganz genauso: Es gibt eine Außenansicht auf *die Ehe, das Ehepaar*, eine sächliche Einheit, eine sichtbare Fassade, beweisbar durch Registereintragung und Heiratsurkunde.

Und es gibt das Eheinnere, das Eheleben im Alltag. Dort befinden Sie beide sich, je einzelne Persönlichkeiten, mit all Ihren Stärken, Schwächen, Vorzügen, Ecken und Kanten.

Ich kenne keine Brautleute und eigentlich auch kaum Eheleute, die klar zwischen der Außenfassade der Ehe und dem Eheinneren unterscheiden. Vielmehr wird regelmäßig das eigentlich Äußere der Ehe ins Innere umgekehrt. Das fühlt sich dann an wie ein Kleidungsstück, das verkehrt herum angezogen wird: sieht nicht gut aus und das Zuknöpfen ist kompliziert und deutlich erschwert, es passt halt nicht richtig. Wie für jedes Gebäude und jeden Körper bedeutet das auch für die Ehe eine sehr schwere Verletzung ihrer Struktur. Dass so eine Umkehrung zu schweren Eheproblemen führen muss, leuchtet ein.

Merksätze für Notfälle und Eilige:
1. Die *Ehe ist* nur die Form, die äußere Fassade, die Umhüllung Ihrer Beziehung.

2. Die Ehe als Umhüllung grenzt Ihre Beziehung gegen aussen ab und macht sie zum sehr exklusiven Zweierklub.

3. *Das Ehepaar* – eine sächliche Einheit – ist als Schicksalsgemeinschaft nur *die äußere Erscheinungsform* der Ehe, beweisbar durch Heiratsurkunde und Registereintrag.

4. *Hinter* dieser Ehefassade, im Eheinneren, gibt es kein Ehepaar.

5. Hinter der Ehefassade gibt es zwei unabhängige, unverwechselbare und wundervoll-individuelle Persönlichkeiten, mit allen Stärken, Schwächen, Träumen, Vorlieben, Ecken und Kanten, die miteinander Hand in Hand durch ihr jeweils eigenes Leben gehen möchten.

Die Außenfassade der Ehe

Die Heiratsurkunde

Die Heiratsurkunde soll der sichtbare juristische Beweis Ihrer Liebe und Ihres Besitztums sein, aber ist sie das wirklich? Der Volksmund sagt, dass das Brautpaar mit der Heirat den sicheren Hafen ansteuere. Das klingt doch sehr vertrauenerweckend und vor allem tiefenentspannt, nicht wahr? Sie sind angekommen! Am Tag Ihrer Hochzeit unterschreiben Sie beide voller Freude die Heiratsurkun-

de. Sie ist die Verbriefung der Tatsache, geliebt zu werden, Beweis Ihrer Fähigkeit zu lieben, Ihrer eigenen Liebenswürdigkeit, Ihres guten Charakters (sonst würde Ihr Partner ja nicht den Rest seines Lebens mit Ihnen verbringen wollen), Ihres Selbstwerts und Ihres Glücks. Ein juristisch verbindliches Dokument, registriert und mit staatlichem Siegel, dass Sie die Seele Ihres Partners die Ihre nennen. Hurra! Die Heiratsurkunde ist der ultimative, finale Beweis! Für die allermeisten Eheleute steht zwischen den Zeilen der Heiratsurkunde auch, gerichtet an jedermann, deutlich und fett mit Großbuchstaben geschrieben: *Hände weg! Mein Ehegatte gehört mir! Für immer und ewig!*
Hält dieser romantische Volksglaube einer kritischen Prüfung stand?
Nein. Die Heiratsurkunde ist allein dem äußeren Erscheinungsbild Ihrer Ehe als Einheit zuzuordnen. Die Heirat ist das Ritual, das zwei Menschen zu einer Schicksalsgemeinschaft, dem Ehepaar, verbindet – aber eben nur ein äußeres Ritual, eine Formalität.

Die Heiratsurkunde ist als juristisches Dokument trocken und gefühlsneutral. Sie beurkundet staatlich, dass Sie die gesetzlich vorgeschriebenen Voraussetzungen für die Eheschließung erfüllen (Sie sind alt genug, nicht schon anderweitig gültig verheiratet, betreiben keinen Inzest und sind geistig fit genug, um sich im Groben darüber klar zu sein, dass Sie ab sofort zu zweit durch Ihr Leben gehen werden). Die Heiratsurkunde belegt außerdem, dass Sie und Ihr Partner ab sofort verbundene Eheleute sind, für die neu und unmittelbar die Gesetzesbestimmungen des Eherechts gelten. Sie übernehmen gegenüber dem Partner juristisch durchsetzbare Pflichten und erwerben ihm gegenüber entsprechende Rechte.
Dieser eigentliche, rein juristische Inhalt einer Heiratsurkunde tritt allerdings bei den meisten Brautpaaren vor und bei der Hochzeit in

den Hintergrund. Nur in den ganz seltenen Ausnahmefällen, in denen die Verlobten beim Notar einen Ehevertrag abgeschlossen haben, wurden sie vorher über Inhalt und Tragweite des neu auf sie anwendbaren Eherechts juristisch beraten. Die meisten Paare belassen es bei ihren bloß vagen Vorstellungen über die gesetzlichen Inhalte des Eherechts, denen sie sich voll unterwerfen, wenn sie die Unterschrift leisten. Bei der Hochzeit kennen die Brautleute üblicherweise die Zusammensetzung ihrer großartigen Hochzeitstorte besser als die nun neu auf sie anwendbare Rechtslage. Die erste juristische Beratung mit Aufklärung über die Tragweite des Eherechts findet regelmäßig erst statt, nachdem die Ehe in ernste Schieflage geraten ist.

Obwohl, oder vielleicht genauer, weil Sie am Tag Ihrer Hochzeit überglücklich sind, vermengt sich das innere Gefühl mit dem äußeren, traditionellen Ritual. Dabei hat die Heiratsurkunde mit dem Inneren Ihrer Ehe nichts zu tun und verspricht Ihnen – natürlich – weder Liebe noch garantiert sie langes Eheglück. Aus ihr ist nicht ersichtlich, wie Sie als Ehefrau und Ehemann im Alltag miteinander umgehen, und schon gar nicht, ob Sie Spaß mit- und aneinander haben. Die Heiratsurkunde gibt Ihnen insbesondere kein Recht auf Einforderung von (auch körperlicher) Hingabe Ihres Partners gegen dessen Willen. Sie ist kein Sklavenbrief (mehr) – seit etwas mehr als 50 Jahren bleiben Sie beide auch vor dem Gesetz eigenständige Persönlichkeiten mit freiem Willen, die im Rahmen der Legalität tun und lassen können, was ihnen beliebt. Zu dieser Klarstellung musste – bedauerlicherweise – in den meisten westlichen Rechtsordnungen die Vergewaltigung in der Ehe erst noch ausdrücklich als Straftatbestand in die Gesetze aufgenommen werden.

Wie Sie die, durch die Heiratsurkunde verbriefte, äußere Form Ihrer Ehe in ihrem Inneren mit Leben füllen, entscheiden Sie beide ganz allein. Sie und Ihr/e Partner/in, nicht das Gesetz, nicht das Ritual, nicht das nun vorhandene, von außen neu sichtbare Erscheinungsbild von Ihnen beiden als *das Ehepaar*.

Ihr persönliches Märchen ist mit dem Hochzeitsfest selbstverständlich noch nicht zu Ende, sondern das Abenteuer beginnt jetzt erst so richtig.

Sie können also das Kästchen *glückliche Ehe* auf Ihrer Lebenswunschliste mit der Unterzeichnung der Heiratsurkunde noch nicht abhaken. Im Hafen der Ehe angekommen können Sie, nicht entspannt die Füße hochlegen, im Vertrauen darauf, dass das bisher Geleistete nun ausreichen und Ihre Beziehung durch die Heirat ab sofort, quasi im Autopiloten, in den bisher von Ihnen gelegten, glücklichen Spurrinnen weiter dahinrollen wird.

Das Hochzeitsritual
Sie selbst, aber auch Ihre Familie, Ihre Freunde und Bekannten feiern mit Ihnen den großen Tag Ihrer Hochzeit. Im Grunde genommen legen Sie in dieser Zeremonie die Hülle der Ehe um Ihre bisherige Beziehung herum. Sie beide gießen sich selbst, mitsamt Ihrer Liebe zueinander und mit Ihrer ganzen Beziehung, in das Gefäß der Ehe.

Nur die beiden, die Ja zueinander sagen, haben – für alle Zaungäste klar erkennbar – Zutritt in diese Ehe; alle anderen – Ihre Lieben, Ihre Gäste, Freunde und Neider – müssen draußen bleiben, und blicken jetzt von außen auf Sie als *das Ehepaar*. Es ist die Fassade Ihrer Ehe, die Sie beide, Ehefrau und Ehemann im Inneren, gegenüber Dritten abgrenzt. Erst diese Abgrenzung gegen außen macht Ihre Zweierbeziehung exklusiv.

Weil Sie, zusammen mit Ihre/r Partner/in, immer notwendigerweise im Inneren der eigenen Ehe stehen und vom Eheinneren hinaus in die Welt schauen, können Sie nie von außen auf Ihre eigene Ehe blicken. Genauso wenig, wie Sie sich selbst in die Augen schauen können. Natürlich hätten Sie (auch ohne Spiegel) – aus Beobachtung anderer Menschen – eine vage Idee, wie Ihre Augen, Ihre Zähne, Ihr eigener Hals usw. aussehen könnten. Diese Vermutung leiten Sie vom Bild ab, wie die Augen, Zähne und Hälse anderer Menschen aussehen. Aber welches Farbenspiel Ihre Augen wirklich haben, ob Ihre Zähne eher gelblich oder eher gräulich sind, größer oder kleiner als Durchschnittszähne, das können Sie ohne Spiegel und gutes Licht nicht wissen.

Wenn Dritte Ihnen sagen, dass Sie und Ihr/e Partner/in ein *schönes Ehepaar* (wieder Einzahl, sächlich) seien, was Sie zweifelsfrei sind, ist das die Reflexion Ihres Ehe-Spiegels. Allerdings vermitteln Ihnen Außenstehende immer nur verzerrte Spiegelbilder, denn es sind Menschen, die Ihnen jeweils sagen, was Sie von Ihrer Ehe halten – und diese Meinungen sind ebenso individuell wie jeder Ihrer Freunde und Bekannten.

Sie beide haben am Tag Ihrer Hochzeit mit Sicherheit das Ziel, Ihr Eheleben genauso wie das betagte Ehepaar zu leben, das noch immer Hand in Hand einkaufen geht. – Sie saugen dieses Bild, wie Sie es von außen sehen können, auf und ziehen – ganz natürlich – den Rückschluss, dass die beiden auch zu Hause im Alltag so liebevoll und sorgsam miteinander umgehen. Das kann, muss aber nicht stimmen. Das sind unsere Wünsche und Idealvorstellungen, deutlich gesagt sind es Märchen, die wir in solche Bilder hineindeuten. Genauso wie Sie natürlich davon ausgehen, dass die schöne junge Frau oder der sportliche Bursche, die im Restaurant am Nachbartisch sitzen, kerngesund seien. Das ist gut möglich und wir wünschen ihnen das, doch ist das eine Wunschvorstellung, die wir alle automatisch haben, die aber nicht mit der Realität übereinstimmen muss.

Bitte denken Sie immer daran: Diese harmonische Einheit des Paares in der Ehe (die Ehe: Einzahl; das Ehepaar: Einzahl) bildet immer nur die Außenansicht der Ehe. Es ist die Fassade, die alle Welt sehen kann.

Merksätze für Notfälle und Eilige:

1. Alle Vorstellungen über die Ehe, insbesondere mit Ihnen *als schönes und harmonisches Ehepaar* im Zentrum, ist Außenansicht.

2. Im Eheinneren haben diese Vorstellungen nichts zu suchen!

Die Innenräume der Ehe

Also: Mit der Heirat gießen Sie in einem Ritual sich selbst, mitsamt Ihrer Liebe zueinander und mit Ihrer ganzen Beziehung, in das Gefäß der Ehe. Dabei geben Sie aber Ihr wundervolles Ich selbstverständlich nicht auf, das Ihr Partner so sehr liebt. Jeder von Ihnen bleibt dabei im Eheinneren die individuelle Persönlichkeit mit allen Stärken, Schwächen und charmanten Unzulänglichkeiten, die Sie auch vorher schon waren. Die Heirat ist bekanntlich kein chirurgischer Eingriff, der zwei unabhängige Menschen zu siamesischen Zwillingen zusammennäht, mit identischem Herzen und Gehirn. Sie begleiten einander weiterhin auf Ihrem Lebensweg, der aber für jeden von Ihnen individuell ist und das auch immer bleiben wird – bis an Ihr Lebensende.

Wie in jedem Körper und jedem Gebäude ist auch im Inneren der Ehe alles ganz anders als das, was die äußere Hülle preisgibt.
Das Ehepaar gibt es im Inneren der Ehe nicht. Es gibt nur Sie und Ihren Partner, zwei liebenswerte, liebevolle und sehr individuelle, unverwechselbare Persönlichkeiten mit ihren jeweiligen Stärken, Schwächen und charmanten Unzulänglichkeiten. – Das gibt es alles, nur keine Einheit.

Denn natürlich sind und bleiben Sie auch nach der Heirat unterschiedliche Individuen, die miteinander leben und miteinander den Alltag meistern. Sie beide haben unterschiedliche Charaktere, Temperamente, Wünsche, Ängste, Ansichten, Abneigungen, Meinungen und, und, und, mit denen Sie Ihre Umgebung erfreuen, manchmal nerven, und Ihr Zuhause mit sprühendem Leben erfüllen. Sie beide sprechen sich untereinander ab, wer was an welchem Tag erledigen soll, und jeder ist sehr bemüht, seinen Part – seine ehelichen Pflichten – zu erfüllen, um ein harmonisches Miteinander im Alltag herbeizuführen und die eheliche Gemeinschaft weiterzubringen.

Sie freuen sich völlig zurecht auf Ihre gemeinsame, glänzende Zukunft zu zweit. Dabei ist Ihnen natürlich von Anfang an klar, dass Sie als unterschiedliche Persönlichkeiten in vielen Dingen auch unterschiedliche Meinungen und Ansichten über und Erwartungen an das Leben, auch an das Eheleben, haben.

Im Eheinneren sind die Ehefrau und der Ehemann die einzigen und sehr unterschiedlichen Organe, die den lebendigen Organismus *Ehe* gesund aufrechterhalten sollen. Geht es einem Organ nicht gut, ist der gesamte Organismus in Gefahr. Was also braucht jeder von Ihnen, damit Sie beide jeweils ein gesundes Organ bleiben und – jeder auf seine Art – mit dem anderen so zusammenwirken, dass der Gesamtorganismus *Ehe* gesund und glücklich wird und bleibt?

Zunächst ist es sicher sehr hilfreich, die Struktur zu kennen, wie sie im Eheinneren ausnahmslos aller Ehen gegeben ist, auch der Ihren: Das Symbol der Ehe, die beiden ineinander verschlungenen Ringe, geben den Bauplan im Inneren der Ehe wieder.

Mann und Frau, als jeweils eigenständiges Individuum mit einzigartiger Persönlichkeit, leben in ihrer jeweils eigenen Ehewelt und die beiden Welten überschneiden sich – aber eben nur in einem Teilbereich. Die beiden Ehewelten sind nicht identisch, können es nicht sein, weil Sie und Ihr Partner einzigartige und individuelle Persönlichkeiten sind. Sie wissen, dass Sie mit Ihrem Partner in sehr vielen und wichtigen Dingen vollkommen übereinstimmen, aber sicher nicht in allen. So gesehen lebt jeder von uns in seiner ganz eigenen Welt. Sie teilen aber viele Interessen, Ansichten,

Meinungen, Vorlieben und Abneigungen, es gibt also eine gemeinsame Schnittmenge Ihrer beiden Welten. Aber es gibt auch große Bereiche, die Sie nicht miteinander teilen.

Solange Sie sich freiwillig gleichzeitig im gemeinsamen Ehebereich aufhalten, herrscht vollkommene Harmonie. Sie teilen in diesen situativen Momenten dieselben Werte, Ansichten, Vorstellungen und haben dieselben Prioritäten. Aber die Bereiche Ihrer jeweils eigenen Ehewelt, die außerhalb dieser gemeinsamen Schnittmenge liegen, können durchaus in Konkurrenz zur Ehewelt des Partners stehen. Spannungen, Reibereien und Streitereien sind deshalb vorprogrammiert.

Sie erkennen sofort: Diese Struktur hatte Ihre Beziehung schon vor der Heirat.

Das alles kennen Sie, denn das war schon vor der Heirat so und das bleibt auch nach der Hochzeit, daran ändert sich durch die Unterzeichnung der Heiratsurkunde und das große Fest rein gar nichts.

Ihre eigenständige und einzigartige Persönlichkeit mit jeweils ganz eigenen Bedürfnissen, Vorstellungen, Prioritäten, Ansichten, Meinungen, Erfahrungen und Wünschen muss, wie schon vor der Heirat, auch danach seinen Platz haben. – Sie brauchen Platz, genauso wie Ihr Partner auch.

Dort, im Eheinneren, in den beiden unterschiedlichen, miteinander konkurrierenden und einander ergänzenden Ehewelten mit gemeinsamer Schnittmenge, steppt der Bär.

Merksätze für Notfälle und Eilige:

1. Beruhigt stellen wir also fest, dass sich die innere Struktur, der innere Aufbau Ihrer Beziehung, mit der Heirat nicht ändert. Der *innere Bauplan der Ehe* entspricht dem *Bauplan Ihrer bisherigen Paar-Beziehung.*

2. Mit der Heirat, einem Ritual, ziehen Sie außen um Ihre Zweierbeziehung eine Fassade auf, die das Eheinnere von der Außenwelt abgrenzt. Das gibt Ihrer Paarbeziehung Exklusivität.

Verändert die Heirat Ihre Beziehung?

Viele frisch verheiratete Internetblogger berichten, dass sich mit der Heirat in ihrer Beziehung nichts verändert habe außer dem Familiennamen. Sie würden nun auch nach außen hin als festes Paar wahrgenommen und hätten neue Schmuckstücke gekauft. Nichts anderes sei geschehen, weil sie sich nämlich schon zuvor als festes Paar gefühlt hätten und nur heirateten, damit die Rechtslage ihrer gefühlten Lebenssituation auch angepasst wurde.
Sind das die glücklichen Ehepaare? Die die Architektur der Ehe kennen? Vielleicht. Oder ist das alles nur Show, um nicht negativ und vermeintlich ehegefährdend zu erscheinen?

Einige der frisch Verheirateten wagen sich verschämt einzugestehen, dass sie sich ab und zu nach mehr Freiheiten sehnen. Wenige fühlen sich zu ihrem großen Befremden und Erstaunen schon nach kurzer Ehedauer eingeengt, unfrei und verlieren den Kontakt zu ihrem eigenen Inneren. Es gibt sogar Paare, die jahrelang fröhlich und glücklich in einer unehelichen Beziehung zusammengelebt hatten, dann heirateten und sich recht schnell wieder haben scheiden lassen. – Endgültig. Keine Rückkehr zur vorherigen wilden Ehe, sondern Schluss, aus, vorbei. – Warum?
Diese Menschen spüren die Veränderung in der Beziehung nach der Heirat, können sie jedoch nicht wirklich zuordnen und geben das, mit schlechtem Gewissen, nur zögernd zu. Es sind versteckte, geheime Gedanken, die scheinbar den/die Partner/in verletzen könnten, verwirrend, mit Ihrer bisherigen Vorstellung von der Ehe unvereinbar.
Woher kommen diese Freiheitswünsche, wenn sich doch eigentlich im Bauplan im Innenbereich Ihrer Beziehung nichts geändert hat – und sind solche Freiheitswünsche in der Ehe überhaupt erlaubt?

Immerhin weiß man doch schon vorher, worauf man sich mit der Heirat einlässt …

Gehen wir diesen Fragen systematisch nach: Ein wesentlicher Punkt ist, dass nach der Heirat für Sie definitiv eine neue Rechtslage herrscht als zuvor. Sie unterwerfen sich mit der Heirat den Bestimmungen des Eherechts mit durchsetzbaren Rechten und Pflichten. Auch im Erbrecht gibt es nun Regelungen, die neu auf Sie zutreffen, schließlich erwerben Sie als Ehepartner/in einen gesetzlichen Erbanspruch. Andere gesetzliche Vorgaben finden neu auf Sie Anwendung, zu denken wäre da etwa an die gesetzliche Altersvorsorge und das Steuerrecht. Aber genau diese Veränderungen werden durch die Ehe ja unter anderem angestrebt, es sind quasi Belohnungen. Daran kann es doch eigentlich nicht liegen …

Spüren Sie denn diese Gesetzesänderungen negativ im Ehealltag? Ändert sich wegen der neuen Gesetzeslage etwas? Nein! Im gewöhnlichen Ehealltag, der sich im Innenbereich der Ehe abspielt, bemerken Sie von diesen rechtlichen Veränderungen nichts, außer wenn irgendeine Ausnahmesituation eintritt. Denn das Eherecht ist sehr, sehr weit gefasst. Sie sind in der Gestaltung Ihres Lebens nach wie vor frei und werden, wie immer im Rechtssystem, erst dann mit den gesetzlichen Bestimmungen in Kontakt kommen, wenn Grenzen erreicht und/oder überschritten worden sind. Das gilt auch für das Eherecht: Sie werden die neue Gesetzeslage erst bemerken, wenn die Ehe aufgelöst wird – durch Tod, Scheidung, Ungültigkeitserklärung, oder wenn häusliche Gewalt ins Spiel kommt. Vorher, im gewöhnlichen und gewaltfreien Ehealltag, werden Sie nichts von den gesetzlichen Bestimmungen des Eherechts bemerken, genauso wenig wie beispielsweise von der Strafrechtsnorm bei Mord. Sie wissen zwar, dass es diese Strafbestimmung gibt, aber solange Sie nicht des Mordes verdächtigt werden, werden Sie nichts davon mitbekommen.

Es ist also nicht das Ehegesetz oder die sonst veränderte Rechtslage, das die gefühlte Einengung bringt. Durch das Gesetz wird die Außenfassade der Ehe hochgezogen und macht Ihre Paarbeziehung exklusiv. Niemand anders kann daran teilhaben, denn Bigamie ist verboten. Deshalb gehört das Gesetz auch weitgehend zur Außenansicht der Ehe.

Natürlich wissen wir alle, dass es die gesetzlichen ehelichen Pflichten und Rechte im Innenbereich gibt, aber sie sind so weit gefasst, dass sie von einem Richter konkret auf den Einzelfall bezogen werden müssen, damit er überhaupt zu einem Urteil gelangen kann. Dafür wird er Ihre, zuvor als Paar gewählte Lebensweise als Richtschnur für sein Urteil heranziehen. Zudem gilt auch im Eherecht der Grundsatz: Wo kein Kläger, da kein Richter. Das Gesetz für eine Regelung im Inneren der Ehe wird also nur dann zur Anwendung kommen, wenn für einen der beiden Ehepartner das Maß voll ist. Davor greift das Gesetz nicht in Ihre Freiheit ein, Ihr Leben selbst zu gestalten. Niemand wird Ihnen sagen, wie Sie Ihre Ehe zu leben haben. Sie sind grundsätzlich frei, selbst zu definieren, was Sie als eheliche Pflichten ansehen und wie Sie sie untereinander aufteilen möchten. Wie schon im vorehelichen gemeinsamen Zusammenleben schreibt Ihnen das Ehegesetz nicht vor, wie Sie beide Ihren gemeinsamen Ehealltag zu meistern haben.

Aber wenn das Gesetz nicht einengt, was genau verursacht dann das Gefühl der Einengung und der Unfreiheit?
Die Antwort liegt auf der Hand: Sie sind es selbst, die sich freiwillig einengen! Nicht von ungefähr werden Bräutigame an ihrem Polterabend oft in Häftlingskostümen durch die Straßen getrieben, bevor ihnen der Ehering, das *Fangeisen*, von der Braut angelegt

wird. Bei vielen Junggesellinnenabschieden hüpfen aus riesigen Torten gut gebaute Stripper, die die Braut dann mit Champagner übergießen darf. Es wird Abschied genommen vom freien Ledigenleben, mit letzten Blicken auf fremde nackte Männer.

Mit heutigen gesetzlichen Regelungen hat das wirklich gar nichts zu tun, denn natürlich ist es grundsätzlich auch den Ehefrauen weiterhin erlaubt, andere nackte Männer, und nicht nur den Ehemann, mit Champagner zu übergießen ...
Es sind ganz offensichtlich allein die althergebrachten Traditionen und die persönlichen Vorstellungen davon, was eine Ehefrau zu tun und zu lassen hat, die hier zum Tragen kommen und ihren Ausdruck finden.

Ehefrauen sind in der Ehe unglücklicher als Ehemänner

Im Jahr 2015 wurde durch eine Studie der Stanford University unter Studienleiter Michael Rosenfeld,[10] gestützt auf Erhebungen sowohl in Europa als auch in den USA, belegt: Verheiratete Frauen leiten häufiger das Scheidungs- beziehungsweise Trennungsverfahren ein als Männer. Dieser Geschlechterunterschied lässt sich bei Unverheirateten statistisch nicht nachweisen, bei ihnen trennten sich die Männer genauso oft wie die Frauen! Das wissenschaftlich festgestellte Phänomen, wonach Frauen in der Ehe eher unglücklich sind als Unverheiratete, hebt das Sprichwort *Happy wife – happy life* auf ein wissenschaftlich begründetes Niveau.
Jedenfalls bestätigt diese Studie von Prof. Rosenfeld die zuvor besprochene Architektur der Ehe: *Das Ehepaar* lebt in ein und derselben Ehe (Außenhülle), aber im Eheinneren leben Ehefrau und

Ehemann in separaten, jeweils unterschiedlichen Ehewelten, die sich nur teilweise überlappen.

Während die Mehrzahl der Ehemänner keine großen Probleme in ihrer Ehewelt sehen und diese als durchaus intakt betrachten, leben die Ehefrauen gleichzeitig eher unglücklich in ihrer Ehewelt und sehen dieselbe Ehe zerbröseln.

Und aufgrund meiner jahrzehntelangen Berufserfahrung setze ich noch einen obendrauf: Die Ehemänner sind üblicherweise vom Trennungs- beziehungsweise Scheidungswunsch der Ehefrauen sehr überrascht. Das heißt natürlich, dass sie keine Ahnung vom ehelichen Unglück ihrer Ehefrauen haben und der Meinung sind, die gemeinsame Ehe laufe sehr gut, derweil die Prinzessinnen beginnen, sich beim Scheidungsanwalt ihres Vertrauens über die Gesetzeslage bei Trennung und Scheidung zu informieren.

Elliot

Ich habe einen Freund, Elliot, der mir strahlend erklärte, als wir im feucht-fröhlichen Rahmen die Standford-Rosenfeld-Studie diskutierten, ihm passiere das sicher nicht, dass seine Frau die Scheidung einreiche. Er sei, gottlob, glücklich verheiratet. Ich lächelte bloß milde und kündigte ihm seine Erwähnung in diesem Buch an, weil nämlich die Tatsache, dass überwiegend Ehefrauen in ihrer Ehe unglücklich sind, und deshalb die Trennung oder Scheidung verlangen, durch besagte Studie belegt wurde. Er, Elliot, könnte daher sehr leicht ein Paradebeispiel der Ehemänner werden, die vom Scheidungswunsch der Ehefrau überrascht werden. Angesichts der Studie sei es doch wohl weniger wesentlich, ob *er glaube*, glücklich verheiratet zu sein. Wesentlich sei doch vielmehr, was seine Ehefrau über ihr Eheglück denke. Elliot musste natürlich prompt einräumen, sie noch nie danach gefragt zu haben. »Aber«, lächelte er, »ich bin natürlich so toll, dass sie meiner Meinung nach mit mir nur glücklich verheiratet sein kann! Okay, ich bin vielleicht nicht ganz perfekt, habe aber keine eigentlichen Fehler, sondern bloß Unzulänglichkeiten. Eben ein ganz passabler Typ. Das bin ich! Genau das!« Ich versicherte ihm, dass er sich immer mehr in die Sache hineinrede. Alle heldenhaften Ritter denken so von sich und ihrer Ehe – bis die Prinzessin ihren Überraschungscoup mit dem Scheidungswunsch landet.

Keine fünf Jahre später wurde er vom Scheidungswunsch seiner Ehefrau tatsächlich überrascht.

Merksätze für Notfälle und Eilige:

1. Ehefrauen sind in der Ehe statistisch relevant unglücklicher als die Ehemänner und wünschen häufiger die Trennung oder die Scheidung als bei unverheirateten Paaren. Dort gibt es diesbezüglich keinen statistischen Geschlechterunterschied.

2. Der statistisch relevante Geschlechterunterschied im Trennungsverhalten nach der Heirat muss vernünftigerweise direkt im Zusammenhang mit den Veränderungen gesehen werden, die die Heirat mit sich bringt.

3. Die Veränderungen in der Beziehung nach der Heirat belasten also demnach vor allem die Frauen.

Die zwei Bausteine Ihrer persönlichen Ehewelt

Weil der innere Bauplan der Ehe (die beiden ineinander verschlungenen Ehewelten, die sich teilweise überschneiden) dem Bauplan Ihrer bisherigen, vorehelichen Beziehung entspricht, muss daher die unbekannte aber gefährliche Veränderung in Ihrer Beziehung durch Heirat tiefer, versteckter liegen.

Diesen geheimen, aber tiefgreifenden Veränderungen durch die Heirat wollen wir jetzt auf den Grund gehen.
Wir untersuchen nun die *einzelnen Bausteine,* aus denen Sie sich Ihre beiden Ehewelten erschaffen haben. Dort liegen die Veränderungen durch Heirat verborgen, die sich im Ehealltag bemerkbar machen.

Unmittelbar mit der Heirat betreten Sie das Innere der Ehe. Der Mann tritt in seine persönliche Ehewelt ein, die Frau in die ihre. Wenngleich der innere Bauplan der Ehe – zwei individuelle Bereiche mit einer gemeinsamen Schnittmenge – mit dem Bauplan identisch ist, den Sie in Ihrer Beziehung vor der Ehe gelebt haben, *ändert sich* mit der Heirat die *Qualität* Ihrer Beziehung.

Aber Moment einmal: Bis zur Unterzeichnung der Heiratsurkunde waren Sie ja mit Ihrem/r Partner/in noch gar nicht verheiratet. Eigentlich müsste Ihre Ehewelt doch leer sein und erst im Verlauf der Ehe aufgebaut und mit immer mehr Details ausgeschmückt werden, nicht wahr?
Aber dem ist natürlich nicht so, denn Sie sind nicht ganz so unbefangen. Jede Ihrer persönlichen Ehewelten verfügt bereits bei Ihrem Eintritt über eine reichhaltige Grundausstattung.

Doch woraus haben Sie Ihre Ehewelt überhaupt gebaut? Sie besteht aus zwei Bausteinen:
1. Dem soliden Baustein Ihrer vorehelichen Beziehungswelt.
2. Dem Baustein der vorerworbenen, anerzogenen, persönlichen Rollenklischees.

Den *soliden Baustein Ihrer vorehelichen Beziehung*, Ihre Kenntnisse und Erfahrungen der gelebten, realen Beziehung nehmen Sie natürlich in Ihre Ehewelt mit. Sie kennen und lieben Ihre/n Partner/in. Sie haben schon vieles gemeinsam erlebt – Positives wie Negatives – und sind voller Vertrauen, dass Ihr/e Partner/in so ist, wie Sie sie/ihn vorehelich erlebt hatten. Sie wissen, wie toll er/sie ist, und Sie fühlen sich in seiner Gegenwart sehr gut aufgehoben. Sie kennen seinen/ihren Charakter, Persönlichkeit, Vorlieben und Werte, Ecken und Kanten, seine/ihre Verrücktheiten und Bodenständigkeit. Auf dieser festen Basis begründen Sie Ihre Ehe mit genau diesem/r Partner/in an Ihrer Seite.

Der *zweite Baustein*, den Sie für den Auf- und Ausbau Ihrer persönlichen Ehewelt benutzen, ist geradezu märchenhaft romantisch. Es ist der Baustein Ihrer erworbenen, sehr persönlichen und ganz romantischen Rollenklischees, die Sie eingehalten wissen wollen, damit Ihre gemeinsame Ehe von Liebe, Hingabe und Romantik geprägt werde.

Wir alle, also auch Sie und Ihr Partner, haben schon lange vor der Heirat sehr genaue Vorstellungen darüber erworben, was für eine glückliche Ehe nötig sei und mit welchen Verhaltensweisen wir dieses Ideal realisieren könnten. Diese Vorstellungen sind in Ihnen herangereift und deshalb alles andere als universell gültig, sondern sehr persönlich.

Diese Idealbilder einer *perfekten Ehe* mit einer *perfekten Ehefrau* und einem *perfekten Ehemann*, die *perfekt* zusammenwirken, entstehen in jedem von uns – von Kindertagen an und wird laufend weiter-

entwickelt. Wir beobachten seit frühester Kindheit die Ehepaare in unserer nächsten Umgebung, sehen, worüber sie sich streiten und sich freuen. Wir saugen die positiven Momente auf, verinnerlichen sie und bewerten diese in unserem Inneren als positiv. Negatives, das wir *im, von außen beobachteten* Zusammenwirken anderer Ehepaare gesehen haben, wollen wir später in der von uns geführten Ehe ganz anders machen. Diese ganze, schon aus der naiven Kindersicht heraus laufend zusammengemengte Sichtweise ist dabei eingebettet in die althergebrachten Traditionen und Werte der eigenen Familie und der Gesellschaftskreise, in denen wir uns bewegen, sowie den religiösen Hintergrund, vor dem wir aufwachsen. Sie wird schon sehr früh durch die romantischen Märchengeschichten von tapferen Rittern und schönen Prinzessinnen ergänzt, die am Schluss der Geschichte immer heiraten und glücklich bis an ihr Lebensende zusammenbleiben. Später erweitern unsere Freunde, romantische Literatur und Filme sowie das Internet unsere Welt. Je nach Charakter, Persönlichkeit und eigener Lebenserfahrung bewerten wir Geschehenes immer wieder anders und korrigieren das Bild laufend – allerdings nicht, oder im besten Fall nur sehr am Rande, unter Einbeziehung unseres künftigen Ehepartners und seiner Persönlichkeit.
Aufgrund dieser Umstände wissen Sie also schon ganz genau, wie Sie sich als perfekte Ehefrau beziehungsweise perfekter Ehemann zu verhalten haben werden, wenn Sie vor den Altar (oder den Zivilstandesbeamten) treten. Ihre ideale Rolle als Ehepartner, die Sie erfüllen möchten, ist Ihnen bekannt, und zwar in vielen Facetten. Schließlich wissen Sie genau, welche Ehe Sie führen möchten – nämlich eine glückliche! Und deshalb haben Sie auch so lange nach Ihrem Pendant gesucht, dem wundervollen Partner an Ihrer Seite, der Ihre Ideale, Ansichten, Träume teilt. Der Ihren hohen Ansprüchen gerecht werden kann. Ihr Seelenverwandter, der Sie zu einem besseren Menschen macht. Mit ihm beziehungsweise ihr werden

Sie es schaffen, Ihr gemeinsames Ziel, das Eheglück, zu finden. Ganz sicher!

Um das *perfekte Eheglück Ihrer Träume zu erlangen* – den perfekten Partner haben Sie ja an Ihrer Seite – sind Sie bestrebt, sich entsprechend Ihrer Vorstellung von einer perfekten Ehefrau beziehungsweise einem perfekten Ehemann zu verhalten. Sie trachten danach, *Ihr Idealbild* zu erreichen, und richten sich danach. – *Von jetzt auf gleich nach der Unterzeichnung der Heiratsurkunde.*

Dabei gehen zwei Aspekte regelmäßig unter: Das Ideal ist, überspitzt ausgedrückt, *Ihr persönliches Traumbild*. Und ich wage eine Behauptung: Mädchen und Frauen träumen schöner, farbiger, detaillierter … Und Sie machen die Rechnung ohne den/die Wirt/in: Üblicherweise ist uns der/die spätere Ehepartner/in zu der Zeit, in der wir uns die Ehe mit dem/r Traumpartner/in so schön ausmalen, noch gar nicht bekannt, zumindest nicht in dieser Rolle, sondern, wenn überhaupt, vielleicht als Sandkastenfreund.

Sehen Sie, was jetzt passiert ist?

Sie flechten Ihre persönlichen Fantasie-Märchen-Eheeinheits-Glücksmoment-Vorstellungen, die Sie nur von außen mit Blick auf die Fassade anderer Ehepaare erworben haben, als Rollenklischees in Ihre persönliche Ehewelt ein. *Sie machen nichts anderes, als das Außen zum Innen zu verkehren!*

Wohl deshalb soll die Heirat auch so romantisch wie möglich sein – weil sich mit der Heirat die Märchenvorstellungen und die harte Realität vermischen. Die Außenansichten, die Sie auf andere Ehen haben, werden von Ihnen schon am Hochzeitstag ins Eheinnere geholt. Ausgehend vom Blick (von außen!) auf andere Ehen nehmen Sie mit der Heirat Ihre ganz persönliche Vorstellung, was die unbedingt einzuhaltenden ehelichen Rechte und Pflichten sind, ins

Innere Ihrer Ehewelt mit. Sie haben sie schon längst vor der Heirat, allein nach Ihren persönlichen und sehr individuellen Vorstellungen festgelegt und nehmen einfach an, dass Ihr Ehepartner sie mit Ihnen teilt. – Weil Sie der festen Überzeugung sind, dass er genauso tickt wie Sie. Schließlich haben Sie ja Ihren Seelenverwandten geheiratet! Ihr Partner entspricht Ihrer persönlichen Idealvorstellung. Wenn Sie Ihren Partner hätten selbst backen können, dann wäre es genau diese Person geworden.

Hier haben wir schon den Finger in die Wunde gelegt: Jeder von uns weist dem wundervollen Partner insgeheim bereits die Rolle des persönlichen, durch Beobachtung von außen selbst gebackenen Ideal-Ehepartners zu, die er nach der Heirat zu erfüllen hat, um die Ehe glücklich werden zu lassen. Schließlich müssen Sie ja perfekt harmonisch als Ehepaar zusammenwirken, auf dass die Ehe glücklich werde!
Dazu gehört natürlich auch Ihre ganz persönliche Interpretation und Erwartung, welche ehelichen Pflichten jeweils im einvernehmlichen Zusammenwirken von Ehemann und Ehefrau zu erfüllen sind, damit die perfekte Ehe gelingt. Diese Idee der ehelichen Pflichten entspringt ebenfalls Ihrer festen Eheideal-Fantasievorstellung und ist sehr individuell ausgeprägt.

Das alles ist eigentlich für Sie überhaupt nichts Neues. Oftmals gibt es zum Beispiel Diskussionen darüber, wo Untreue in einer Beziehung überhaupt beginnt: Beim Fremdflirten? Beim Austausch von anzüglichen und romantischen Chatnachrichten mit Fremden? Beim Treffen zum besseren Kennenlernen? Bei einem Kuss? – Oder erst beim Sex? Selbst bei offenen Ehen gibt es Untreue, nämlich wenn sich ein Ehepartner mit einem Dritten zum Sex verabredet, ohne zuvor den anderen Ehepartner darüber informiert zu haben.

Wenn Sie mit Ihrem Partner also über eheliche Treue sprechen und sich einig sind, dass Sie sich gegenseitig treu sein werden, heißt das noch lange nicht, dass Ihr Ehepartner Ihnen von Ihrer Warte aus gesehen auch tatsächlich treu ist, denn wenn er nach den Regeln in *seiner* Ehewelt Treue lebt, kann aus Sicht Ihrer Ehewelt die Schwelle zur Untreue schon längst überschritten sein – oder umgekehrt, denn natürlich kann es auch sein, dass in der Welt Ihre Partners die Grenzen viel enger gesteckt sind als in Ihrer.

Ihre ganz persönliche Erwartungshaltung an das zu erfüllende Rollenklischee, die Sie sich selbst und Ihrem Partner gegenüber haben, beruht auf Ihren sehr persönlichen Werten und Ansichten. Und die Erwartungshaltung Ihres Partners Ihnen gegenüber auf seinen. Sie beide haben Ihre Werte, Ihre Erwartung an das Verhalten einer perfekten Ehefrau beziehungsweise eines perfekten Ehemanns allerdings weitestgehend losgelöst vom Ehepartner an Ihrer Seite entwickelt, möglicherweise kennen Sie ihn/sie ja erst seit Kurzem. Aber auch, wenn Sie sich von Kindesbeinen an kennen, verarbeiten Sie Ihre unterschiedlichen Erlebnisse, Erfahrungen, Verletzungen und Glücksmomente bis heute entsprechend Ihrer eigenen, wunderbaren Persönlichkeit. Und die ist eben anders als die Persönlichkeit Ihres Partners. Jeder der Verlobten hat, wenn er vor den Altar oder den Standesbeamten tritt, sein persönliches Rüstzeug im Gepäck, mit dem er/sie das Leben meistert: Verletzungen, an denen man noch immer zu nagen hat, genauso wie Stärken, die es einem ermöglichen, mit Heiterkeit vorwärtszugehen und Liebe ins Herz zu lassen.

Sie heiraten Ihren Partner ja erst jetzt. Selbst wenn Sie schon einmal (möglicherweise sogar mit demselben Partner) verheiratet gewesen sein sollten, haben Sie sich fest vorgenommen, diesmal alles anders zu machen, denn frühere gegenseitige Verletzungen sind

Teil Ihrer gemeinsamen Vergangenheit. Also: Ihre Ehevorstellungen zu Ledigenzeiten sind nur Ideen, Gedankenspiele aus der Betrachtung von Ehen anderer heraus.

Die Heirat ist sozusagen das Katapult, das alle Ihre persönlichen, vollkommen theoretischen Vorstellungen und erworbenen, anerzogenen Klischees, was eine glückliche, harmonische und liebevolle Ehe ausmacht, plötzlich in ihre eigene Ehewelt schleudert und zu Ihrer persönlichen Realität werden lässt. Sie haben schon viele, latent vorgefasste und bereitgelegte, wenn auch bis zum Moment des Jaworts zurückgehaltene, klare Vorstellungen davon, was sich für eine perfekte Ehefrau beziehungsweise einen perfekten Ehemann gehört und wer welches Verhalten in der, vor der Heirat sicher eingehend vorbesprochenen, Rollenteilung in der zukünftigen Ehe an den Tag zu legen hat.

Und Ihrer Klischee-Idealvorstellung leben Sie sofort nach Unterzeichnung der Heiratsurkunde von jetzt auf gleich nach, auf dass Ihre Erwartung an die Ehe, an sich und Ihren Partner erfüllt werde, Ihre Ehe so glücklich wie in Ihren lieb gewonnenen Idealvorstellungen.
Die Tatsache, dass Sie diese Idealvorstellungen über die Ehe sowie Ihre ehelichen Erwartungshaltungen ausschließlich aus Ihren persönlichen Beobachtungen von anderen Ehepaaren abgeleitet und dann auf rein hypothetischer Basis mit Ihrem Partner vorbesprochen haben – Sie waren damals ja noch nicht verheiratet –, fällt Ihnen mit Sicherheit nicht weiter auf. Und auch nicht, dass in Wahrheit im Inneren Ihrer Beziehung wohl eine ganz andere Dynamik herrscht als bei den von Ihnen beobachteten Eheleuten, herrschen muss übrigens, denn Sie sind ja einzigartige und unverwechselbare Persönlichkeiten. Im Gegenteil glauben Sie, dass diese Kli-

schees und allgemeinen Verhaltensweisen universelle Gültigkeit für jede Eheführung haben – haben müssen. Sie haben das schon von klein auf genau so erlebt, vergessen aber dabei die Tatsache, dass Sie das von außen als Zaungast erlebt haben, nicht als an der beobachteten Liebesgeschichte/Ehe Beteiligte/r! Mit Ihnen und Ihrer Person hat nur die innere Verarbeitung und Bewertung des Gesehenen etwas zu tun, mit Ihrem/r Ehepartner/in hingegen gar nichts.

In völliger Ignoranz dieser Offensichtlichkeiten glauben Sie für die Zeit nach Ihrer Hochzeit, Ihre ehelichen Pflichten zu kennen, mit deren Erfüllung Sie unmittelbar nach dem Jawort beginnen. – Natürlich! Sie setzen alles daran, sind zu jedem Opfer bereit, um die ersehnte Harmonie-Einheits-Glücks-Ehe zu verwirklichen. Dasselbe macht auch Ihr Ehepartner in seiner Ehewelt – die er weitgehend erschaffen hat, ohne Sie zu kennen, und die daher eine ganz andere ist.

Wenn Sie sich schon vor der Heirat darüber ausgetauscht haben sollten, wer welche ehelichen Pflichten übernehmen soll (was anzunehmen ist), haben Sie auch eine gemeinsame Grundhaltung gefunden, wer welche ehelichen Pflichten zu erfüllen hat. Einigkeit herrscht praktisch immer darin, dass für das regelmäßige Einkommen, die Betreuung und Erziehung der Kinder und die Besorgung des Haushalts und eventuell des Gartens gesorgt werden muss. Diesbezüglich konnten Sie ganz sicher einen gemeinsamen Nenner finden.

Sie wissen daher, dass Sie weitgehend dieselben Eheideale teilen, aber wie sich diese Pflichterfüllung dann im realen Leben, dem ehelichen Alltag, wirklich anfühlt, wissen Sie nicht im Voraus. Aber eines steht fest: Wenn Sie einem Klischee nachrennen, ein Ideal zu erfüllen haben, werden Sie es sehr schwer haben. Denn wo bleiben dann Sie? Wo bleibt Ihre wundervolle, stark facettierte und fein gezeichnete eigene Persönlichkeit, wenn Sie sich in die einfältige Rolle einer Märchenfigur hineinpressen wollen?

Wo *bleibt Ihr eigenes Leben*, wenn Sie das einer *fremden Rolle* leben wollen?

Die Frauen denken in aller Regel romantischer, schöner, farbiger von ihren persönlichen Ehemärchen, das sie mit der Heirat beginnen. Das ist die Erklärung, weshalb auch Frauen in der Ehe unglücklicher sind als die Ehemänner. Das romantische Märchen, wonach das Brautpaar nach der Hochzeit bis zum Lebensende glücklich lebt, ist in der Realität anders als erträumt. Die Persönlichkeit wird abgedrückt. Frau funktioniert in ihrer Rolle. Sie selbst bleibt auf der Strecke.

Das Hineinzwängen in ein Rollenklischee engt natürlich ein. Ich bin der festen Ansicht, dass dieser *zweite Baustein der Rollenklischees die Einengung bewirkt* und den Schrei nach Freiheit, hinaus aus der Ehe, begründet und fördert. Dabei ist der Druck auf den Erfolg der Beziehung gewachsen – und damit die scheinbare Notwendigkeit der Erfüllung der Rollenklischees: Niemand möchte an der eigenen Ehe scheitern. Niemand möchte mit dem/r Partner/in, der großen Liebe des Lebens, vor dem Scheidungsrichter stehen und streiten.

Vor der Heirat können Sie ganz unmöglich jede Detailfrage besprochen haben, die der Alltag mit sich bringen wird. Sie mögen zwar eine klare, theoretische Vorstellung davon haben, wie Sie selbst in gewissen Situationen fühlen werden und zu reagieren gedenken, aber über die Reaktion und das Verhalten Ihres Ehepartners in derselben Situation, die Sie ja beide betreffen wird, können Sie nur spekulieren. Sie wissen aber nicht, wie er/sie in der Realität wirklich damit umgehen wird.

Erst der eheliche Alltag wird – später - zeigen, ob Sie sich nicht doch durch die Ihnen zugewiesenen Pflichten zu stark eingeengt

fühlen werden und Ihre Lebensqualität sinkt, weil Sie nicht mehr genügend Zeit für sich und Ihren Ausgleich finden können.
Aus all diesen Gründen wird bei genauerem Hinsehen rasch klar, dass sich jeder von Ihnen im Ehealltag auch auf einer rein theoretischen, nicht erprobten Basis seiner persönlichen Eheideale bewegt, die in der realen Welt nur als *Arbeitshypothese* taugen kann.
Vor der Ehe und frisch verheiratet haben Sie im Grunde genommen über zwei theoretische Arbeitsmodelle diskutiert, die sich sicher in wesentlichen Teilen als deckungsgleich herausgestellt haben. Aber es sind und bleiben *Arbeitsmodelle, die in der Realität erst noch auf ihre Praktikabilität* hin getestet werden müssen.

Oft vergeht aber eine *gewisse Zeit* bis sich herauskristallisiert, dass die Einengung zu groß ist und sich langsam ins Unerträgliche steigert. Wegen des Zeitablaufs, aber auch um nicht als Versager dazustehen, scheuen sich viele Eheleute, offen über ihre Belastungen im Ehealltag mit dem/der Partner/in zu reden. Das ist unnötig, weil Sie beide, auch Ihr/e Partner/in, sicher jeweils andere Rollenvorstellungen als eigene Arbeitshypothese haben.
Es kann also sehr gut möglich sein – und ist auch regelmäßig der Fall –, dass eine Pflichterfüllung nach Ihrem persönlichen Klischee nicht im Klischeerepertoire Ihres Partners vorhanden ist. Sie engen sich damit vollkommen unnötig ein. Und weil das Leben im Fluss der Veränderung stattfindet, sind Sie auch immer wieder in einer Versuchsphase. Was einmal gepasst hatte, kann später nicht mehr passen, sondern belasten.
Das Schöne an den von Ihnen entwickelten Rollenklischees ist aber natürlich, dass es ausschließlich Klischees sind, die doch eigentlich leicht über Bord geworfen werden können, wenn sie sich als einengend und damit und schädlich für die Ehe entpuppen.

Zweifelsfrei gibt es Arbeiten, die im Alltag wirklich nötig sind und erledigt werden müssen. Aber wie Sie beide sich dafür organisieren, wann und wie Sie diese Aufgaben untereinander aufteilen und erledigen – die Antworten auf diese Fragen sind so vielfältig wie es Menschen gibt. Jeder macht es auf seine eigene Weise.

Schränkt Ihr persönliches Arbeitsmodell Ihrer Eheidealvorstellung Sie in Ihrem Alltag ein, ist es doch wesentlich vernünftiger, es zur Diskussion zu stellen, als das Absinken der Lebensqualität hinzunehmen und dadurch die Ehe zu gefährden, denn wie gesagt: Der einzige Scheidungsgrund ist das Sinken der Lebensqualität zumindest eines Partners in der Ehe bis zu dem Punkt, an dem er oder sie das Gefühl hat, allein ginge es ihm oder ihr besser.

Dem allem können Sie nur entgehen, wenn Sie – in offener Selbsttreue – Ihre/n Partner/in auf die Einschränkung, unter der Sie zu leiden beginnen, ansprechen. Jedem von Ihnen ist klar, dass sich niemand von Ihnen beiden, weder Ihr Partner noch Sie selbst, einer klischeehaften Idealvorstellung anzupassen haben sollte. Im Vordergrund stehen natürlich nicht Figuren und Rollen, sondern immer Ihre eigenen Bedürfnisse, Anliegen, *die nur Sie selbst kennen!*, und das wahre Leben. Ihr persönliches Glück im Alltag – und das Glück Ihres Partners – ist für die glückliche Ehe das Maß aller Dinge.

Sie werden in solchen Situationen, wenn Sie Ihren Partner auf Ihre langsam belastenden Einschränkungen ansprechen – mit Sicherheit zu Ihrer großen Überraschung –, oft feststellen, dass Ihr/e Partner/in sehr erstaunt reagiert – vor allem Ehemänner. Ihr Partner sieht ja nur, dass Sie etwas freiwillig auf Ihre ganz eigene, wunderbare Art machen und erledigen. Aber eben freiwillig. Mit Ihrem Partner hat das nichts zu tun.

Nur die Thematisierung dessen, was Sie belastet, wird ans Tageslicht bringen, welchen Stellenwert Ihre Sie bedrückende Leistung für Ihren Partner in seiner Ehewelt überhaupt hat. Oft ist es nämlich so, dass Ihr/e Partnerin darauf überhaupt keinen besonderen Wert legt, und wenn doch, gibt es immer Alternativen zu der von Ihnen gewählten Ausführung. Legt Ihr/e Partner/in keinen Wert auf das, wofür Sie sich aufopfern, sind Sie einem Klischee nachgerannt und aufgesessen – es existiert nicht einmal im Ansatz ein Konflikt. – Lassen Sie das Sie Belastende einfach fallen.

Wenn es sich um eine Arbeit handelt, die wirklich erledigt werden muss, besteht natürlich ein gewisses Konfliktpotenzial. Aber Konflikte sollten zur Diskussion gestellt werden, denn die Alternative, die Absenkung Ihrer persönlichen Lebensqualität durch die unveränderte Weiterführung einer großen Belastung für Sie, ist nichts anderes als ein direkter Angriff auf die Ehe. Es ist für beide Partner nicht akzeptabel, wenn die Lebensqualität eines Partners in der Ehe absinkt – und Sie beide haben ein großes Interesse daran, das zu verhindern.

Der offensichtliche Ausweg: Diskutieren Sie doch mit Ihrem Partner eine neue Organisation und Art der Erledigung.

Tatsächlich ist der Alltag Ihr bester Freund und Helfer, damit Sie sich für sich persönlich Raum zur Entlastung und Regeneration schaffen können. Denn im üblichen Alltag stehen keine großen Entscheidungen an, sondern es gibt nur eine Reihe kleinerer zu erledigender Aufgaben. Das erleichtert es natürlich enorm, sich in einzelnen Punkten anders mit dem Partner zu organisieren. Der Alltag wird nur dann zunehmend grau und eintönig, wenn Sie sich selbst vernachlässigen und das Gefühl haben, immer nur funktionieren zu müssen – zumeist ohne das Wissen Ihres/r Liebsten. Und auch das ist nicht akzeptabel.

Mit der *offenen Selbsttreue* erreichen Sie also auch, dass Ihre eigenen versteckten Rollenklischeevorstellungen ans Tageslicht gebracht werden. In Ihrer Ehewelt werden die Bausteine der Rollenklischees auf diese Weise durch die soliden Bausteine der realen Beziehungserfahrungen mit Ihrem Partner ersetzt und reicher ausgebaut. Das heißt natürlich nicht unbedingt, dass diese nur den Teil der gemeinsamen Schnittmenge vergrößern, aber die Chance dazu ist hoch, besonders wenn Sie wissen, wie Sie im Konfliktfall eine Win-win-Situation schaffen können, was wir später besprechen werden: Die ultimative Festigung Ihres Eheglücks.

Merksätze für Notfälle und Eilige:

1. Mit der Heirat verfallen beide Eheleute leicht der Idee, für ihr Eheglück an Rollenklischees festhalten zu müssen, was ein perfekter Ehepartner zu tun und zu lassen hat.

2. Diese Rollenklischees, allgemeine, vertaubte und generell gehaltene Ehevorstellungen, sind Korsetts, in die Sie weder sich noch Ihre/n Partner/in hineinzwängen sollten.

3. Der Zwang, sich einem Klischee unterwerfen zu müssen, bedeutet, einer Ideal-Fantasievorstellung entsprechen zu müssen, geht mit einer Verstümmelung der eigenen Persönlichkeit einher.

4. Im Korsett der Klischees werden Sie nicht mehr Ihr wundervolles Sie selbst sein, sondern glauben, einer einfältigen Fantasiefigur entsprechen zu müssen.

5, Das wird Ihre Lebensqualität deutlich senken. Die dauerhafte Absenkung der eigenen Lebensqualität im Alltag ist die ultimative Gefährdung der Ehe.

Die unbekannte Ehewelt des/r Partner/in

Selbstverständlich werden mit der Heirat beide Ehewelten der beiden Ehepartner in das Gefäß der Ehe eingegossen. Es ist also nicht so, dass Ihr/e Partner/in Sie in Ihrer Persönlichkeit ergänzt. Sie sind und bleiben vielmehr Ihr ganz persönliches, wundervolles, perfektes Sie, wie Sie eben leiben und leben.
Aber die Ehewelt Ihres Partners ergänzt Ihre Ehe – sowohl von außen gesehen als auch von innen, denn eine Ehe besteht nun einmal notwendigerweise aus der Verbindung der beiden Ehewelten. Nur mit sich allein kann niemand eine Ehe führen. Und genau deshalb müssen beide Persönlichkeiten, beide Ehewelten der beiden Partner, in der Ehe Platz haben, weshalb Sie im Eheinneren keine harmonische Einheit bilden können.

Sie glauben sicher, Ihre eigene Ehewelt bis in den hintersten Winkel zu kennen. Mag sein, aber sehr wahrscheinlich liegen Sie damit falsch und die Ehewelt Ihres Partners kennen Sie zum größten Teil überhaupt nicht.
Es ist in einer Ehe so, wie wenn Sie sich auf Reisen in einer etwas anderen Kultur bewegen: Sie werden immer wieder davon überrascht werden, was in der Welt Ihres Partners wichtig und was dort unerheblich ist, wie etwas aus seinem Blickwinkel betrachtet wird und was für Regeln dort gelten. Dieses Neue erweitert – wie das eben so bei Reisen in ferne Länder ist – sicher Ihren Horizont. Vieles wird Ihnen fremd sein. Sie werden wundervolle neue Möglichkeiten des Lebens für sich entdecken können und manche Dinge werden Sie verabscheuen.
Wichtig ist aber mitzunehmen, dass diese Ergänzung nur Ihre persönliche Ehewelt betrifft, Sie als Person aber nicht unvollständig sind. Sie brauchen Ihren Partner nicht als quasi neuen siamesischen

Zwilling oder als Organspender, der Sie komplettieren soll. Nein, Sie beide sind als eigenständige, individuelle Menschen vollkommen. Es sind Ihre beiden bekannten unbekannten Ehewelten, die das Gefäß Ihrer Ehe komplettieren, ohne dass Sie jedoch Ihre jeweilige individuelle Persönlichkeit verlieren würden oder abbauen müssten.
Natürlich wird das zu Konflikten führen – das ist im Bauplan der Ehe so vorgesehen, denn ein Problem kann in Ihrer persönlichen Ehewelt ganz klar nach einer bestimmten Lösung verlangen, während das in der Ehewelt Ihres Partners ganz anders aussieht. Diese Diskussionen – ja vielleicht sogar Streitigkeiten – werden Sie zu besseren Problemlösungen führen, weil Sie die Dinge plötzlich aus verschiedenen Blickwinkeln sehen können. Dass dies nichts Schlechtes, sondern eine Horizonterweiterung ist, dürfte klar sein. Es wird erst dann problematisch und sehr schwierig, wenn Sie nur Ihre eigene Lebensweise in Ihrer persönlichen Ehewelt als einzig richtige Wahrheit akzeptieren und das diktatorische Durchboxen Ihrer persönlichen Meinung als einzige Konfliktlösungsstrategie sehen. Das käme, nebst den persönlichen Problematik des fehlenden Respekts dem Partner gegenüber auch einer Verarmung gleich, weil Sie dann in Ihrer Ehe nicht alle Ihnen gebotenen Möglichkeiten wahrnehmen. Dadurch können großartige Chancen vertan werden, denn im Idealfall ergänzen sich die beiden Ehewelten tatsächlich in der Weise, dass aus zwei Bestandteilen etwas Neues entsteht. Hemdsärmelig ausgedrückt: Das Bettgestell weiß nichts von der Matratze, wenn es die Schreinerei verlässt – in seiner Welt kommt eine Matratze nicht vor. Und umgekehrt gilt dasselbe. Die Tür weiß nichts vom Rahmen, der Topf nichts vom Deckel. Beide Teile bleiben in ihrer Perfektion und Eigenart immer erhalten und sind alleine genau das, was sie sind und immer bleiben werden. Manchmal können in bestimmten Situationen – aber natürlich nicht

immer! – die beiden in sich selbst vollkommenen Teile zu etwas Neuem zusammengesetzt werden. Dafür müssen jedoch zuerst die eigenen Unterschiede und Eigenheiten sowie die des/der vollkommenen perfekten Partners/in gesehen und anerkannt werden.

Schwierig allerdings wird es, wenn die Tür und der Deckel aus der jeweils anderen Ehewelt aufeinandertreffen, denn diese beiden so unterschiedlichen Utensilien als gleichwertig für mögliche Problemlösungen akzeptieren zu können, kann verständlicherweise schwerfallen. Doch so verblüffend unterschiedliche Sichtweisen machen das Eheleben doch eigentlich auch spannend und lebenswert.

Denken Sie bitte immer daran: In diesen Momenten, die zugegebenermaßen schwierig werden können, nimmt Ihr/e Partner/in Sie an die Hand und zeigt Ihnen einen Teil ihrer/seiner persönlichen Welt und die dort geltenden Gepflogenheiten. Sie tauchen dann in eine fremde Kultur ein, nämlich in die Ihres Ehepartners. Es mag sein, dass Sie dieser fremden Kultur mit Argwohn und vielleicht sogar Abscheu begegnen – denken Sie nur an die vielen exotischen Menüs auf Reisen, die Sie eventuell sogar eklig finden. Aber es käme Ihnen ja sicher nicht in den Sinn, Ihren Tourguide anzuschnauzen, nur weil er Ihnen eine einheimische Spezialität vorschlägt.

Merksätze für Notfälle und Eilige:

1. Die Ehewelt Ihres Herzblatts ist für Sie Ehe-Ausland, das an Ihre persönliche Ehewelt angrenzt.

2. Nur teilweise haben beide Ehewelten dieselben Gebiete und kulturelle Bräuche.

3. Sie mögen einiges über diese ausländische Ehe-Kultur Ihres/r Ehepartner/in wissen, vieles davon lieben und einiges davon ablehnen, aber es gibt daneben auch sehr vieles, vor allem die lokalen Feinheiten, die Sie erst nach und nach über die Jahre kennenlernen werden.

4. Wenn Sie beginnen das Ihnen Fremde aus der Ehewelt Ihres Herzblatts zu entdecken, steht diese andere Kultur gleichwertig und gleichberechtigt neben der Ihren, dem, Ihnen aus Ihrer Ehewelt Bekannten. Sie erkennen bei Meinungsverschiedenheiten, dass die sich stellende Sachfrage im angrenzenden Ehe-Ausland anders beurteilt und gelöst wird als in Ihrer Ehe-Heimat. Das ist ja nichts Schlimmes, sondern erweitert den Horizont.

4. Sie haben plötzlich viel mehr Auswahlmöglichkeiten. Deshalb ist Ihr Herzblatt ja Ihre persönliche Ergänzung, Ihre bessere Hälfte.

5. Wichtig zu wissen: Die Klischee-Fantasie-Idealvorstellung des perfekten Ehemannes beziehungsweise der perfekten Ehefrau ist im angrenzenden Eheausland eine andere, als bei Ihnen in Ihrer Ehewelt. Wenn Sie also über die Vorstellung vom Verhalten der *perfekten Ehefrau* beziehungsweise des *perfekten Ehemannes* miteinander reden, sprechen Sie über unterschiedliche Vorstellungen.

Ehe und Kinder II

Im Rahmen der Besprechung der Architektur der Ehe streifen wir das Thema Kinder nur sehr kurz, weil Ihre Kinder schlicht und ergreifend nicht zu Ihrer Ehe gehören. Die Ehe ist ein Gefäß für ein sehr exklusives Zweierklübchen, und das sind Sie und Ihr/e Ehepartner/in.

Die strikte Trennung der erwachsenen Ehepaar-Ebene einerseits und die Elternebene, in die die Kinder miteinbezogen sind, kennen Sie. Sie wissen: Hätten Sie dieselben Bedürfnisse gegenüber Ihren Kindern, wie Sie diese gegenüber Ihrem/r Ehepartner/in haben, würden Sie sehr zügig im Gefängnis und in der Psychiatrie landen. Ganz einfach und völlig zurecht.
Trotzdem werden Kinder in manchen Augen auf die Paar-Beziehungsebene ihrer Eltern gehievt, als die *Krönung der Liebe*. – Nur ein Zeichen für die Außenstehenden einer dem Schein nach perfekt-harmonischen Ehe/Paarbeziehung.
Aber schlimmer geht immer: Besonders, wenn die Ehe kriselt, wird Kindern oft auch eine Rolle als *Beziehungskitt* zugeschoben. Es wird recht oft angegeben, dass Ehen – trotz des offensichtlichen Leidens und Verkümmerns zumindest eines Ehepartners in der Ehe – nur wegen der Kinder aufrechterhalten würden, oder – ganz schlimm – ein Kind (oder ein weiteres Kind) soll die Beziehung retten. – Das ist kompletter Blödsinn und kann ja nur schiefgehen, weil die Ankunft von Kindern das Leben maßgeblich verkompliziert und ganz besonders das Eheleben destabilisiert.

Mit der Geburt oder Adoption eines Kindes treten Sie *zusätzlich* in jeweils zwei neue Welten ein, nämlich in die *Mutter-Kind-Welt* und die *Vater-Kind-Welt*, die wiederum nicht deckungsgleich sind. Die beiden Ehewelten von Ehemann und Ehefrau werden von den beiden Kinderwelten nicht einmal berührt.

Allerdings treten zu den bisher*igen Rollenklischees perfekter Ehemann* und *perfekte Ehefrau* in einer *perfekten Ehe* nun weitere Rollenklischees hinzu, nämlich die Stereotypen der *perfekten Mutter* und des *perfekten Vaters,* schlicht die *perfekten Eltern* – und hallo! – des *perfekten Kindes!*

Merksätze für Notfälle und Eilige:

1. Kinder gehören nicht ins Innere der Ehe.

2. Kinder sind die wichtigsten außenstehenden Zaungäste. Kinder können deshalb im Inneren der Ehe auch keine Funktion übernehmen, sind also weder Kitt noch Krönung einer Ehe.

3. Werden Sie Eltern, dann gibt es die neuen, zusätzlichen Rollenklischees der perfekten Mutter und des perfekten Vaters, wobei beide Elternteile unterschiedliche Vorstellungen davon haben.

4. Das Problem ist wiederum, dass Rollenklischees Sie, sobald Sie diesen nachjagen, in ein viel zu enges Korsett einzwängen. Das kostet unnötig Lebensqualität – was auslaugt und überfordert.

DIE GEHEIMEN MECHANISMEN DER EHE

Die geheimen Mechanismen der Ehe laufen ausschließlich im Eheinneren ab. Natürlich! – Dort, wo Sie zwei beiden sind.
Sie kennen nun die *Architektur* der Ehe, den *Bauplan Ihrer beiden Ehewelten*, und die *beiden Bausteine*, aus denen Sie diese auf- und ausbauen.
Und Sie wissen nun auch, dass Sie, aus dem Blickwinkel Ihrer ganz persönlichen Ehewelt gesehen, viele Vorgänge in der persönlichen Ehewelt Ihres/r Partners/in missverstehen. Dort gelten ganz andere Regeln und andere Idealfiguren haben das Sagen.

Mit diesem Rüstzeug erörtern wir nun die Veränderungen, die die Heirat in Ihnen und Ihrem Verhalten auslöst.

Jede Ehe umfasst vier Beziehungen

Wir sehen also aus der Architektur der Ehe, dass *ein Ehepaar nur von außen* betrachtet *eine Ehe* und *eine eheliche Beziehung* führt.
Im Innenbereich der Ehe ist aber alles ganz anders. Dort gibt es nicht nur die beiden unterschiedlichen Ehewelten und das nach der Heirat veränderte Verhalten der beiden Eheleute, weil jeder von ihnen *sein* persönliches Eheideal anstrebt und alles tut, um *seinem* Ideal des perfekten Ehepartners zu entsprechen.

Es gibt im *Eheinneren auch insgesamt vier Beziehungen*, die zueinander in enger Wechselwirkung stehen. Das war, wie der Bauplan im inneren der Ehe, schon vorher so, insofern hat sich durch die Heirat nichts geändert.

Sie haben zunächst eine Beziehung zu sich selbst. Schon die allein ist oft nicht sehr einfach und manchmal glauben Sie auch, sich selbst nicht mehr zu kennen. Dann haben Sie eine Beziehung zu Ihrem Partner. Auch er/sie hat eine Beziehung zu sich selbst und eine weitere zu Ihnen. Also vier Beziehungen. Ändert sich auch nur eine davon, wird das nicht ohne Einfluss auf die anderen bleiben. Und seien Sie gewiss: Alle vier Beziehungen verändern sich laufend – weil das Leben an sich Veränderung ist.
Schon weil Sie *nach der Heirat Ihr Verhalten ändern*, um Ihrem *Idealbild des perfekten Ehemannes* beziehungsweise der *perfekten Ehefrau nachzueifern* und es nach Möglichkeit zu erreichen, ändert das auch Ihre Beziehung, sowohl Ihre Beziehung zu sich selbst – Sie haben jetzt hohe Ansprüche an sich selbst – als auch zu Ihrem/r Ehepartner/in, der/die sich entsprechend Ihrer Idealvorstellung eines treu sorgenden Ehepartners zu verhalten hat, die Sie mit Freude und Stolz erfüllt.

Wie schon vor der Heirat gilt immer für beide Partner: Danken Sie dem anderen und verhalten Sie sich ihm gegenüber liebevoll und aufmerksam, wird das unweigerlich seine/ihre persönliche Beziehung zu sich selbst stärken. Ihr Partner wird sich in seiner Persönlichkeit, seinem Charakter, seiner Arbeit, seiner Leistung bestärkt, sich geachtet und geliebt fühlen und in dem, was er/sie für Sie und die Familie tut, und den Alltag freudiger angehen. Das wiederum wirkt sich positiv auf die Liebe und Zuneigung aus, die Ihr Partner für Sie empfindet. Zu Ihnen wird er/sie sich noch mehr hingezogen fühlen, weil Sie ihm/ihr das großartige Gefühl geben, geliebt, geachtet und akzeptiert zu werden, so, wie er/sie ist. Er ist kein Versager. Ihr Partner liebt es, mit Ihnen zusammen zu sein, weil er/sie sich mit Ihnen so toll fühlen kann. Weil Ihr Partner sich so sehr zu Ihnen hingezogen fühlt, werden auch Sie sich toll fühlen können, bestärkt in Ihrer Persönlichkeit, Ihrem Charakter, Ihrer Leistung, Ihrer Art zu leben. Dass Sie daher Ihre Zeit auch lieber mit Ihrem Sie liebenden Partner verbringen als mit irgendwelchen anderen Leuten, ist ebenfalls klar. Aus diesen Wechselwirkungen werden alle vier Beziehungen gestärkt hervorgehen.

Aber auch, wenn Sie ein großes, persönliches Erfolgserlebnis feiern und sich selbst – mit gutem Grund – toll finden, stolz auf das von Ihnen Geleistete sind, werden Sie Ihre Begeisterung mit größter Sicherheit in Ihre Beziehung zu Ihrem Ehepartner einfließen lassen. Sie wollen, dass er/sie daran teilhat und mit Ihnen feiert. Weil Sie Ihren Ehepartner mitreißen, wird er Sie mit noch begeisterteren Augen bewundern und sich freuen, mit Ihnen, dem tollen Prinzen beziehungsweise der schönen Prinzessin, zusammen zu sein. Sollten allerdings insgeheim Neid und Missgunst hochkommen und sollte er/sie Probleme damit haben, nicht selbst im Mittelpunkt stehen zu können, sondern nur Ihr Anhängsel zu sein, würde das auch Sie runterziehen und in Ihrer Beziehung zu Ihrem Partner eine Störung verursachen – egal ob bei Frau oder Mann.

Stellen Sie sich nun vor, Ihr Ehepartner wird für längere Zeit arbeitslos. Das ruiniert sein/ihr Selbstwertgefühl und Selbstverständnis, was dann auch die Beziehung zu Ihnen belasten wird. Doch auch wenn Sie vom Partner plötzlich keinen Dank mehr für Ihre Bemühungen und Leistungen um sie/ihn, um Ihre Beziehung erhalten, er/sie Ihnen keine Aufmerksamkeit, keinen Respekt mehr entgegenbringt, sondern auf einmal die Kritik überwiegt, wird das nicht ohne Folgen für Ihr Selbstwertgefühl und Ihre Beziehung zum/r Partner/in bleiben. Dauert dieser Zustand an, werden Sie unweigerlich das Gefühl entwickeln, dass Ihr Partner Sie nicht mehr achtet, nicht mehr liebt. Sie werden sich mit der Zeit als ungenügend, als Versager/in fühlen und verunsichert sich selbst nicht mehr mögen, trauriger werden ... offenbar gibt es ja nur noch wenig Liebenswertes an Ihnen. In Ihnen werden sich Zweifel breitmachen, ob Ihre Beziehung überhaupt noch Bestand haben kann, ob jemand anderes im Spiel sein könnte.

Dasselbe passiert, wenn andere Ihrer persönlichen Bedürfnisse in der Ehe nicht mehr befriedigt werden. Wenn Sie sich eingeengt fühlen, weil Sie Ihren persönlichen Interessen nicht mehr angemessen nachgehen dürfen, zum Beispiel wenn Sie als Ehefrau auf eine berufliche Karriere verzichten müssen, weil Ihr Ehemann sie nicht akzeptiert, oder wenn Sie als Ehemann keine Zeit mehr für einen Ausgleich zum Beruf finden oder darauf verzichten, weil Ihre Partnerin erwartet, dass Sie, nachdem Sie den ganzen Tag arbeiten waren, Ihre Freizeit mit der Familie verbringen. Sie werden unausgeglichen und nervös, trauern verpassten Chancen nach und über die Zeit werden Sie die Ehe unweigerlich als Last empfinden, die Sie in Ihrer Lebensqualität einschränkt.

Das Wechselspiel zwischen Ihnen und Ihrem Partner haben Sie wohl bereits zu vorehelichen Zeiten miteinander durchlebt, das ist ja nun nichts Neues, werden Sie sagen. Das ist schon richtig, aber denken Sie daran, dass Sie unmittelbar nach der Heirat neu in Ihre persönliche Ehewelt eingetreten sind, die es vorher noch gar nicht gegeben hat und die Sie sich mit den zwei bereits genannten Basisbausteinen erschaffen haben. Sie kennen und lieben das Zusammenleben und Zusammenspiel mit Ihrem neuen Ehepartner, kommen in Ihrer Welt den Ihnen auferlegten ehelichen Pflichten freudig nach und erwarten dasselbe auch vom anderen.

Aber jetzt, nach der Heirat, messen Sie sich, Ihr Verhalten und das Ihres Partners an der für Sie zur Realität gewordenen Eheidealvorstellung, an Ihrer Eheerwartungshaltung. Ihre persönliche Paarbeziehung verändert sich, weil Sie sich verändert haben.
Das ist nichts Schlimmes, im Gegenteil. Sie müssen sich einfach bewusst sein, dass die *Heirat nicht die Weiterführung Ihrer bisherigen Paarbeziehung bedeutet.* Sie wissen jetzt, dass Sie mit dem Tag der Hochzeit Ihrem persönlichen Idealbild der harmonischen Ehe und des Eheglücks nachleben wollen und sich ab sofort gemäß Ihrer Idealvorstellung einer perfekten Ehefrau beziehungsweise eines perfekten Ehemannes verhalten. Natürlich erwarten Sie das auch von ihrem Ihr Partner, damit die eheliche Harmonie Ihrer Träume verwirklicht werden kann.

Weil die Ehe immer vier Beziehungen hat, die zueinander im Wechselspiel stehen, bewirkt jede Veränderung im Verhältnis eines Ehepartners zu sich selbst und/oder zum Partner immer auch eine Veränderung, eine Verschiebung der Beziehung. Derselbe Mechanismus greift sowohl im Positiven als auch im Negativen. Und dieses Wissen können Sie sich natürlich auch für Ihr Eheglück immer wieder zunutze machen.

Solange Sie sich bewusst sind, dass *Ihre Eheidealvorstellungen* nur *provisorische und für beide Ehepartner völlig unverbindliche Arbeitshypothesen* sind – die verworfen und abgeändert werden können und müssen, wenn sich einer von Ihnen beim Verfolgen eines bestimmten Ideals im Alltag nicht wohlfühlt –, werden Sie Ihr Eheglück finden. Arbeitsmodelle sind wichtig, denn Sie werden immer und immer wieder neue Arbeitsmodelle aufstellen müssen – damit Sie sich und Ihre Ehe an die Herausforderungen, die das Leben Ihnen beiden bietet, anpassen können, modern und spannend bleiben, mit der Zeit gehen können. Diese Flexibilität wird durch den

Fluss des Lebens notwendig. Ohne Anpassung werden Sie sich und Ihre Ehe bald in einem viel zu engen, altmodischen und unpassenden Ehe-Korsett wiederfinden, in dem Sie und Ihre gereiften Persönlichkeiten an allen Ecken und Enden keinen Platz mehr haben werden. Der Druck auf Sie wird unweigerlich überall zunehmen.

Aber falls Sie sich und/oder den/die Partner/in ändern wollen, indem Sie sich selbst und dem/der Partner/in abverlangen, dass ihr/sein Verhalten dem Ihrer Fantasiefigur entsprechen muss, wird die ganze Sache kritisch, denn die Ehe ist auf Dauer ausgelegt. Falls Sie Ihre Einstellung nicht ändern, wird über kurz oder lang der Druck, den Sie auf sich und den Partner ausüben, steigen, denn Sie streben im Grunde genommen nichts weniger an, als ihn in eine Form zu zwängen, ohne Rücksicht auf seine Persönlichkeit, seine Wünsche, seine Bedürfnisse, um ihn/sie zu besagter Fantasiefigur zu machen.

Druck senkt die Lebensqualität immer, weil Druck zu einer Einengung und zu Gegendruck führt. Und wozu? Um äußere Fassadenvorstellungen zu bedienen? Das ist keine zielführende Beziehungsarbeit.

Überhaupt: *Beziehungsarbeit.* – Das große Unwort in jeder Ehe. Wir werden uns später noch eingehend damit befassen.

Ist es einmal so weit, dass Sie sich in einem viel zu engen Korsett wiederfinden, wird es für sie sehr schwierig sein, genau zu benennen, wo das Korsett *zwickt* – Sie fühlen es nämlich überall. Deshalb: Anstatt gleich einen Rundumschlag zu machen, beginnen Sie mit der Thematisierung der größten Druckstelle. Die Lösungsmöglichkeiten sind dann aber auch immer nur Arbeitshypothesen, die Sie ausprobieren und am Alltag auf ihre Tauglichkeit messen müssen. Sie können wieder verworfen und geändert werden.

Solange Sie beherzigen, dass nur die Weiterführung Ihres vorehelichen Zusammenwirkens als Paar im Alltag (in den jeweils konkre-

ten Lebenssituationen) das einzige verlässliche Fundament ist, auf dem Ihre Ehe aufbaut, und Sie Ihre Rollenklischees mit Ihrem Herzblatt diskutieren – und zwar als das, was sie sind: Als persönliche Träume der Ehegestaltung – werden Sie Ihr Eheglück finden. Dann stellen Sie nämlich sich selbst und Ihren Partner mit allen Facetten Ihrer einzigartigen Persönlichkeiten in den Fokus. Orientieren Sie sich aneinander, an Ihren jeweiligen konkreten Bedürfnissen, und nicht an dem, was nach landläufiger Meinung eine Ehefrau beziehungsweise ein Ehemann zu tun oder zu lassen hat. *Was andere davon halten, kann Ihnen wirklich egal sein.*
Pfeifen Sie drauf!
Sie sind die Protagonisten Ihrer Ehe. Es muss *Ihnen* im alltäglichen Miteinander gefallen. Sie werden es sowieso nie allen recht machen können. Wichtig ist nur, dass Ihnen beiden Ihr Eheleben passt, denn dann passt es den beiden Hauptpersonen Ihrer Ehe. Was wollen Sie mehr? Weshalb sollten sich Tante, Onkel, Bekannte und Cousins in *Ihrer* Ehe wohlfühlen?
Und glauben Sie ja nicht, dass Sie wankelmütig wären, wenn Sie verschiedene Lösungsmöglichkeiten ausprobieren. Das gehört einfach dazu – oder glauben Sie etwa, dass Ingenieure ihre wunderbar funktionierenden Produkte einfach so, aus dem Stand heraus, konstruiert hätten? Eben! Mit der Ehe ist das genau gleich.
Vielleicht macht Ihnen das alles etwas Angst, weil das natürlich heißt, dass Sie ständig Konflikte auszutragen haben werden. Ich muss Ihnen sagen: Ja, das ist so. Der Bauplan der Ehe – der ja schon vorehelich bestand und sich nicht durch die Heirat verändert hat – ist nach wie vor im Inneren auf Konflikt und Krawall gebürstet. Diese beiden Beziehungs- beziehungsweise nun Ehewelten, die sich nur in Teilen überschneiden, stehen gleichwertig nebeneinander – und auch in Konkurrenz. Das ist aber nichts Nachteiliges, ganz im Gegenteil. Die Diskussion über Sachfragen, gesehen aus unterschiedlichen Blickwinkeln, bringt stets die besseren Entschei-

dungen. Es ist ähnlich wie beim Parlament, wo sich auch die verschiedenen Parteivertreter, je nach politischer Ausrichtung, über Sachfragen zoffen.

Der Bauplan im Inneren der Ehe hat nur ein Problem: Anders als in der Politik von totalitären Staaten gibt es keine Einheitspartei. Und es gibt auch keine Mehrheitspartei. Im Inneren der gesunden Ehe herrscht eine *Pattsituation*. In einer gesunden Ehe gibt es auch kein Machtgefälle – und damit keine an eine besondere Machtfülle geknüpfte Verantwortlichkeit.

Ich weiß, dass viele – wohl alle – das anders sehen mögen. Aber in einer gesunden Beziehung beziehungsweise Ehe gibt es keinen Täter und kein Opfer, sondern nur diese Pattsituation – *die* große Schwierigkeit im Konfliktfall.

Das alles braucht Sie nicht zu ängstigen, weil Sie damit umgehen können. Diese Tatsache wurde von Ihnen bereits unter Beweis gestellt, denn genau dasselbe war schon in Ihrer Heirat auf Ihrer Beziehungsebene gegeben. Es hat sich nichts geändert – und Sie haben dennoch geheiratet!

Also: Konflikte und Pattsituationen meistern können Sie zwei beide – das steht außer Frage. Neu hat mit der Heirat nur der Baustein der Ehe-Rollenklischees Einzug in Ihre persönliche Ehewelt gehalten. Aber auch damit können Sie nun umgehen, weil Sie diesen verborgenen Baustein jetzt kennen. So what?

Wie mit dieser Pattsituation der beiden Ehepartner im Konfliktfall umgegangen werden kann und muss, damit kein ungesundes Machtgefälle gelebt wird – wie es bei negativen Konfliktlösungsprogrammen regelmäßig der Fall ist – werden wir im Kapitel *Konflikte* besprechen. Dort erfahren Sie auch im Detail, welche Denkstruktur hinter positiven, gleichberechtigten Konfliktlösungswegen steht, die für Sie Win-win-Lösungen bereithalten.

Merksätze für Notfälle und Eilige:

1. Jede Ehe umfasst – wie jede Paarbeziehung – vier Beziehungen.

2. Jeder der beiden Partner hat eine Beziehung zu sich selbst und zum anderen Partner.

3. Die Beziehung zwischen den beiden Partnern ändert sich, wenn sich bei einem oder beiden das Verhältnis zu sich selbst und/oder zum anderen Partner ändert. Rutscht einer der beiden Ehepartner beispielsweise in eine Überforderungssituation, ändert sich nicht nur seine Beziehung zu sich selbst – er wird sich immer mehr ausgelaugt, ängstlich, traurig, wütend usw. fühlen –, sondern auch zum Partner. Möglich, dass sich der überforderte Partner ausgenutzt fühlt und vom anderen deshalb ultimativ mehr Einsatz verlangt.

4. Fühlt sich ein Partner vom anderen *nicht wertgeschätzt*, sondern wie die Kommode im Flur behandelt, wird sich seine Beziehung zum Partner ändern, weil *seine Gefühle zum Partner das emotionale Echo auf dessen Behandlung* sind.

5. Der Partner, der sich vernachlässigt fühlt, wird auch in der Beziehung zu sich selbst verunsichert, sich ungenügend, traurig, wütend, verzweifelt und ratlos fühlen. Die Spirale dreht sich nach unten. Was allerdings ins Negative funktioniert, funktioniert auch ins Positive.

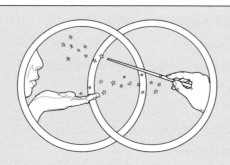

Haben Sie heute schon Eheglück gezaubert? Haben Sie Ihre/n Partner/in heute schon gesagt beziehungsweise mit kleinen Gesten und Berührungen gezeigt, wie großartig Sie ihn/sie finden und dass Sie sie/ihn lieben und auf der Stelle immer wieder heiraten würden? Haben Sie heute Ihre/n Partner/in schon gefragt, ob Sie ihm/ihr mit etwas eine Freude machen können? Mit einer Tasse Tee, einer Fuß- oder Nackenmassage, einer Übernachtung im Freien unter dem Sternenhimmel (durchaus auch im Garten), dem Buchen eines gemeinsamen Tanzkurses, Ihrer Mithilfe beim Gemüseschnippeln? Die Möglichkeiten der alltäglichen kleinen Liebeszeichen sind unermesslich.

Sie können nur Ihr eigenes Verhalten bestimmen!

Das Gute vorweg: Sie sind es selbst, der oder die entscheidet, welches Verhalten Sie gegenüber Ihrem/r Partner/in an den Tag legen werden.
Die Entscheidung, ob Sie freundlich oder grob auf eine Anrede reagieren, liegt bei Ihnen.

Ob Sie einen Wunsch Ihres Partners erfüllen wollen, ob Sie sich an eine Abmachung mit ihm/ihr halten möchten, entscheiden allein Sie selbst. Genauso wie nur Sie die Auswahl an ehelichen Pflichten in Ihrer persönlichen Ehewelt treffen und auch, in welcher Art und Weise Sie sie erfüllen.

Die Ansicht, Ihr/e Partner/in bestimme über Sie, ist grundlegend falsch. Bitte legen Sie diese Denkweise sofort ab! Würde sie zutreffen, müssten ja auch Sie das Verhalten Ihres Partners bestimmen können. Das ist aber nie der Fall, denn Ihr Partner ist eine eigenständige Persönlichkeit, der/die, wie Sie auch, sein/ihr Verhalten selbst bestimmt. Sie können seinen/ihren Entschluss, etwas zu tun oder zu lassen, nicht für ihn/sie fassen – das muss er/sie schon selbst tun. Sie können auch nicht anstelle des Partners entscheiden, ob er/sie sein Verhalten aufrechterhält oder beendet. Denn mal angenommen, Ihr Partner wäre eine Affäre eingegangen und Sie könnten tatsächlich den Willen Ihres Partners durch den Ihren ersetzen, dann hätten Sie sich ganz sicher dagegen entschieden. Das Problem wäre also gar nicht erst entstanden. Sie können also die Affäre Ihres Partners auch nicht durch Ihren Entschluss aufrechterhalten, oder beenden.

Sie können also nur Ihr eigenes Verhalten bestimmen, Sie wählen aus allen sich bietenden Möglichkeiten Ihren eigenen Weg aus. Ihr/e Partner/in trägt für die von Ihnen getroffenen Entscheidungen genauso wenig Verantwortung wie Sie für seine/ihre. Und das ist auch gut so: Nur Sie selbst wissen, welches Verhalten Ihre ureigene Persönlichkeitsstruktur zulässt, welche wahren Bedürfnisse Sie haben. Und das ist Ihre Richtschnur.

Wo sind die Pantoffelhelden?

Richard und seine Kumpels vom Stammtisch
»Was, du willst schon nach Hause?«, fragen Noel und Berti ihren alten Kumpel Richard. »Es ist ja noch nicht einmal zweiundzwanzig Uhr! Und wir haben auf alle Fälle noch Durst, wir haben schließlich heute zu feiern. Deshalb, zur Feier des Tages, werden wir noch um die Häuser ziehen. Bist du sicher, dass du nicht mitwillst?«
Richard sagt, dass er ganz sicher ist, weil er seiner Frau versprochen hat, heute nicht spät nach Hause zu kommen. Morgen wollen sie gemeinsam in die Ferien fahren. Sie freuen sich beide sehr darauf.
»Deine Frau ist ja ganz schön, aber du musst auch schön gehorchen!«, lästern Noel und Berti.
»Das wäre nichts für mich«, stellt Berti fest. »Das würde ich mir nie gefallen lassen – mir vorzuschreiben, wie und wann ich mit meinen Kumpels feiern darf!«
»Ha, das soll einmal eine bei mir probieren!«, unterstützt Noel ihn.
»Meine wartet jetzt auch daheim auf mich – und das gerne! Du bist ganz anders geworden, seit du mit Irene zusammen bist. Du bist schon ewig nicht mehr mit uns um die Häuser gezogen, so wie damals, als du noch ein freier Mann gewesen bist und nicht der Sklave von Irene, der es sich unter ihrem Pantoffel gemütlich gemacht hat!«

Die Kumpels sind außenstehende Einflüsterer, ihre Meinungen haben im Inneren Ihrer Ehe nichts zu suchen. Oft ist in solchen Situationen von Dritten, also Außenstehenden, kopfschüttelnd zu hören: *Schlimm, wie hörig er ihr geworden ist! Sie bestimmt, er hat zu kuschen. Jetzt muss er als Hauptverdiener auch noch den Haushalt schmeißen und die Kinder zur Schule bringen und wieder abholen ... Es würde mich nicht wundern, wenn er ausbrechen würde, der arme Kerl.*

Aber mal im Ernst, liebe Männer: Wenn Sie Rücksicht auf die Wünsche Ihrer Prinzessin nehmen, stehen Sie dann unter ihrem Pantoffel? Sind Sie deswegen ein Weichei? Sollten Sie womöglich ab und zu ein Exempel statuieren, um sich selbst, Ihrer Ehefrau und sämtlichen lästernden Dritten Ihre Unabhängigkeit zu demonstrieren?
Selbstverständlich nicht, sonst wären Sie ja wirklich ein Weichei. Sie entscheiden ganz allein, *wie Sie Ihre Frau behandeln wollen, da hat Ihnen keiner reinzureden* und Sie müssen sich für nichts entschuldigen. Es ist Ihre Entscheidung, ob überhaupt und welche wertvollen Momente, Geschenke, Zärtlichkeiten und Rücksichtnahmen, welche schönen Aufmerksamkeiten, aber auch welchen Kummer Sie ihr bereiten wollen. *Sie allein bestimmen, was Sie zu geben bereit sind.* Sie entscheiden, wie weit Sie bereit sind, auf Ihre Prinzessin und ihre Wünsche Rücksicht zu nehmen. Genauso wie Sie, erhofft sich auch Ihre Ehefrau, mit Ihnen ihr persönliches Lebensglück zu finden. Sie haben sich einander mit Ihrem Entschluss zur Heirat anvertraut. Sie beide hoffen auf eine gute Behandlung durch den anderen.
Aber wie Sie von Ihrer Ehefrau behandelt werden, bestimmt allein Ihre Partnerin. Ganz allein. Und Sie wiederum bestimmen, wie Sie Ihre Partnerin behandeln wollen. – Wo soll denn da bitteschön ein Pantoffel sein, unter dem Sie stehen könnten?
Die nüchterne Überlegung enttarnt den männerunterdrückenden Pantoffel als dummes Geschwätz.

Dasselbe gilt natürlich auch für diejenigen Ehefrauen, die sich vor ihren Freunden als unabhängig beweisen wollen, indem sie die Wünsche ihres Partners missachten. Wollen Sie auf dieser Basis eine Ehe führen? Vermutlich nicht.
Sie entscheiden!

Merksätze für Notfälle und Eilige:

1. Pantoffelhelden gibt es nicht. Sie allein entscheiden, ob Sie Ihre/n Partner/in gut oder schlecht behandeln.

2. Dafür, wie Sie Ihre/n Partner/in behandeln, tragen Sie die volle Verantwortung – und Schuld. Im Guten wie im Schlechten.

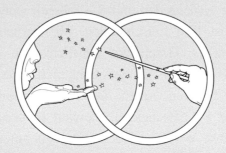

Haben Sie heute schon Eheglück gezaubert?
Haben Sie sich gegenüber Ihrem/r Partner/in und seinen/ihren Bedürfnissen großmütig und tolerant gezeigt und, falls etwas Sie irritiert hat, freundlich nachgefragt?

VOM PAAR ZUM EHEPAAR

Die konkrete Veränderung der Frau zur Ehefrau

Für die Frauen markiert die Heirat die Veränderung ihres gesamten Lebensgefühls. Ich hatte vorhin schon betont, dass Frauen wohl romantischer und detailreicher von der Harmonie-Einheits-Ehe träumen können als Männer. Der hohe Stellenwert des eigenen Hochzeitskleids widerspiegelt die emotionale Wichtigkeit des Übertritts von der Frau zur Ehefrau.

Frauen haben schon, seit sie kleine Mädchen waren, klare Vorstellungen davon, wie sorgsam der Traumprinz mit ihnen im Alltag umgehen soll, mit dem sie gleichzeitig auch Pferde stehlen können wollen, und auch davon, welche Aufgaben sie im Alltag zu erfüllen haben werden, damit sie in ihren Augen ihre Rolle als perfekte Ehefrau erfüllen können. Diese traditionellen weiblichen Eheideale

werden ihnen von den älteren Generationen vermittelt und sind immer noch Teil der Erziehung der Mädchen.
Das nach wie vor vorherrschende Idealbild von einer treu sorgenden Ehefrau und Mutter ist altruistisch, noch immer konservativ geprägt und hat nichts mit dem Bild der Ehefrau als einer ehrgeizigen Karrierefrau zu tun, nicht nur nicht bei den älteren Generationen, sondern auch nicht bei Jugendlichen. Eigene Bedürfnisse und Interessen der perfekten Ehefrau und Mutter haben zugunsten der Ehe und der Familie in den Hintergrund zu treten. Frauen verändern ihr Verhalten nach der Hochzeit also geradezu dramatisch, wollen sich in ihrem Tun ihren eigenen Ideal- und Klischeevorstellungen anpassen und unterordnen, die Bedürfnisse des Ehemannes und auch der Kinder in den Vordergrund stellen und selbst zurücktreten, um auf diese Weise das Eheglück zu finden.
In einer Meinungsumfrage 2017 wollten Forscher in Deutschland wissen, wer kürzertreten sollte, wenn Kinder unter sechs Jahren zu betreuen sind. Insgesamt 64 Prozent der befragten Männer und 65 Prozent der befragten Frauen waren der Meinung, dass die Frauen mit Rücksicht auf die Kinder beruflich zurückstecken sollten. Nur 34 Prozent der befragten Männer und 37 Prozent der befragten Frauen gaben an es vorzuziehen, wenn stattdessen die Männer ihre Arbeitszeit reduzieren würden. Auch 14- bis 17-Jährige dachten in diesem Muster: 58 Prozent der Mädchen wollten als 30-Jährige mit Kindern unter 6 Jahren ihre Arbeitszeit deutlich verringern, auf maximal 20 Stunden pro Woche, derweil sie vom Partner die Erledigung eines vollen Arbeitspensums erwarteten. Lediglich 17 Prozent der befragten Jugendlichen konnten sich vorstellen, dass der Kindesvater weniger als 20 Stunden pro Wochen arbeiten könnte.[11]
Sie mögen mir jetzt vorhalten, dass dieses konservative Frauenbild nur auf die Kinderbetreuung beschränkt sei, sich aber nicht auf die Ehe an sich beziehe. Ich bin aber der Ansicht, dass eine

Trennung des Frauenbildes innerhalb der Familie – sauber unterteilt in Ehe und Elternsein – nicht möglich ist. Wenn das Arbeitspensum mit der Kindererziehung verknüpft wird, heißt das im Klartext auch, wie die Erwartung der Rollenverteilung innerhalb der Ehe ist. Denn die Frauen, die von Anfang an Alleinerziehende ohne Partner sein möchten, bilden wohl eine verschwindend geringe Minderheit.

Dabei ist es nur sehr schwer vorstellbar, wie eine Frau in der Ehe ihre für das Glück der Ehe unabdingbare Lebensqualität aufrechterhalten soll, wenn sie sich schon als 14- bis 17-Jährige selbst das Recht auf persönliche Selbstverwirklichung – etwa durch eine eigene berufliche Karriere – nach der Heirat abspricht oder es ihr von ihrer Umgebung abgesprochen wird. Und der Anspruch, dass die moderne, üblicherweise gut ausgebildete Frau ihre Selbstverwirklichung vor allem in der Umsorgung ihres Ehemannes und der Kinder finden soll, kann heute offensichtlich kaum noch einer Frau gerecht werden.

Freiwilliger Verzicht auf Lebensqualität und Freiheit

In meiner langen Berufstätigkeit konnte ich bei Frauen, deren Ehen unglücklich verlaufen sind, in ausnahmslos allen (!) Fällen eine wesentliche Gemeinsamkeit feststellen: Sie alle sahen sich selbst als treu sorgende Ehefrau und Mutter, *verantwortlich* für das emotionale *Wohl aller Familienmitglieder*. Damit es allen Familienmitgliedern gut ging, nahmen sie sich stets zurück, verzichteten weitgehend auf die Befriedigung ihrer persönlichen Bedürfnisse und stellten dafür die Bedürfnisse der Familienmitglieder ins Zentrum ihres Handelns und Denkens, hielten sie bei Laune und trösteten sie, wenn Stress den anderen das Leben schwer machte.

Im Konfliktfall traten sie mit ihren Wünschen, Anliegen und Bedürfnissen zurück, um den Streit zu beenden. Viele Frauen sagten ihrem Ehepartner nicht einmal mehr, was sie sich eigentlich wünschten. Sie wollten vorauseilend keinen Konflikt durch Kritik, Beschwerden oder eigene Unbescheidenheit heraufbeschwören. Diese Erwartungen, die diese Frauen an sich selbst stellen, an ein vermeintlich ideales Verhalten der perfekten, umsichtigen, fürsorglichen und stets loyalen Ehefrau, scheint vielen der sicherste Weg ins Eheglück zu sein. Sie wollen für ihren Ehemann und ihre Kinder da sein, egal, was kommt und noch kommen mag – die werden es ihnen dann schon danken. Schließlich hat jeder der Ehepartner seine Pflichten zu erfüllen, sonst geht gar nichts mehr. In der Vorstellung der Ehefrau wird ihr Ehemann schon wissen, was er an ihr hat, und, entsprechend ihrer Rücksichtnahme und Pflichterfüllung, selbst auch freudig für ihr Wohlbefinden sorgen. Das ist das gemeinsame Glück, dass diese Frauen für sich, ihre Ehe und die Familie anstreben. Und dafür sind sie bereit, alles zu geben. Kompromisse sind nun einmal nötig, um die innere eheliche Harmonie zu sichern, Beziehungsarbeit ist schließlich Arbeit. Das weiß man schon vor der Heirat und darauf haben sie sich die Ehefrauen eingestellt. Wie sonst sollten sie ihrem Ehemann ihre Liebe, Zuwendung und Hingabe zeigen? Schließlich zählen Taten mehr als Worte!

Der Leitsatz aller Liebenden *Liebe ist nicht das, was man erwartet zu bekommen, sondern das, was man bereit ist zu geben* (Katherine Hepburn), wird zu Ihrem persönlichen ehelichen Mantra, im festen Vertrauen, dass der geliebte Ehemann, Ihr Seelenverwandter, genau gleich tickt wie Sie und Ihnen im Gegenzug auch Gutes geben wird – ohne dass Sie etwas sagen, ohne dass Sie ihn bitten müssten. Die Ehefrau glaubt, auf diese Weise das gemeinsame Eheglück zu sichern, weil diese selbstlosen und aufopfernden Idealvorstellungen

in den Märchen immer ins Glück führen. Und natürlich auch, weil nach den Gesetzen der Fairness und des Ausgleichs sie mindestens dieselbe Aufopferung vom Ehemann erhalten wird. Deshalb braucht sie von ihm auch nichts zu erwarten – er wird das alles von sich aus tun. Da ist sie sich ganz sicher. Darauf vertraut sie fest.
Diese Märchen-Ehe-Fantasiewelt, blühend und fantastisch, hat sie über Jahre hinweg aufgebaut und gepflegt. Sie wiegt sich in Sicherheit, wenn sie nach der Heirat dieses Ideal anstrebt. Darin kann sie nichts Falsches erkennen, weil sie auch von ihrer Erziehung her weiß, dass sie die nährende Frau, die gebende Frau sein soll und wird. Dann wird das Gute wie ein Echo des Ehemannes zu ihr zurückkommen – laut und mehrfach.

Sie, liebe Leser/innen, wissen jetzt schon, aus welchem Material dieses Idealbild der Ehe-Harmonie-Einheits-Ehe ist: Genau! Es ist der *Baustein der Rollenklischees in Reinkultur*, vom Ehemärchentraum herkommend, der wiederum aus der während langen Jahren gewonnenen Außensicht auf andere Ehen, aus romantischen Filmen, Märchen, Romanen etc. entwickelt worden ist. Diesen Ehemärchentraum haben Sie, liebe Prinzessin, mit der Heirat ganz im Geheimen ins Innere Ihrer Ehewelt hineingeschmuggelt – wo er eigentlich nichts zu suchen hat, weil ein Außen im Innen nichts verloren hat – um das mal in aller Deutlichkeit zu sagen.
Wenn Sie also altruistisch Ihren Ehealltag leben, allen Wünschen und Anliegen Ihres Ehepartners und weiterer Familienangehörigen quasi schon im voraus nachkommen, werden Sie und Ihre eigenen Bedürfnisse im wirklichen Leben über die Zeit viel zu kurz kommen. Am Anfang wird Ihnen das vielleicht noch nicht groß auffallen, weil Sie im Glück schweben und auf das Gute warten, das Ihnen Ihr Ehepartner im Gegenzug zukommen lassen soll. Was aber, wenn nicht?

Was auch immer Ihr Partner tun wird, eines steht fest: Wenn Sie Ihren persönlichen Wünschen und Bedürfnissen konsequent und dauerhaft entsagen, diese nicht einmal (mehr) äußern, sondern des lieben Friedens willen immer herunterschlucken, werden Sie und Ihre gesamte Persönlichkeit über kurz oder lang im Alltag keinen Platz und keinen Ausdruck mehr finden können. Sie werden keinen Ausgleich mehr haben, dann zuerst unzufrieden werden – und dann nach und nach verkümmern. Ihre eigene Lebensqualität wird ins Leere stürzen.

Eine junge Frau in dieser Situation sagte mir einmal, dass sie den Kontakt zu ihrem eigenen Inneren verloren hätte. Sie lebe in dem Gefühl, ihren Alltag nur noch durch und für andere zu gestalten. Sie fühlte sich wie ein Zombie – innerlich leer, nur noch funktionierend. Ich glaubte ihr aufs Wort.

Ich erinnere mich auch besonders gut an eine ältere, sehr gepflegte, aber völlig ausgelaugte Dame, die mir erzählte, dass sie ihren gestrengen Ehemann fast nicht mehr aushalten könne. Als ich ihr riet, ein paar Tage mit ihrer Freundin zu verreisen, um sich in aller Ruhe und aus einer gewissen Distanz heraus über den Zustand ihrer Ehe und über ihre Wünsche für die Zukunft Gedanken zu machen, schaute sie mich einigermaßen entsetzt an und sagte dann sehr vorwurfsvoll: »Aber Sie wissen schon, dass ich verheiratet bin!« Ich nickte und sagte lächelnd: »Ja, ich weiß. Genau deshalb sollten Sie sich ja Gedanken machen, was Sie zu ändern wünschen, wenn Sie Ihren Ehemann fast nicht mehr aushalten können.« Ich bin fast vom Stuhl gekippt, als sie mich dann allen Ernstes fragte: »Darf ich das denn überhaupt? Ich bin noch nie in allen Jahren – außer wenn mich mein Mann ausgeführt hatte – über Mittag nicht zu Hause gewesen. Es ist doch meine Pflicht, ihm das Mittagessen zu kochen, nicht wahr?«

Ich gebe zu, dass diese Dame und ihr Ehemann noch ziemlich oldschool waren.
Die meisten jüngeren Eheleute nehmen es mit der strikten Einhaltung des Koch- und Essensregimes nicht mehr so genau, wie das in früheren Generationen gehandhabt – und erwartet – worden war.
Work-Life-Balance ist das neue Schlagwort.
Aber dennoch zeigen aktuelle Studien – und auch meine jahrzehntelange Arbeit mit Eheleuten – doch sehr deutlich, wie stark sich das Leben für die meisten Frauen hin zu konservativen Werten wandelt, sobald sie Ehefrau und vielleicht auch Mutter geworden sind. Sie haben sehr hohe Ansprüche an sich selbst, um das Leben im Alltag liebevoll, geduldig, umsichtig, hübsch anzusehen und fleißig in Schwung zu halten und jedem gerecht zu werden. Diesem Ideal wollen sie entsprechen und opfern sich dafür regelrecht auf. Schließlich heißt es nicht umsonst, dass hinter jedem starken Mann eine starke Frau stehe …

Allerdings hat das Ganze natürlich auch eine Kehrseite – nämlich das Gesetz der Fairness und des Ausgleichs. Die klaren Vorstellungen der Frauen, wer was wann in einer Ehe leisten muss, damit sie glücklich verlaufen wird, beschränkt sich nicht nur auf das das Rollenklischee über das eigene Verhalten, die eigene Aufopferung und den eigenen Verzicht.
Tatsächlich haben alle mir bekannten Frauen auch eine sehr klare Erwartungshaltung an den Ehemann, *wie er sich als perfekter Ehemann zu verhalten und welche Leistungen er für das Eheglück zu erbringen* hat, und zwar ohne dass es dafür eine besondere Aufforderung bedarf. Er, der Seelenverwandte weiß ja, was er zu tun hat. Wenn er das nicht macht, dann zeigt er damit sein fehlendes Interesse an der Ehefrau und der Ehe selbst.
Vor ihrem inneren Auge läuft alles wie in einem romantischen Film

ab: Sie glaubt felsenfest, dass, wenn sie etwas hingebungsvoll tut, ihm das Freude macht, er wie der heldenhafte, strahlende Ritter ihrer Träume romantisch dankend reagieren wird. Sie ist überzeugt, dass er gar nicht anders kann, als in der – von ihr gewünschten – Manier ihrer Vorstellung weiter um sie zu werben, sie zu verwöhnen und ihr gleichermaßen seine Hingabe zu zeigen. Sie erwartet also, dass ihr Ehemann, die Liebe ihres Lebens, sich als Reaktion auf ihre Liebesbekundung romantisch in der ihm von ihr zugedachten Rolle verhalten wird.

Es ist wohl diese Erwartungshaltung der Frauen, die sie nach der Heirat, wie ein aktuelles Studienresultat[12] zeigt, ihren Ehemännern gegenüber härter, unflexibler, emotional instabiler und unverträglicher macht. Die Studie beschäftigte sich mit der Frage, ob die Persönlichkeit eines Menschen vorgegeben ist, oder sie sich im Verlauf des Lebens ändert. Das Ergebnis war, dass sich die Persönlichkeit eines Menschen bei Eintritt wichtiger Ereignisse ändert.
Wirklich erstaunlich ist, schnallen Sie sich bitte an, dass die *Heirat* so ein wichtiges Ereignis ist – für die *Frauen*. Aber (natürlich immer mit Ausnahmen) *nicht für die Männer!*
Auf den Punkt gebracht: *Die Heirat verändert die Persönlichkeit der Frauen, aber nicht die der Männer.*

Es sind demnach die Frauen, die sich beziehungsweise ihr Verhalten, mit der Heirat maßgeblich ändern, denn in der *Verträglichkeitsskala* der Studie rutschten die Werte der Ehefrauen nach der Heirat nach unten ab. Die Forscher stellten fest, dass sich die durchschnittliche Ehefrau nach der Hochzeit gegenüber ihrem Ehemann weniger rücksichtsvoll und weniger empathisch verhält und emotional instabiler wird. Bei Männern konnten die Forscher diese Veränderung nicht feststellen.

Dieses Ergebnis ist vor dem Hintergrund, dass scheinbar vor allem die Frauen den romantischen Klischeebaustein in ihrer persönlichen Ehewelt betonen und schöner, farbiger, heller und vor allem sehr viel detaillierter von ihrem späteren märchenhaften Eheleben träumen als die Männer, sehr gut erklärbar. Diese Rollenvorstellung bestimmt ihr Verhalten, aber auch ihre Vorstellung über seine zuwendende, aufmerksame und romantische Reaktion, um die totale Harmonie der Ehe leben zu können. Einfach wie im Film – einfach märchenhaft!

Aber der Ehemann der schönen Träume hat nicht nur in einer, von der Ehefrau vorgesehenen Weise, romantisch zu reagieren. Er hat sich auch zurückzunehmen und seine ehelichen Pflichten treu sorgend zu erbringen, wie es sich für einen *perfekten Ehemann in der Ehewelt der Ehefrau* gebührt. Er muss – natürlich nach Maßgabe eines persönlichen Rollenklischees nach den Regeln in der weiblichen Ehewelt, nicht nach Maßgabe seiner wahren Bedürfnisse – als perfekter Ehemann agieren und seine Ehefrau umsorgen. Er *muss*. Dieses Müssen des Ehemannes rührt aus der eigenen Aufopferung der Ehefrau. Sie muss auch. Sie würde nämlich in ihren Augen versagen, wenn sie ihre Rolle als die perfekte Ehefrau in ihrer Ehewelt nicht wahrnimmt und sich nicht dementsprechend für ihren Ehemann und die Ehe aufopfert.

Doch was ist eigentlich Aufopferung?
Gemäß Oxford-Lexikon heißt opfern, zugunsten eines andern etwas Wertvolles hinzugeben, wenn es auch nicht leichtfällt. In der Ehe heißt das, die eigene kostbare Persönlichkeit, die Bedürfnisse, deren Befriedigung wertvoll ist, das Benzin des eigenen Glücks zugunsten des/der Partners/Partnerin hinzugeben. Und das fällt immer schwer. Wenn das eigene Benzin ausgeht, muss man dafür andere anzapfen – oder man bleibt liegen.

Die sich aufopfernde Ehefrau merkt natürlich, dass sie der Zuwendung und besonderer Aufmerksamkeit ihres Ehemannes tatsächlich bedarf, weil sie ihre eigenen Bedürfnisse nicht mehr abdeckt – das überlässt sie ganz ihrem Ehemann. Bringt er das nicht, wird die Ehefrau – natürlich – am ausgestreckten Arm verhungern. Deshalb schwindet die voreheliche Großzügigkeit, Toleranz und Empathie der Frau für die Lebensweise des Mannes merklich. Überspitzt ausgedrückt: Je mehr die Ehefrau ihre eigenen Bedürfnisse vernachlässigt, desto mehr verlangt sie, dass er die Verantwortung für die Familie übernehmen muss – um ihr Wohlbefinden zu steigern.

Es ist also das Bestreben nach Perfektion in der Ehe, das sie veranlasst, kompromisslos das *perfekte* Verhalten sowohl von sich selbst als auch von ihrem Ehemann zu verlangen. Daher rührt auch der Verlust an Empathie und Verträglichkeit – ihre Idee, ihre Wunschvorstellung des Konstrukts der *glücklichen Ehe* diktiert das Leben, nicht die Persönlichkeiten und echten Bedürfnisse im wahren Leben, die sowohl die Ehefrau als auch der Ehemann natürlich auch noch nach der Heirat genauso haben wie vorher. Das spüren die Ehefrauen auch, sie bemerken die immer tiefer sinkende eigene Lebensqualität – was sie verzweifelter werden lässt. Die gesteigerte emotionale Instabilität dürfte daher kommen, dass der Ehemann die Erwartungen an ihn, die sie in ihrer verträumten Ehewelt hat, nicht erfüllt. Sie vermutet fehlendes Interesse des Ehemannes an ihrer Person, sieht die Ehe den Bach runtergehen und fühlt sich nicht geliebt, nicht wertgeschätzt.

Jetzt, liebe Leserin, wissen Sie, wie Sie dem Durchschnittswert der Studie einfach entfliehen können: Lassen Sie sich ganz einfach, *wie schon vor der Heirat* in offener Selbsttreue von Ihren echten Bedürfnissen Ihrer Persönlichkeit leiten und bemühen Sie sich, Ihre eigene Lebensqualität hochzuhalten. Dafür sind Sie auch nach der Heirat weiterhin entscheidend mitverantwortlich. Das können Sie unmöglich Dritten überlassen, auch nicht Ihrer großen Liebe. Sie wissen doch, dass Ihr Ehemann nur noch das Sahnehäubchen in Ihrem Leben sein kann. Das feine Törtchen, auf dem das Sahnehäubchen sitzt, müssen Sie, wie schon vor der Ehe, nach wie vor selbst gebacken bekommen. So bleiben Sie zweifelsohne auch nach der Heirat empathisch und verträglich – und glücklich, was durch Ihr positives Erleben Ihrer Ehe dann wiederum Ihre emotionale Stabilität fördert.

Die konkrete Veränderung vom Mann zum Ehemann

Für die Männer verändert die Heirat nicht sehr viel, das wissen wir nun als Studienresultat. Natürlich sind auch die Ehemänner bereit, sich für ihre große Liebe aufzuopfern. Das tun sie, indem sie weiterhin das machen, was sie schon vor der Heirat gemacht haben – das ist schließlich ihr Erfolgsrezept. Ein wunderbares Erfolgsrezept, das beste überhaupt, immerhin führte es dazu, dass sie seinen Heiratsantrag angenommen oder ihm einen Heiratsantrag gemacht hat. Was will Mann mehr? Was sollte Mann besser machen können? – Natürlich nichts!
Wenn die Eheleute schon zuvor in wilder Ehe gelebt haben, trägt er weiterhin den Müll raus, bemüht sich, nicht sturzbetrunken heimzukommen, und immer wenn seine Prinzessin ihn darum bittet, erledigt er natürlich auch die nötigen Heimwerkerarbeiten und unterstützt seine Liebste bei körperlich schweren Arbeiten, zum Beispiel im

Garten oder so, das alles war ja schon vor der Heirat im gemeinsamen Zusammensein *sein Ding*. Das kann er – zumindest meistens. Damit zeigt er seiner Liebsten seine Zuwendung wie schon vor der Heirat. Das ist für ihn eine klare Sache und auch Ehrensache. Klar. Er macht alles, was ein treu sorgender Ehemann eben so tut – und zwar gern. Vielleicht nicht gerade sofort, aber doch früher oder später. Seine Traumfrau wird das sicher zu schätzen wissen!

Im Zentrum der Veränderung steht für die Ehemänner vor allem die von nun an gemeinsame Familienkasse. In der Regel übernimmt er vor allem in finanzieller Hinsicht Verantwortung für die Ehefrau. Der moderne Ehemann ist auch bereit, die Ausgaben mit seiner Ehefrau abzusprechen. Das war zu Ledigenzeiten nicht so: Jeder Euro, den er verdiente, konnte er einsetzen, wie er wollte. Jetzt, nach der Heirat, ist jeder verdiente Euro eigentlich nur noch 50 Cent wert – die Ehefrau hat auch teil an seinem Verdienst. Und es soll ihr ja auch gut gehen.

Viele Männer, besonders die jüngeren, nehmen diese Verantwortung sehr ernst und verfolgen nach der Heirat ihre Karriere noch intensiver. Sie haben das Ziel vor Augen, durch besonderen Einsatz die wirtschaftliche Grundlage der Familie zu festigen und auszubauen, damit sie später in Wohlstand leben und er dann, wenn genügend Geld erwirtschaftet wurde, beruflich kürzertreten kann, damit sie das gemeinsame Leben genießen können.

Andere Männer, besonders die älteren Semester und diejenigen, die mindestens zum zweiten Mal heiraten, sind bestrebt, der Ehefrau und den Kindern mehr Zeit zu widmen, und schränken nach der Heirat diejenigen Freizeitaktivitäten etwas ein, die sie nicht zusammen mit ihrer Partnerin ausüben. Werden Kinder geboren, reduzieren einige auch noch ihre Erwerbstätigkeit – allerdings nur sehr selten auf unter 80 Prozent. Sie möchten auf diese Weise mehr

Zeit für die Familie schaffen, geben die traditionelle Rollenverteilung in der Ehe aber nicht grundlegend auf.

Aber natürlich können auch die Ehemänner das Gefühl bekommen, sich für die Ehe, für die Partnerin, bis zur Erschöpfung aufopfern zu müssen. Sie können das Gefühl bekommen, dass es in ihrem Leben nur noch um die Befindlichkeit der holden Gattin geht. Ob der Ehemann sich im Mief seiner Arbeitsstelle wohlfühlt, mit den ständigen Auseinandersetzungen mit dem Chef und den Mitarbeitern, interessiert niemanden. Wenn er dann abends müde nach Hause kommt, wird verlangt, dass er der Ehefrau auch noch beim Aufräumen hilft, die Kinder bespaßt und sich die ihn wenig interessierenden Neuigkeiten aus der Waschküche anhört. Derweil wird er vom Gedanken geplagt, dass die Ehefrau, sobald er und die Kinder aus dem Haus sind, es sich im Liegestuhl gemütlich macht – morgens gegen Osten und am Nachmittag gegen Westen ausgerichtet, nur unterbrochen von der raschen Zubereitung eines kleinen Happens zum Mittagessen. Während er sich abrackert, hat sie – auf seine Kosten – ein Herrenleben.

Tja, liebe Ehemänner, für Euch gilt dasselbe wie für die Ehefrauen: Nur die Thematisierung solcher Gedanken kann zutage fördern, was wirklich Sache ist, ob es Alternativen zur bisher in der Ehe gewählten Lebensweise gibt. Die Tatsache, dass niemand mit einem bloßen Arbeitsmodell festgebunden ist, wird das erleichtern. Auch für Sie, lieber Leser, ist Ihre Ehefrau, die große Liebe Ihres Lebens, das Sahnehäubchen auf Ihrem Lebenstörtchen, das Sie, wie schon vor der Ehe, selbst gebacken kriegen müssen. Sie sind in erster Linie dafür zuständig, dass Ihre ganz persönliche Lebensqualität in der Ehe nicht absinkt.

Besonders für Männer ist es oft ein Rätsel, was ihre Ehefrau eigentlich von ihnen erwartet. Genau genommen ahnen sie meist nicht einmal, dass ihnen ihre Ehefrau eine bestimmte Rolle zugedacht hat. Sie glauben zudem felsenfest, der heldenhafte Ritter ihrer wundervollen Ehefrau zu sein, weshalb ihnen der Gedanke völlig fremd ist, dass sie sich gemäß Eheideal-Vorstellung ihrer Liebsten einem anderen idealen Märchenprinzen angleichen sollen. Die Männer glauben zu wissen, was ihre zauberhafte Ehefrau von ihnen im Alltag erwartet und die großen Dienste, die er für Ehe und Familie erbringen muss, sind ihm auch tatsächlich ziemlich klar. Zum Beispiel, dass er arbeiten geht und Geld heimbringt, dafür sorgt, dass es nicht an Materiellem fehlt und dass er den Müll rausträgt, nicht betrunken nach Hause kommt und seiner Prinzessin treu ist. Von dem ganzen Kleinkram mit Blumen und Aufmerksamkeiten – auch außerhalb von Geburtstagen und besonderen Anlässen – hat er natürlich auch schon mal gehört, aber das ist halt Kleinkram, nicht so wichtig, Firlefanz halt. Sie sieht ja, wie sehr er sich weiterhin um sie bemüht im Alltag, dass er weiterhin sein altbewährtes Erfolgsrezept verfolgt und sein Einkommen mit ihr teilt. Das ist doch das Wichtige, das Große. Sein Beweis seiner unendlichen Liebe zu ihr!

Klar, dass Sie sich von Ihrer Ehefrau auch wünschen, dass sie Sie auch nach außen hin mit Stolz erfüllt und, zusammen mit Ihnen, das schöne Ehepaar repräsentiert. Sie sollte sich nun auch so benehmen, wie Ihre Traum-Ehefrau, und die ihr zugewiesene Rolle ausfüllen. Da wohl in den meisten Ehen immer noch vor allem die Ehefrau für die Haushaltsführung und die Kindererziehung zuständig ist, erwarten Sie natürlich, dass sie sich genauso einbringt und anstrengt, wie Sie sich in Ihrem Beruf anstrengen müssen. Sie erwarten oder verlangen gar, dass Ihre Frau Sie respektiert, und diesen Respekt sollte sie auch nach außen tragen. Sie ist wunderschön, keine Frage, aber: Sind diese Kleidchen noch für sie als Ihre Ehefrau schicklich, wenn sie Männerblicke auf ihren exquisiten Körper ziehen – der doch allein Ihnen vorbehalten ist? Sie wünschen vermutlich auch, dass Ihre Ehefrau ohne Sie nicht mehr an wilden Partynächten mit ihren Freunden und Freundinnen teilnimmt. Natürlich soll sie ihre Freizeit noch genießen, aber bei Kaffeeschwatz und Sport ... hauptsächlich mit Ihnen, jedenfalls nicht mit anderen Männern!

Cillas und Marie
Cillas erzählte mir, dass seine Ehefrau Marie kürzlich einen Motorradunfall hatte. Sie habe sich dabei das Jochbein gebrochen, die Schulter ausgekugelt, das linke Schienbein gebrochen und ein Handgelenk ziemlich verstaucht. Voller Anteilnahme bat ich ihn, Marie einen lieben Gruß von mir auszurichten, und sagte ihm, dass das jetzt natürlich für ihn die beste Gelegenheit sei, Marie zu verwöhnen. Seine in Frauenohren unfassbare Antwort: »Aber genau das geht ja jetzt noch nicht ... Darauf muss sie aus gesundheitlichen Gründen noch lange warten!«

Merksätze für Notfälle und Eilige:

1. Vor allem Frauen machen mit der Heirat eine Metamorphose von der Raupe zum Schmetterling Ehefrau durch.

2. Die Männer nicht.

3. Die Ehefrauen wollen dem Ideal der perfekten Ehefrau entsprechen und erwarten vom Ehemann, dass er zum perfekten Ehemann ihrer Träume mutiert. Sie versuchen, sich und den Ehemann in dieses Rollenklischee hineinzuzwängen, weil das

> scheinbare Sicherheit verspricht, hin zum Eheglück.
>
> 4. Die Ehemänner verfolgen derweil weiter ihren Beziehungs-Erfolgspfad: Sie machen alles genauso weiter wie vor der Heirat. Schließlich eroberten sie damit – und mit nichts anderem – das Herz ihrer Traumfrau. Sie lassen sich ganz sicher nicht in etwas Neues, Unbekanntes hineinpressen, das ihnen nicht passt. Warum auch?

Ehe und Kinder III

Mit dem Hinzutreten der Kinder werden Sie sich in Ihrem Verhalten als Vater und Mutter unweigerlich verändern – was sich natürlich auch auf Ihr Verhalten in Ihrer Beziehung zum/r Partner/in auswirken wird. Und etwas, das sich verändert, ist gleichsam destabilisiert. Das ist nichts Schlimmes – aber, dass mit der Geburt beziehungsweise der Adoption von Kindern eine schlagartige Veränderung auch in den Ehewelten eintreten werden, sollte man sich bewusst sein.

Die Herausforderungen an Sie als Ehepartner und als Eltern sind jetzt riesig. Sie werden sich von der Geburt/Adoption des Kindes an ständig neu ausrichten, neu orientieren müssen, und zwar sowohl auf der Paarebene als auch auf der Elternebene. Wir erinnern uns: Alle Regeln aus der Architektur der Ehe gelten uneingeschränkt auch für die Vater-Kind-Welt einerseits und die Mutter-Kind-Welt andererseits. Es sind unterschiedliche Welten, gepflastert mit vorgefassten, sehr persönlichen Rollenklischees und persönlichen Erfahrungen im täglichen Umgang miteinander. Auch das Eheleben verändert sich, sobald der Himmel Kinder schenkt, oft verlieren sich die Ehepartner dabei aus den Augen, weil Kinder der ganz besonderen Aufmerksamkeit, Pflege und intensiven Zuwendung bedürfen.

In einem Film[13], in dem sich Jennifer Lopez künstlich befruchten ließ, sprechen zwei Männer auf einer Bank in einem Spielplatz über Kinder und das Vatersein. Der eine, ein bärenstarker Typ, hat drei Kinder, die er auf dem Spielplatz beaufsichtigt. Der andere wird Vater von Zwillingen werden und fragt den Bärentypen, wie es denn so sei als Vater.

Dieser beantwortet die Frage reflexartig: »Es ist wunderbar! Ganz großartig!« (Der Zuschauer bekommt einen Riesenglücksgrinser präsentiert).

Der Bär hält dann aber kurz inne, überlegt und fährt langsam, besonnen, stockend und in sich gekehrt fort, fast wie in einem Selbstgespräch: »Bis auf den Schlafmangel ... bis auf den fehlenden Sex mit meiner Frau ... Ich wünschte immer wieder, ich hätte mein altes Leben zurück – in dem ich nackt durch das Wohnzimmer tanzen konnte ... (Er sinniert offenbar dem verlorenen Vergangenen nach.) Es ist furchtbar ... furchtbar ... furchtbar! ... Aber dann (sein Gesicht hellt sich zu einem glücklichen Strahlen auf) ... geschieht etwas Unglaubliches! ... Und dann (die Miene verdunkelt sich wieder) ... ist es wieder furchtbar, furchtbar, furchtbar. Und dann (Riesengrinser) geschieht wieder etwas Unglaubliches! Und dann: wieder furchtbar, furchtbar, furchtbar. Und dann, dann kommt er wieder: Ein magischer Moment! ... Und, Mann, das geht so immer weiter, den ganzen Tag über ... Du wirst es lieben! Es ist das Tollste, Schönste, was du in deinem Leben erleben wirst!«

Dann kommt sein kleiner Sohn an, dem Sandkasten entstiegen (natürlich hatte er Massen vom Sand gegessen – beim dritten Kind kenne man das und mache sich keine Sorgen mehr, so der Bär), klettert auf den Schoss seines Vaters und drückt sich ganz fest an ihn. Der Bär dreht sich zum werdenden Vater hin und sagt strahlend: »Siehst du, das ist jetzt einer dieser wundervollen, magischen

Momente!« Er drückt seinen Sohn ebenfalls zärtlich an sich und küsst sein Köpfchen. Dann öffnet das Kind langsam die Hand vor dem Gesicht seines Vaters und hält diesem einen Klumpen Hundekacke zur weiteren Inspektion unter die Nase.

Diese Filmszene hat für mich etwas Geniales. Sie zeigt fröhlich, lebensbejahend und in einfachen Bildern auf, dass wir die Welt nur in Gegensätzen begreifen können: Ohne den Tag gibt es keine Nacht. Ohne Nass gibt es kein Trocken. Ohne den Tod gibt es kein Leben. Ohne die *Furchtbarkeit* gibt es kein Glück, keine unglaublichen Momente, keine Magie.

Alle Elternteile, mit denen ich gesprochen habe, bestätigen, wenn sie ehrlich sind, dass ihnen ihre großartigen, wertvollen, liebenswürdigen, liebenden, fordernden, vertrauensvollen und fantastischen Kinder zu jeder beliebigen Zeit den letzten Nerv mit einer Pinzette auszupfen können. Kinder sind die Leiter eines Bootcamps für Eltern zum Training von Selbstbeherrschung und Selbstdisziplin.

An praktisch jedem Tag gibt es in allen Haushalten mit Kindern neben Lachen und Herumtollen auch viel Geschrei, Kämpfe, Wunden, Herumgeschmeiße von Sachen, ein regelmäßiges Sich-Einschließen der Jugendlichen in phänomenal unordentlichen Zimmern mit Totenkopfemblemen im Falle des *unbefugten Betretens der Höhle*, ohrenbetäubenden Krach, der als *Musik* bezeichnet wird und patzige Frechheiten in jeder Lebenslage etc.

Aber das ist längst nicht alles: Als erfahrene Eltern wissen Sie ganz genau: Besonders wenn es ruhig wird, können Sie sich nicht entspannen. Im Gegenteil müssen Sie sofort der Stille nachgehen und nachsehen, mit welchen *guten Ideen* Ihr Nachwuchs jetzt schon wieder unterwegs ist. Ich jedenfalls hätte, besonders während des Aufbaus der Pubertät meiner Tochter, jeden Tag mindestens einmal auf einer gesattelten Sau durchs Dorf davongaloppieren wollen.

Ich weiß, dass Sie Ihre Kinder lieben. Über alles lieben, alles für sie tun würden. Aber, die Erziehung und Pflege der Kinder, das Ringen um das Beste für das Kind, ist schwierig und Sie sehen sich vor ungeahnte Herausforderungen gestellt, weil Sie im wohlverstandenen Interesse des Kindes handeln müssen, das eine andere Persönlichkeit hat als Sie und Ihr/e Partner/in, anders empfindet, und es in vielen Situationen kein Richtig und kein Falsch gibt. Kinder machen Ihr Leben zwar fröhlicher, interessanter, spannender, packender, liebender, zermürbender und stressiger, aber Sie konzentrieren sich gleichzeitig vermehrt auf die Kinder. Diese scheinen Ihre Aufmerksamkeit viel, viel mehr zu brauchen als Ihr/e erwachsene/r Partner/in.

Anders als auf der Paarebene gegenüber Ihrem Partner, haben Sie auf der Kinder-Eltern-Ebene gegenüber Ihren Kindern die Pflicht und das Recht, die Kinder zu erziehen, ihnen zu sagen, wie der Hase zu laufen hat. Die Kinder schulden Ihnen Gehorsam. Als Eltern sind Sie gegenüber den Kindern in einer Machtposition. Anders als auf der Paar-Beziehungsebene besteht also auf der Eltern-Kinder-Ebene ein klares Machtgefälle, und diese Macht der Eltern kommt immer mit der entsprechenden Verantwortung daher: der Verantwortung der Eltern, das wohlverstandene Kindeswohl zu schützen.

Im Alltag vermischen Eltern fälschlicherweise oft die Ebene der Paarbeziehung/Ehe mit der Eltern-Kinder-Ebene.
Diese Verwirrung entsteht zum einen dadurch, dass jeder von uns sehr individuelle Vorstellungen davon hat, was ein *perfekter Vater* beziehungsweise eine *perfekte Mutter* ist – geprägt und geformt durch Persönlichkeit, Erfahrungen, Umfeld, Kulturkreis und persönliche Reifung, lange bevor Kinder überhaupt gezeugt, geschweige denn geboren werden. Und der Druck ist groß, denn Sie wollen gegenüber Ihren Kindern möglichst nichts falsch machen, damit die schöne Zukunft des Kindes nicht gefährdet wird.
Es gibt diesbezüglich eine sehr enge Verwandtschaft mit der Mär-

chen-Ehe-Einheits-Harmonievorstellung, dem zweiten Baustein, aus dem Sie Ihre persönliche Ehewelt erschaffen haben. Einen solchen sehr individuellen Baustein haben Sie auch für Ihre Idee der idealen Elternwelt. Sie nehmen also auch hier die Mutter- beziehungsweise Vaterrolle ein, wie auf der Paarebene Ihre Rolle als Ehefrau beziehungsweise Ehemann.

Zum anderen entsteht diese Verwirrung dadurch, dass Kinder – im Gegensatz zum anderen Elternteil – hilflos sind und daher die volle Aufmerksamkeit ihrer Eltern bekommen, üblicherweise vorrangig die der Mutter, die aus Rücksicht auf die Kinder ihr Leben mitunter vollkommen umkrempelt. Wir haben darüber bereits gesprochen.

Im Alltag der zumeist im selben Haushalt lebenden Elternteile werden die beiden Ebenen (Paar und Kinder) durch die täglich zu erledigenden praktischen Arbeiten zwangsläufig vermischt: Sie oder Ihr/e Partner/in waschen die gesamte Kleidung gleichzeitig, egal wessen Kleidungsstücke das im Einzelnen sind, denn allein Farbe und Waschgang sind ausschlaggebend für die Zusammenstellung der Maschinenfüllung. Sie oder Ihr/e Partner/in kochen für die gesamte Familie, decken für alle den Tisch, pflegen den kompletten Haushalt ... Aber diese Familienarbeiten sind natürlich ganz andere Aufgaben als die, die Ihnen auf der Paarebene als Partner/in, als Geliebte/r (die/der Sie ja sein möchten) zukommen. Diese Aufgaben stehen nicht auf der Kinderebene zur Diskussion. Ihre Kinder geht Ihr Intimleben schlicht nichts an und sie sollten damit auch nicht konfrontiert werden (gesunde Kinder finden schon allein den Gedanken an eine sexuelle Aktivität ihrer Eltern im Normalfall grausig).

Ihre Kinder sind nicht Ihre Mini-Ehepartner und jeder Versuch, die Kinder als quasi Ehepartner zu instrumentalisieren, sie umzufunktionieren und auf die Paar-Beziehungsebene hieven zu wollen, was bei Streitigkeiten zwischen Mann und Frau nicht selten vorkommt, ist klare Kindesmisshandlung. Das gilt generell, und nicht bloß in sexueller Hinsicht. Kinder haben das Recht darauf, Kinder zu sein und Eltern zu haben, die sie ungestört lieb haben dürfen. Vor diesem Hintergrund ist die Zuweisung der Kinder als Krone oder Mörtel der Ehe schlicht Humbug – und möglicherweise, je nachdem, wie ernst das gemeint und gelebt wird, schädlich.

Die Bedürfnisse Ihres Partners nach spezieller emotionaler Aufmerksamkeit und Hingabe, die Sie vor der Geburt Ihrer Kinder beispielsweise als intimes Abendessen zelebriert haben, werden durch das Kochen für die ganze Familie nicht befriedigt, egal wie lecker das Ergebnis auch sein mag. Auch die Bedürfnisse der Prinzessin und des strahlenden Ritters nach Zärtlichkeit und Liebe werden nicht in der Spielstunde des Vaters mit den Kindern abgedeckt.

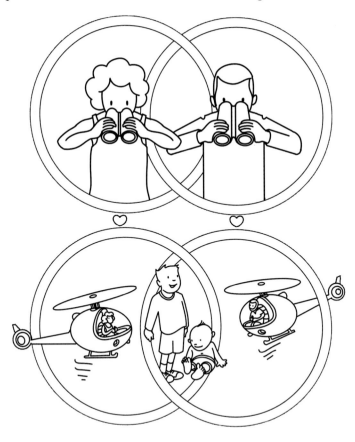

Ihr/e Partner/in und Ihre Kinder lassen sich daher nicht über einen Kamm scheren. Sie können vieles in einem Aufwasch erledigen, aber die emotionale Pflege Ihrer Partnerschaft lässt sich nicht mit Ihrer Arbeit rund um das Windelwechseln und die Kindererziehung gleichsetzen. Wenn Ihr Partner ein sehr guter Vater oder eine hervorragende Mutter ist, sehen Sie das sicher mit großer Freude und warmen Gefühlen. Aber wenn er/sie nur noch Vater/Mutter ist und nicht mehr Freund/in, Partner/in, Ratgeber/in, kühner Ritter oder inspirierende Prinzessin und zärtliche/r Liebhaber/in, werden Sie über kurz oder lang wie ein Blümchen ohne Wasser verdorren und eingehen.

Die Fraulichkeit der Prinzessinnen beziehungsweise die Männlichkeit der heldenhaften Ritter bedarf der Wertschätzung. Diese Wertschätzung muss dort ausgedrückt werden, wo sie hingehört, nämlich auf der Paarebene im Inneren der Ehe.
Dafür müssen Sie nicht mehr arbeiten oder anderes leisten. Es geht nur um die Wahrnehmung Ihrer wahren Bedürfnisse im echten Leben nach Zuwendung, Intimität, Wertschätzung und Austausch mit Ihrem/r Partner/in auf der Paarebene – in Ihren Ehewelten. Dasselbe Abendessen, meinetwegen sogar bestehend aus einer Fertigpizza, bekommt eine ganz andere, besondere Qualität, wenn Sie romantisch die Zweisamkeit genießen können, während die Kinder bei den Großeltern übernachten dürfen und dort verwöhnt werden.

Komme, was wolle: Ihnen beiden muss es im Eheinneren so gut wie möglich gehen, wenn Sie eine glückliche Ehe führen wollen. Ihrer beider hohe Lebensqualität ist von Ihnen beiden aufrechtzuerhalten und zu verteidigen. Wenn sich Ihr/e Partner/in kaum noch Zeit für Sie nimmt, werden Sie als Frau beziehungsweise als Mann keine Wertschätzung, keine Zuwendung, keine Hingabe mehr erfahren. Das ist fatal, denn Sie sind viel mehr als „nur" eine Mutter beziehungsweise ein Vater. Sie haben auch Ihrer/m Partner/in viel zu bieten – was aber scheinbar nicht (mehr) gefragt scheint – und Sie haben natürlich auch ein Bedürfnis nach Intimität, Wärme, Austausch und Verständnis mit Ihre/r Partner/in. Wird das alles auf der Erwachsenenebene abgeschnitten könnten Sie sogar – tief im Inneren, was niemand jemals offen zugeben würde – eine gewisse Eifersucht auf das Kind entwickeln, das Ihre/n Partner/in für sich vereinnahmt. Es kann unter solchen Umständen im Extremfall dazu kommen, dass Sie ein fröhliches Zusammensein Ihres Partners mit dem Kind kaum noch ertragen können – Sie fühlen sich in solchen Momenten als das fünfte Rad am Wagen.

Also: Pflegen und verteidigen Sie Ihre eigene Lebensqualität, damit möglichst keine Defizite entstehen können.

Eines ist an dieser Stelle allerdings vorweg zu nehmen: Die Verteidigung Ihrer persönlichen Lebensqualität beinhaltet nicht übertriebene finanzielle Ausgaben und die Erfüllung jedes Ihrer Wünsche, besonders auf der materiellen Ebene. Das werden wir später noch genauer beleuchten.

Ehe ohne Kinder

Nicht allen (Ehe-)paaren mit Kinderwunsch ist es vergönnt, Kinder zu bekommen. Auch diese Trauer, möglicherweise auch Wut auf das Schicksal kann zu einer Veränderung in Ihrem Verhalten führen, was nicht ohne Einfluss auf Ihr Eheleben bleiben wird. Wie wir schon besprochen haben, umfasst jede Ehe vier Beziehungen, die zueinander in Wechselwirkung stehen.

Wenngleich die Kinderlosigkeit ein Paar sehr hart treffen kann, hat das doch auch Vorteile. Eine Freundin sagte mir einmal, dass sie Mütter immer um die Kinder beneidet und mit ihrem Schicksal der

Kinderlosigkeit gehadert hätte – bis die Kinder in die Pubertät gekommen seien. Jetzt freue sie sich darüber, dass sie mit ihrem Mann in Ruhe leben und durch die Welt reisen könne. Tatsächlich schielen alle mir bekannten Eltern oftmals auch etwas neidisch auf diese genüssliche Lebensweise der kinderlosen Paare.

Mittlerweile gibt es Tabubruch-Studien sowohl des Max-Planck-Instituts für demografische Forschung aus dem Jahr 2015 als auch der Universität Heidelberg, die sich mit der Frage beschäftigten, ob Eltern die zufriedeneren Menschen sind. Die Lebensfreude scheint nach Lebensphasen zu schwanken, aber die Ergebnisse beider Studien legen nahe, dass Kinder ihre Eltern vor allem nach ihrem Auszug aus dem Elternhaus glücklich machen. Ziehen erwachsene Kinder zurück zu ihren Eltern, sinkt die Zufriedenheit der Eltern wieder.[14],[15]

Merksätze für Notfälle und Eilige:

1. Wenn Kinder die Ehe zur Familie machen, verändert sich das Verhalten der Eheleute, denn die Kinder brauchen viel Aufmerksamkeit, Zuwendung, Zeit und Geld.

2. Weil die Kinder nicht Teil der Ehewelten sind, leisten die beiden Elternteile durch ihre liebevolle Zuwendung, Aufmerksamkeit und Zeit gegenüber den Kindern nichts in und für die Ehewelten der Partner.

2. Beide Partner- Elternteile können sich deshalb – gerade weil sie so viel Aufmerksamkeit und Zuwendung für die Kinder aufbringen - auf der Paarebene in ihren Ehewelten leicht aus den Augen verlieren.

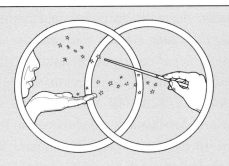

Haben Sie heute schon Eheglück gezaubert?
Haben Sie Ihre/m Partner/in auf der erwachsenen Paarebene durch kleine Zeichen, Berührungen und Worte gezeigt, wie sexy, begehrenswert und wundervoll Sie ihn/sie als Ihre Lebensliebe finden?

Die konkrete gemeinsame Veränderung: Der dicke Fallstrick der Selbstverständlichkeiten

Egal, wie sehr Sie sich auch immer für Ihre/n Liebsten aufopfern: Geschieht das regelmäßig, werden Ihre Leistungen für und um ihn/sie bald zur Selbstverständlichkeit. Auch für Sie selbst sind Ihre Leistung und Aufopferung von Anfang an eine Selbstverständlichkeit, weil Sie diese in Ihrer persönlichen Ehewelt für das Gelingen der Ehe als Notwendigkeit betrachten. Sie beschneiden ganz selbstverständlich zugunsten der Ehe, der Gemeinschaft, der Liebe zum Partner, Ihre eigenen Bedürfnisse. Ihre egoistischen Wünsche und Bedürfnisse müssen der harmonischen Gemeinsamkeit weichen. Sie nehmen sich bescheiden zurück, kümmern sich um die Gemeinschaft, arbeiten tagein tagaus dafür und für Ihren Ehepartner und die Kinder, denen es an nichts fehlen soll. Dafür beißen sich im Alltag durch – ganz einfach weil sich das in Ihrer Ehewelt für einen perfekten Ehepartner als Selbstverständlichkeit so gehört! Das ist die gewohnte, übliche Denkstruktur im Alltag. Sie ist auf allen Ebenen unseres Lebens fest verankert und wird nie hinterfragt. Wenn Sie am Arbeitsplatz pflichtbewusst Ihre Arbeit nach Vorschrift leisten, ist das für alle Beteiligten ganz klar eine Selbstverständlichkeit und sicher kein Grund für spezielles Lob. Ganz im Gegenteil wird der Dienst nach Vorschrift – und sei er noch so anstrengend – als minimalistisch eingestuft. Sie machen nicht mehr als das absolute Minimum. – Andere leisten mehr als nur das Vorgeschriebene …

Und genau hierin besteht im Eheinneren eine der größten Veränderungen in Ihrer persönlichen Beziehung zum Partner nach der Heirat, gemessen an den vorehelichen Verhältnissen: *Erfüllen Sie das Erwartete, was in Ihrer persönlichen Ehewelt und auch in der Ihres Ehepartners für das Gelingen nötig ist, gilt jede Ihrer Anstrengungen – und war diese für Sie noch so groß – nur als Selbstverständlichkeit.*

Selbstverständlich hat nach der Heirat der berufstätige Ehepartner weiterhin alles zu tun, um den Arbeitsplatz nicht zu verlieren, damit die Familie über genügend Geldmittel verfügt. *Selbstverständlich* hat er, wie schon vor der Heirat, jeden Tag früh aufzustehen und zur Arbeit zu gehen, wo er sich anstrengen muss. *Selbstverständlich* hat der berufstätige Teil den anderen auch in der Haushaltsführung wenigstens etwas zu unterstützen. *Selbstverständlich* sind die Kinder pünktlich und wohlversorgt zur KITA zu bringen und von dort wieder abzuholen. *Selbstverständlich* hat der haushaltführende Ehepartner Haus und Garten ordentlich zu pflegen, einzukaufen, zu kochen, zu waschen und zu bügeln. *Selbstverständlich* haben sich beide Ehepartner um die Kinder zu kümmern. Und *selbstverständ-*

lich haben beide die Freizeit vor allem mit der Familie zu verbringen. Für ein gemeinsames Essen in einem (teuren) Restaurant *bedankt sich selbstverständlich auch niemand mehr,* man hat ja schließlich eine gemeinsame Kasse ...
Unter diesen Umständen können Sie sich noch so anstrengen und verausgaben: Wenn Ihr Partner Ihre Anstrengungen für das Gelingen der Ehe als Selbstverständlichkeit ansieht, wird er Ihre Mühen niemals als Ausdruck Ihrer Wertschätzung für ihn und seine Person auffassen können. Im Gegenteil: Wird *selbstverständlich Erwartetes nicht geleistet, ist das ein Zeichen der Geringschätzung des Partners,* ein Zeichen, dass die Ehe, das Wohlergehen der Familie nicht unterstützt, nicht gefördert wird.

Das war in Ihrer Liebesbeziehung vor der Heirat noch anders: Als Sie als Partner noch vogelfrei waren, frei von allen ehelichen Rechten und Pflichten, da *war nichts selbstverständlich.* Die finanzielle Hilfestellung des Partners während Ihres finanziellen Engpasses war großartig, ein Beweis der Liebe und Fürsorge, da es noch keine gemeinsame Kasse gab. Eine Einladung zu einem feudalen Abendessen, vielleicht sogar in ein verlängertes Wochenende? Himmlische Liebesbeweise, die Sie auf Wolke sieben schweben ließen und die Ihre *verliebte Dankbarkeit* aktivierten. Sie wollten sich ebenfalls revanchieren, Ihrem Partner auch Ihre Liebe zeigen. Entdeckten Sie, dass Ihr Partner für Sie mitgearbeitet hatte, war das Liebesbeweis und offensichtliche Zuwendung und Wertschätzung im ganz normalen Alltag: *Du hast meine Wäsche auch noch gewaschen? – Herzlichen Dank, lieb von dir!*

Durch die Heirat hat sich das grundlegend geändert: Wehe, wenn Sie die Wäsche des/der Partner/in nicht gleich auch noch mitwaschen. Die gemeinsame Kasse lässt die Einladung zumindest als zur Hälfte selbst bezahlt erscheinen – wofür sollten Sie noch *Danke* sagen? Wehe, wenn der/die Partner/in die ehelichen Pflichten verletzt! Die Kritik lässt dann nicht lange auf sich warten: *Wie das hier wieder aussieht ... Was hast du denn, bitte schön, den ganzen Tag gemacht?*

Der Vorwurf, der Partner sei faul, bemühe sich nicht um ein gedeihliches Eheleben, ließe sich gehen und würde sich um nichts kümmern, sich irrational und völlig befremdlich verhalten, wird zwangsläufig irgendwann kommen. Dem anderen wird dann unterstellt, er/sie wolle die Ehe zerstören; anders sei es ja nicht zu erklären, dass er/sie offensichtlich nicht bereit ist, mit am selben Strang zu ziehen. Derjenige Ehepartner, der in seinen Augen (der eigenen Eheweltsichtweise) seine Pflichten brav erfüllt, fühlt sich ungeliebt, ausgenutzt und nicht respektiert.

Für diese Kritik gegenüber dem/der pflichtvergessenen Partner/in hat das Umfeld meist auch Verständnis. Es geht nach der Meinung von außen ja wirklich zu weit, wenn der haushaltführende Ehepartner sich um nichts kümmert, sodass der Erwerbstätige, wenn er heimkommt, mit Waschen, Bügeln, Aufräumen und Putzen beginnen muss. Das rechtfertigt doch wirklich jede Kritik …

Dank der Vorstellungen, die wir über die ehelichen Pflichten mit uns herumtragen, erscheint so manchem die Zweisamkeit schnell lieblos, denn das, was vor der Heirat unmissverständliche Zeichen der Liebe, Wertschätzung und Zuwendung waren, sind nach der Heirat Mindeststandards, die zur pingeligen Aufrechnung einladen. Und das tragischerweise, obwohl sich in der Realität am Einsatz der Partner überhaupt nichts verändert hat!

Es ist nur die Wahrnehmung nach der Heirat, man hätte Anspruch auf die Erbringung von Leistungen des Partners, weil es eben die ehelichen Pflichten gibt und diese schließlich beide betreffen. Mit dieser Haltung nimmt die Kritik am anderen im Vergleich zu den anerkennenden, bestärkenden, liebevollen Worten und Gesten von früher langsam, aber sicher überhand.

Einer meiner ehemaligen Freunde hatte in unserer Beziehung die Parole ausgegeben: »*Wenn ich nichts sage, ist alles in bester Ordnung. Sonst melde ich mich. Mach dir keine Gedanken, Schatz!*« – Sehr clever. Wirklich sehr, sehr clever! Ab jenem Tag bekam ich von ihm praktisch nur noch niederschmetternde, ätzende Kritik zu hören, fast nichts Positives mehr. Mit der Zeit dachte ich ernsthaft, es gäbe an mir für ihn nichts Liebenswertes mehr und wunderte mich zunehmend, weshalb er sich überhaupt mit mir abgab. Aber, wie gesagt, Ex-Freund …
Glauben Sie, Ihr von Ihnen ewig kritisierter Ehepartner würde unter diesen Umständen auf Dauer bei Ihnen bleiben wollen? Wollten Sie tagaus, tagein zu Hause nur Kritik hören – und bleiben wollen?

Wir haben in der Einleitung schon besprochen, dass es nur einen einzigen Scheidungsgrund gibt, und das ist das Absinken der Lebensqualität eines Ehepartners oder beider nach der Heirat. Dabei hatten wir darüber sinniert, welche Art Lebensqualität gemeint sein könnte.
Für Geschiedene ist die Arbeitsbelastung deutlich höher als bei Verheirateten. Regelmäßig muss wegen der Mehrkosten von zwei Haushalten die eigene Erwerbstätigkeit gesteigert werden. Dabei wird nun die Organisation der Kinder um die Arbeitszeiten herum zur besonderen Herausforderung, weil der Partner als Babysitter im eigenen Haushalt wegfällt. Auch die Kindererziehung selbst wird zur höheren Belastung, weil sie in zwei unabhängigen Haushalten stattfindet und sich die beiden Elternteile von den Kindern, die üblicherweise den Weg des geringsten Widerstandes gehen, leichter gegeneinander ausgespielt werden können. Dazu kommt dann die Mehrbelastung in der Haushaltführung, weil kein Partner bereits gewisse Arbeiten er-

ledigt hat. Und zu guter Letzt ist bekannt, dass das Armutsrisiko bei Alleinerziehenden viel größer ist als bei Verheirateten.
Sie sehen also: Die Ehe als finanz- und arbeitsteilige Gemeinschaft steigert die Lebensqualität maßgeblich in wichtigen Belangen. – Die Ehe bietet die Steilvorlage für die Steigerung der Lebensqualität beider Partner. Sie haben vollkommen recht, heiraten zu wollen – oder geheiratet zu haben! Gratulation!
Jetzt geht es nur darum, diese Steilvorlage nicht zu versauen. Aber genau das tun wir. – Wie? Indem alle Bemühungen beider Partner um die Ehe von beiden Partnern als Selbstverständlichkeit vorausgesetzt werden. Diese eheliche Denkweise *Also, das ist ja wohl wirklich selbstverständlich in der Ehe!* bewirkt, dass plötzlich die großen Leistungen der Partner im Alltag nicht mehr als Liebesbeweise, nicht mehr als persönliche Bemühungen um die Ehe, den/die Partner/in, wahrgenommen werden, die sie aber in Tat und Wahrheit noch immer sind.
An Ihren Liebesbeweisen hat sich gar nichts geändert – aber alles in Ihrer Denkweise.
Ich versichere Ihnen, dass es, neben der Beschneidung eigener wichtiger Bedürfnisse, vor allem die *dauerhaft fehlende Wertschätzung* ist, die sich zerstörerisch auf jede Paarbeziehung auswirkt.
Wir alle nehmen die Zeichen der Anerkennung des Partners als Zeichen dafür, wie sehr er/sie einen liebt, schätzt, respektiert und begehrt. Der *Wegfall der gegenseitigen Wertschätzung* nach der Heirat, weil *alles nur noch selbstverständliche Pflichterfüllung* ist, führt zu einer *massiven und spürbaren Einbuße an Lebensqualität* im Vergleich zum vorehelichen Glück der Beziehung.

Die kleinen Zeichen der Liebe und des Dankes für die Fürsorge um den Ehepartner gehen, so gesehen, tatsächlich *wegen* der Ehe, *wegen* der *Selbstverständlichkeit der ehelichen Pflichten*, verloren.

Das ist der Grund, weshalb mitunter Ehepartner ihren ganz persönlichen Ehealltag zunehmend als lieblos, freudlos und angefüllt mit Kritik erleben. Das ist der Grund, weshalb der anfängliche Zauber der Ehe bei vielen Eheleuten schnell verfliegt.

Strengt sich einer der Ehepartner noch dazu besonders an und leistet (in seinen Augen) noch mehr, vielleicht sogar etwas Außergewöhnliches für den anderen und die Ehe, was der andere Partner aber von seiner Warte aus nur als bloße Selbstverständlichkeit ansieht, kann die besondere Anstrengung gar nicht (an-)erkannt werden. Selbstverständlichkeiten geben keinen Anlass zu Lob oder Dank. Der Frust hüben und drüben wächst, zusammen mit der Verzweiflung. *Was muss ich denn noch tun, um vom Partner gesehen oder gar wertgeschätzt zu werden?* wird dann die vordringliche Frage. Dass Sie unter diesen Umständen Ihren – in Ihren Augen – unsensiblen und begriffsstutzigen Partner zum *goldenen Vollpfosten des Jahres* küren könnten, ist nun ebenfalls verständlich.

Jetzt wissen Sie, wie Wertschätzung geht. Und Wertschätzung kann jeder. Es ist ganz einfach, wenn Sie sich vor Augen halten, dass die Arbeit Ihres/r Partners/in eben *nicht* selbstverständlich ist. Dann werden Sie auch immer wieder ehrlich sagen können: *Schatz, danke, das machst du wirklich großartig!*

Wenn etwas zu Hause nicht rund läuft und Sie vielleicht nach einem anstrengenden Tag eine Sauerei zu Hause antreffen, macht es einen Unterschied, ob Sie Ihre/n Partner/in anschnauzen, was er/sie denn bitte den ganzen Tag über gemacht hätte, während Sie sich abgerackert hatten, oder ob Sie sich umsehen, Ihre/n Partner/in angrinsen und sagen: *Ahhh, du hattest heute also auch so einen chaotischen Tag ... Machen wir uns doch erst mal einen Tee und erholen uns gemeinsam. Mal sehen, bei wem von uns heute mehr schief gelaufen ist ... Hast du einen Zettel für die Strichliste?*

Es ist also immens wichtig, die so wichtige Wertschätzung vom Partner zu erhalten.

Erwerbstätige Ehegatten können sich Wertschätzung am Arbeitsplatz holen, aber dem haushaltführenden Ehepartner ist das verwehrt. Zeichen der Liebe und persönlichen Wertschätzung vom anderen Ehegatten sind für sie/ihn daher überlebensnotwendig, denn er/sie ist in seinem/ihrem Selbstwert durch Zeichen der Wertschätzung und Liebe praktisch ausschließlich auf den Ehepartner angewiesen.

Bleibt dieser aus, fühlt sich der vernachlässigte Ehepartner bald genauso selbstverständlich wie die Kommode im Flur, auf der der andere jeden Tag seine Schlüssel ablegt, zu der sagt ja auch niemand danke. Das Selbstwertgefühl der/des Nichtbeachteten sinkt und ihre/seine Unsicherheit steigert sich überproportional – was den Drang zur eifersüchtigen Kontrolle des Ehepartners ebenfalls steigert: *Hat er jemand anders, dass er mich nicht mehr beachtet?* Handykontrollen, versteckte Verfolgungsfahrten, Prüfung der Bank- und Kreditkartenabrechnungen, E-Mails etc. beginnen und werden langsam verstärkt. Gleichzeitig geht das Vertrauen in den Ehepartner immer mehr verloren.

Weil es heute noch in erster Linie die Ehefrauen sind, die den Haushalt führen und die Kinder betreuen, werden sie – verständlicherweise – in der Ehe zunehmend unglücklich, wenn sie von ihren Männern keine Wertschätzung für ihre harte Arbeit erhalten – weil alles ja so selbstverständlich ist.

Das ist doch mal eine gut nachvollziehbare Erklärung für das Studienresultat der Stanford University unter Micheal Rosenfeld, nicht wahr?

Merksätze für Notfälle und Eilige:

1. Keine Arbeit, die Ihr Herzblatt erledigt, um den Karren Ehe zu ziehen, ist selbstverständlich.

2. Sie profitieren nämlich von diesen Anstrengungen – und dass ein anderer Mensch sich einsetzt, um Ihnen Ihr Leben zu erleichtern, ist nicht selbstverständlich. Alles, was Ihr/e Ehepartner/in im Alltag leistet, müssten Sie, wären Sie Single, neben Ihren Aufgaben, auch noch erledigen.

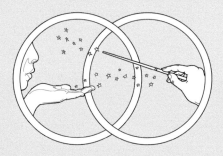

Haben Sie heute schon Eheglück gezaubert?
Haben Sie Ihrem Herzensmenschen heute schon gedankt für seine zuverlässig und tagtäglich erbrachten Leistungen für Sie und die Familie?
Haben Sie Ihrem Herzblatt gesagt und gezeigt, wie toll Sie ihn/sie finden und wie sehr Sie ihn/sie lieben und begehren und die Heirat das Beste war, das Sie machen konnten?

Die Formel der Eheprobleme

Eheprobleme gibt es nicht, und das ist mein voller Ernst. Der Begriff *Eheproblem* suggeriert nämlich, dass Sie und Ihr/e Partner/in dasselbe Problem in und mit der Ehe haben, schließlich führen Sie ja *eine* Ehe ... Aber genau das ist nie der Fall.

Haben Sie sich schon einmal gefragt, was Eheprobleme eigentlich sind?
Wie jedes andere Problem lassen sich auch Eheprobleme tatsächlich auf die kurze, einfache mathematische Gleichung reduzieren:

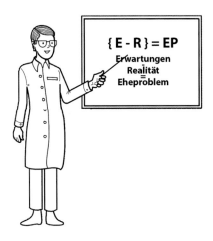

Eheprobleme = Erwartungen minus Realität

Sie haben es nicht so mit der Mathematik? Ich auch nicht. Deshalb ausgedeutscht: Sie sprechen dann von „Eheproblemen", wenn Ihre ganz persönlichen Idealehevorstellungen deutlich schöner sind als die Realität es ist.

Sie kennen ja jetzt den Bauplan der Ehe: Im Eheinneren gibt es keine Einheit. Jeder von Ihnen lebt in seiner eigenen Ehewelt und die beiden Ehewelten überschneiden sich nur teilweise.

Haben Sie nun gemeinsame Probleme, brauchen zum Beispiel ein neues Auto, haben aber das Geld dafür nicht und suchen deshalb gemeinsam nach Lösungen, sprechen Sie sicher nicht von *Eheproblemen*, sondern von *gemeinsamen Geldproblemen*. Sie sind sich einig, *dasselbe Bedürfnis* zu haben, und halten sich diesbezüglich im gemeinsamen Schnittbereich der beiden Ehewelten auf. Dann sucht jeder von Ihnen auch in seiner persönlichen Ehewelt nach Lösungsansätzen, wie das gemeinsame Problem gelöst werden könnte. Sie tragen die verschiedenen Lösungsmöglichkeiten zusammen, machen ein gemeinsames Brainstorming, um eine gemeinsame Finanzierungslösung zu finden. Es herrscht in der Kernfrage, dass Sie finanzielle Anstrengungen unternehmen müssen, um das gemeinsame Bedürfnis decken zu können, zwischen Ihnen Harmonie und Einigkeit. Sie haben ein gemeinsames Bedürfnis und ein *gemeinsames* Geldproblem. Weil sich keine gegenteiligen Bedürfnisse der beiden Ehepartner gegenüberstehen, befinden Sie sind nicht in einer Konfliktsituation. Es kann sich daraus eine Konfliktsituation entwickeln, die Sie als Eheproblem bezeichnen – kann, aber muss nicht.

Denn das, was allgemein als *Eheproblem* bezeichnet wird, wird aus einem Konflikt zwischen den beiden Eheleuten geboren. Sie haben immer dann ein sogenanntes Eheproblem, wenn Sie sich im Falle eines Konflikts mit Ihrem Ehepartner zurückgesetzt und verletzt fühlen. Dafür gibt es zwei Varianten:

Sie werden in den Situationen unweigerlich von *Eheproblemen* sprechen, in denen Ihr Partner seine eigenen Bedürfnisse und Wünsche umsetzt die, wie er/sie weiß, von Ihnen abgelehnt werden.

Ferner werden Sie von *Eheproblemen* sprechen, wenn Sie sich durch die Fülle der Ihnen obliegenden ehelichen Pflichten erdrückt, zurückgesetzt, vom Partner ausgenutzt und in ihrem Wohlbefinden beeinträchtigt fühlen. Wenn Sie nur noch funktionieren.

Aus Ihrer Warte wird jede Situation in der Ehe zum Eheproblem, wenn Ihre persönliche Ehe-Idealvorstellung nicht mit der Realität übereinstimmt.

Die Erklärung dafür ist völlig banal: Sie bekommen immer dann ein Problem – egal ob zu Hause oder im Beruf –, wenn sich Ihre Ziele, Ideen, Meinungen, Wünsche und Ansichten nicht realisieren lassen. Das Problem wird weiter verschärft, sollten Ziele, Ideen, Meinungen und Ansichten anderer an Ihrem Arbeitsplatz oder zu Hause umgesetzt werden, die Ihren eigenen Bedürfnissen widersprechen.

Wenn nun diese, von Ihnen abgelehnten Realitäten Einzug in Ihren Alltag halten und untrennbar mit Ihrem Partner, seinem Verhalten und der ehelichen Gemeinschaft zusammenhängen, sprechen Sie von *Eheproblemen*.

Geht Ihr/e Ehepartner/in beispielsweise fremd und Sie leiden unter dem Betrug, erklären Sie diese Situation sofort zum *generellen Eheproblem*. In Wahrheit ist das aber allein Ihr persönliches Problem, Ihr Leiden, Ihre Enttäuschung, dass sich Ihr/e Partner/in über Ihren Wunsch Ihnen treu zu bleiben, hinwegsetzt. Sie werden auch Eheprobleme haben, wenn Ihr/e Partner/in von Ihnen ein Verhalten verlangt, das Ihnen in Ihrem Innersten widerstrebt, weil es Sie überfordert. Dass kann beispielsweise die Forderung sein, eine anstrengende Zusatzarbeit zu leisten, nicht mehr mit Ihren Freunden auszugehen, oder, oder, oder.

Ihre *Eheprobleme* sind also *Ihre persönlichen Beziehungsprobleme*, also Ihr ureigenes Problem, entweder weil Ihr Partner ein Ihnen nicht genehmes Verhalten an den Tag legt oder gelegt hat, oder weil er/sie von Ihnen ein Ihnen widerstrebendes Verhalten verlangt.

Ihr Problem ist aber ganz offensichtlich nicht das Problem Ihres Partners. Ihr Partner hat, um bei unserem Beispiel zu bleiben, überhaupt kein Problem damit, sich seinen/ihren Wunsch nach Fremdgehen zu erfüllen, oder das ganze Geld zu verschwenden, sonst würde er/sie ihm ja nicht nachgeben. Im Gegenteil, er/sie entschließt sich dazu, um sein/ihr entsprechendes Bedürfnis zu befriedigen. Erst Ihre strafende Reaktion als Antwort auf sein/ihr Fremdgehen wird dann zu seinem/ihrem Problem werden – und erst dann spricht auch er von *Eheproblemen*.

Sie meinen, dass er/sie Ihr Vertrauen missbraucht hätte, und deshalb wäre dieser Vertrauensbruch auch sein/ihr Problem?
Analysieren wir doch einmal genau, worauf Sie wirklich vertraut haben: Das Vertrauen, das Sie in Ihren Partner gesetzt haben, war im Grunde genommen das Vertrauen, dass er/sie auf Ihre Vorstellungen und Wünsche Rücksicht nehmen und Ihnen seine/ihre persönlichen Bedürfnisse unterordnen würde. Das hat er/sie aber nicht getan, sondern im Gegenteil seine/ihre Bedürfnisse über Ihre Idealvorstellung gestellt; in unserem Beispiel wurde das Bedürfnis Ihres Partners, mit der anderen Person Sex zu haben, über Ihr persönliches Bedürfnis gestellt, eine monogame Ehe zu führen.
Die Missachtung Ihrer Wünsche und Bedürfnisse durch Ihren Partner/in, den Menschen, den Sie am meisten lieben, werden Sie unweigerlich als seine/ihre Missachtung Ihrer Person werten, als Verrat an Ihrer Person. Sie fühlen sich verletzt, wertlos, zurückgesetzt. Das, und nichts anderes, ist Ihr Eheproblem. Ihr Leiden ist aber Ihr persönliches Leiden, das Sie nicht mit Ihrem Partner teilen.
In nüchternen Worten, ganz ohne Bewertung: Ihr Partner legt ein Ihnen nicht genehmes Verhalten an den Tag und das verursacht bei und in Ihnen verständlicherweise große emotionale Probleme, von

denen Sie als *Eheprobleme sprechen*. Aber eines ist glasklar: Ihr/e fremdgehende Partner/in hat deswegen selbstverständlich keinen Grund, *Ihnen* Verrat vorzuwerfen.
Dieses Problem, das Sie mit ihm/ihr haben, hat er/sie nicht mit Ihnen. Auch wird das Leiden Ihres Partners einen ganz anderen Grund haben, nämlich einerseits Ihre Strafaktionen und andererseits auch das Wissen Ihres Partners, in Ihren Augen nicht mehr als charakterlich integre Persönlichkeit zu gelten. Das sind aber offensichtlich ganz anders gelagerte Probleme als Sie mit ihm/ihr haben. Und dennoch wird auch er/sie mit seinen/ihren Freunden von *Eheproblemen* sprechen.

Das alles braucht Sie grundsätzlich nicht allzu sehr zu beunruhigen, denn Sie kennen diese Sorte von Problemen beide bestens. Sie sind diesen schon vor der Heirat vielfach begegnet, sie hießen nur anders, nämlich *Beziehungsprobleme*. Und trotzdem haben Sie geheiratet.
Die Heirat ändert nichts, weil sich der Bauplan der Beziehungsbeziehungsweise Ehewelten im Inneren der Ehe nicht geändert hat. Auch nach der Heirat gibt es im Inneren der Ehe diese Harmonie-Einheits-Ehe nicht. Es gibt nur Sie und Ihren Partner, jeder in seiner Ehewelt, die zueinander in einer Beziehung stehen.

Bestimmt werden Sie sich spätestens jetzt fragen, weshalb das alles überhaupt eine Rolle spielen soll. – Probleme sind ganz einfach Probleme, egal welchen Namen sie tragen.
Ich verstehe Sie, muss aber dennoch widersprechen. Denn es ist wichtig zu wissen, dass Ihre Eheprobleme Ihre ganz persönlichen Probleme sind, weil Sie mit dem Verhalten Ihres Ehepartners im ehelichen Alltag nicht einverstanden sind.
Warum das wichtig ist? Ganz einfach: Wenn *sogenannte Ehepro-*

bleme in Wahrheit Ihre ureigenen, ganz persönlichen Probleme sind, *können Sie diese auch alleine lösen* – ohne die Mitwirkung Ihres Ehepartners. Die Lösung Ihrer sogenannten *Eheprobleme* liegt damit in Ihrer eigenen Hand – und nicht der Ihres Ehepartners. Das zu wissen ist matchentscheidend für das Eheglück.
Wir werden immer wieder an verschiedenen Stellen des Buches darauf zurückkommen, vor allem in den Kapiteln der negativen und positiven Konfliktlösungsstrategien.

Enttäuscht durch Ent-Täuschung

Oft höre ich, vor allem von Frauen, dass das Fremdgehen des Partners weniger das Problem gewesen sei, sondern das Leugnen bei geäußertem Verdacht. Vor allem der Missbrauch des in den Partner gesetzten Vertrauens, auf seine/ihre Ehrlichkeit, hätte den Boden unter den Füssen entzogen.
Natürlich vertrauen Sie auf die Ehrlichkeit Ihres Partners. Sie vertrauen darauf, dass das, was Ihnen Ihr/e Partner/in sagt, auch das ist, was er/sie tut. Sie und Ihr/e Partner/in vertrauen darauf, dass der andere so ist, wie er sich zeigt. Und schwupps: Schon sind wir wieder bei der Selbsttreue angelangt. Fehlt diese, ist der Vertrauensbruch nicht weit.

Dass Ihr/e Partner/in ab und zu in der Heimlichkeit andere Dinge tut, als er/sie Ihnen gegenüber sagt, ist zweifellos eine Enttäuschung für Sie, im wahrsten Sinne des Wortes. Sie unterlagen einem Irrtum und haben sich in dem/der Partner/in getäuscht. Diese Täuschung ist erkannt und damit weggefallen. Sie kennen nun die Wahrheit. Dieser Vorgang der Ent-Täuschung ist regelmäßig schmerzhaft, weil in Ihrem Inneren ein lieb gewonnenes Bild – eine Täuschung – zerstört wird. Das schöne Trugbild hält dem Faktencheck nicht stand und löst sich auf. Die neuen Erkenntnisse müssen Sie für sich wieder neu ordnen und zu einem anderen Bild zusammensetzen – in der Hoffnung, dass Ihnen dieses auch noch gefallen wird.

Aber natürlich gibt es sie auch: Die positive *Ent-Täuschung*, zum Beispiel wenn Ihr/e Partner/in in einer Situation plötzlich eine unglaubliche Stärke an den Tag legt, mit der Sie nie und nimmer gerechnet hätten.

Durch Enttäuschungen lernen Sie sich immer wieder besser kennen – und hoffentlich lieben. Denn wie gesagt: Liebe ist Ihre emotionale Reaktion auf Taten und Worte Ihres Herzblatts, die Sie auf sich beziehen und als liebevoll und wertschätzend werten.

Die Angst vor der Ehrlichkeit

Ehrlichkeit und Aufrichtigkeit des Partners gehören, nebst Humor, Empathie, Intelligenz, Verlässlichkeit, Loyalität, Integrität und Strebsamkeit, zu den wichtigsten Attributen eines begehrenswerten Partners. Und dennoch wissen Sie selbst, wie schwierig es oft ist, ehrlich zu sein. Besonders wenn Sie die Angst plagt, Sie könnten Ihren Partner damit enttäuschen und verletzen, etwas das Sie nicht wollen. Sie wollen vielmehr seine/ihre Gefühle schonen und ihm/ihr Kummer ersparen – und sich gleichzeitig selbst Vorteile verschaffen. Den Vorteil nämlich, Ihre eigenen Bedürfnisse frei auszuleben, aber trotzdem in den Augen Ihres Partners gut dazustehen, ohne seine/ihre Strafaktion als Konsequenz tragen zu müssen.

Es kann aber auch sein, dass Sie lügen, um Ihrem Partner zu gefallen, um Zustimmung und Liebe von ihm/ihr zu erhalten, sie/ihn mit der Strahlkraft Ihrer vorgegebenen Persönlichkeit zu fesseln. Sie flunkern aus Angst, dass Ihr/e Partner/in enttäuscht von Ihnen sein wird, wenn er/sie so sieht, wie Sie eben wirklich sind – in Ihren Augen wenig glamourös, dafür aber umso langweiliger.

Es gibt viele sehr interessante wissenschaftliche Abhandlungen und Studien über das Thema des menschlichen Flunkerns. Selbst Tiere – und auch Pflanzen – sind große Schwindler. Auch sie gaukeln mit Schreien, Tarnungen und Duftstoffen falsche Tatsachen vor, um sich Vorteile – immer um zu überleben – zu verschaffen.

Grundsätzlich wird dem/der Lügner/in jede Empathie für den anderen, belogenen Gegenüber abgesprochen. Schließlich zeigt der/die Lügner/in dem/der anderen, was er/sie von der Intelligenz der/des Belogenen hält – nämlich gar nichts – und dass das ihm/ihr entgegengebrachte Vertrauen in seinen/ihren Augen nichts wert sei. Ohne Rücksicht und Verantwortung operiert der/die Lügner/in im Untergrund, lebt ein Doppelleben und holt als Opportunist/in überall das Meiste und Beste für sich heraus, lässt dem/der Belogenen keine Chance, nicht von ihm/ihr ausgenutzt zu werden.

Diese Ansicht wird längst nicht von allen Forschern auf diesem Gebiet geteilt. *Empathie* ist gemäß Forschungsresultaten notwendige Voraussetzung, *um erfolgreich lügen zu können*. Der Lügner muss die Fähigkeit haben, sich in die Situation des Belogenen hineinversetzen zu können. Zudem muss er/sie sich im Klaren darüber sein, was der andere schon weiß und was nicht. Die Psychologen sprechen diesbezüglich von der *Theory of Mind*[16] und die Rechtspsychologin Revital Ludewig erklärt *Lügen als Teil der Sozialkompetenz*[17]. Andere Studien führen hingegen zum Schluss, dass Lügen *krank und einsam* machen können.[18]

In diesem Buch wird, wie Sie schon aus dem Kapitel *der perfekte Partner* wissen, eindringlich davor gewarnt, sich dem/der Partner/in nicht so zu zeigen, wie man wirklich ist. Es ist in jeder Beziehung – und vor allem in der auf Dauer angelegten Ehe – gefährlich, seine eigenen Bedürfnisse zu verleugnen. Wenn Sie, aus welchen Gründen auch immer, sich selbst verleugnen, hintergehen Sie auch Ihren Partner. Sie nehmen ihm/ihr nicht nur die Chance, den wundervollen Menschen, der Sie wirklich sind, kennen- und lieben zu lernen. Sie verweigern ihm/ihr auch die Möglichkeit, Ihnen etwas für Sie sehr Wertvolles geben zu können und auf diese Weise seine/ihre Liebe zu zeigen, weil Sie nicht bekannt geben, was für Sie in Ihrer Ehewelt wertvoll ist.

Dabei werden Sie in sich selbst immer unsicherer und kein Vertrauen zum Partner finden können – Wie auch, wenn Sie glauben, dass Sie von ihm/ihr sofort verlassen würden, sobald Sie sich so offenbaren, wie Sie wirklich sind. Wenn das der Anlass Ihrer Lügen und Flunkereien ist, habe ich persönlich keine Zweifel daran, dass diese Lügen Ihre Gesundheit und Ihr Wohlbefinden ernsthaft schädigen können – und wohl auch werden.

Ehepartner, die von Ihrem Partner belogen werden, sehen, nachdem alles aufgeflogen ist, verständlicherweise nicht, dass der betrügende Partner ihnen gezwungenermaßen Empathie entgegenbringt. Böse ausgedrückt: Der/Die Lügner/in schleicht sich in die Heimlichkeit, damit er in aller Ruhe seine persönlichen Bedürfnisse ausleben kann, von denen er weiß oder annimmt, dass diese vom Partner nicht akzeptiert werden. Er/Sie will durch Lügen einem Konflikt aus dem Weg gehen – aber gleichzeitig seine wichtigen Bedürfnisse ausleben können, die jedoch in der Welt des Ehepartners widerlich sind.

Neutral und ohne Wertung gesagt befindet sich der lügende Ehepartner in einem zu engen Ehe-Korsett. Er möchte zwar vorhandene, persönliche Bedürfnisse ausleben, aber gleichzeitig auch an der Ehe mit dem anderen Ehepartner festhalten, von dem er/sie weiß, dass diese/r mit der Auslebung solcher Bedürfnisse nicht umgehen kann. Es sei die ketzerische Frage gestattet, ob der/die Lügner/in wirklich der weniger empathische Partner ist.

Und wir sind wieder bei der Frage angelangt, ob der Ehepartner, der den anderen am Ausleben von Bedürfnissen hindert, wirklich der richtige Ehepartner für den/die Lügner/in ist.

Anna und Vincent

Anna ist eine lebenslustige Frau. Als sie und Vincent geheiratet haben, war sie unendlich glücklich, auch wenn er als Außendienstmitarbeiter oft unterwegs war, häufig auch über Nacht. Anna verstand zwar, dass er sich nach diesen Anstrengungen zu Hause wieder erholen musste, aber mit der Zeit konnte sie es nicht mehr ertragen, dass er, wenn er einmal daheim war, pünktlich um 18 Uhr sein Abendessen haben wollte und sich dann spätestens um 19.30 in legerer Halbbekleidung aufs Sofa fläzte und schon nach zehn Minuten schnarchte. Es gab keine Zweisamkeiten mehr, sie unternahmen nichts mehr gemeinsam und auch die Körperlichkeit war bei ihnen kein Thema mehr: Er zeigte sich lustlos und stets müde.

Anna ging zwar mit Freundinnen aus, forderte von Vincent aber ständig, seinen offensichtlich sehr anstrengenden Arbeitsplatz zu wechseln, weil sie nicht mehr länger so weiterleben wollte. Er weigerte sich, weil ihm die Arbeit so großen Spaß machte und er sich sonst auch finanziell wohl nur verschlechtern würde. – Sagte er jedenfalls.

Anna dachte natürlich, dass er jedes Interesse an ihrer Person verloren habe. Sie sehnte sich aber nach Aufmerksamkeit und Zärtlichkeiten und legte sich einen Geliebten zu, der ihr all das gab, was sie von Vincent nicht mehr bekam.

Durch einen Zufall erfuhr Vincent von Annas heimlicher Affäre, machte ihr heftige Vorwürfe, brandmarkte sie als Lügnerin, sich als gehörnten Ehemann und verlangte die Trennung. Als die beiden dann in verschiedenen Haushalten lebten, fuhr Anna mit ihrer besten Freundin nach London und besuchte dort einen Nachtklub. Zu ihrem großen Entsetzen sahen die beiden Frauen dort Vincent – als Dragqueen. Es stellte sich heraus, dass auch Vincent Affären pflegte – und zwar mit Männern. Vincent hatte von Anfang an gewusst, dass er nicht der richtige Partner für Anna war, denn er hatte seine Hingezogenheit zu Männern und auch zur Travestiekunst gekannt. Er hatte davon gewusst, aber für Anna und ihre sehr konservative Umgebung eine Fassade der Heterosexualität hochgezogen und sein wahres Ich und seine wirklichen Bedürfnisse vor Anna versteckt, weil sie ihn, hätte sie seine wahre Persönlichkeit gekannt, nicht geheiratet hätte. Davon ist Vincent auch zurecht ausgegangen. Vincent war für Anna nicht der richtige Partner. Vincent liebte Anna wirklich ernsthaft, und angesichts seiner starken Gefühle für seine wundervolle Braut hoffte er, mit diesem Schritt seine Homosexualität ablegen zu können, deshalb wollte er Anna auch unbedingt heiraten. Natürlich musste das schiefgehen, denn niemand kann seine wahre Persönlichkeit einfach abstreifen wie ein Hemd.

Merksätze für Notfälle und Eilige:

1. Eheprobleme gibt es nicht.

2. Es gibt nur einerseits Ihre persönlichen Probleme und es gibt andererseits die gemeinsamen Probleme beider Partner.

3. Sie haben persönliche Probleme, wenn Sie mit einem bestimmten, von Ihrem/r Partner/in an den Tag gelegten Verhalten nicht einverstanden sind. Sie wünschen von ihm/ihr etwas anderes als das, was Ihr/e Partner/in tut oder lässt.

4. Gemeinsame Probleme haben Sie, wenn Sie beide ein gemeinsames Ziel haben und sich überlegen, auf welchen Wegen Sie zum Ziel gelangen könnten.

5. Enttäuschungen zu erleben heißt, dass man einen Blick in die Ehewelt des Partners werfen konnte und erkennt, dass die eigene, bisherige Vorstellung nicht mit der Wirklichkeit übereinstimmt. Das ist überhaupt nichts Schlimmes, denn es gibt immer wieder nicht nur negative, sondern auch positive Enttäuschungen. Ihr/e Partner/in ist viel spannender, als Sie denken!

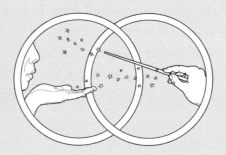

Haben Sie heute schon Eheglück gezaubert?
Haben Sie, falls das Verhalten Ihres/r Partners/in Sie irritiert, verletzt oder erstaunt hat, freundlich nachgefragt, weshalb er/sie das so getan/gelassen hat und ihm/ihr Ihre Befindlichkeit und Ihre Bedenken darüber ehrlich mitgeteilt und ihn/sie eingeladen, Ihnen zu zeigen, wie er/sie tickt?

> Haben Sie Ihrem/r Partner/in auf diese Weise einen Blick in Ihre persönliche Ehewelt erlaubt?
>
> Haben Sie die Vorschläge Ihres/r Partners/in, wie Sie beide zu einem gemeinsamen Ziel kommen könnten, wahrgenommen und mit ihm/ihr das Dafür und Dawider besprochen?

Dritte Einflüsterer als Brandbeschleuniger

Es gibt zwei Brandbeschleuniger auf dem Weg in die Ehekrise: die Einmischung von außenstehenden Einflüsterern und falsch verstandene Beziehungsarbeit.

Zuerst beschäftigen wir uns mit den außenstehenden Einflüsterern, die es gut mit Ihnen meinen, aber oft nur gut *meinen*, nicht gut *machen*!

Wenn Dritte ihre Außenansicht in Ihr Eheinneres tragen

Die meisten Mitbürger sind eheerfahren und Ihre Lieben werden Ihnen gern und zumeist auch ganz spontan mit guten Ratschlägen zu Hilfe eilen, sobald sie sehen, wie sehr Sie unter dem Verhalten Ihres Ehepartners leiden. Sie wissen aber aus dem Kapitel *Eheprobleme* bereits, dass Sie deshalb leiden, weil Ihr Partner ein Ihnen nicht genehmes, in Ihren Augen ehefeindliches Verhalten auslebt. Sie wissen aber auch, dass Ihr/e Partner/in unter seinem/ihrem Verhalten nicht leidet, sondern Ihnen damit seine/ihre Bedürfnisse offenbart. Sie wissen, dass diese Anspruchshaltung Ihres Partners tatsächlich Ihr ganz persönliches Problem ist – und kein gemeinsames Problem.

Wenn Sie nun mit Außenstehenden über Ihre Ehe und die Verletzungen sprechen, die Ihr Partner Ihnen zugefügt hat, beschreiben Sie Ihren persönlichen Zustand im Inneren Ihrer Ehe. Sie wissen nun, dass die Ehe im Inneren auf Konflikte ausgelegt ist und es dort das *harmonische Ehepaar* nicht gibt.

Ihre wohlmeinenden außenstehenden Gesprächspartner sprechen derweil über die *Außenfassade* der Ehe und geben ihre persönliche Meinung darüber ab, ob das, was Sie aus dem Inneren Ihrer Ehe beschreiben, dem persönlichen Bild Ihrer Gesprächspartner auf die Außenfassade einer Ehe entspricht. – Was nie der Fall sein wird, nie der Fall sein kann! Das ist, als ob Sie eine Diskussion über den Zustand Ihres Hauses mit jemandem führen, während Sie zu Hause an Ihrem Küchentisch sitzen und den Innenausbau beschreiben, der Ihnen missfällt, derweil Ihr Gesprächspartner draußen steht und mit Ihnen über die Struktur und Farbe des Fassadenaußenputzes spricht. Sie *glauben zwar, über dasselbe zu sprechen*, tun Sie aber nicht. Denn in Wahrheit hat der von Ihnen beschriebene Innenausbau Ihrer Küche ganz offensichtlich rein gar nichts mit der Struktur und der Farbgebung des Außenputzes zu tun, über den der/die Außenstehende spricht. Der/Die Außenstehende wird Ihre Ehe nie von innen sehen können – und Sie Ihre Ehe niemals von außen.

In unglücklichen Situationen bemängeln Sie als Ehepartner also die Situation in den Eheinnenräumen, sprechen über die innere Ehekonstellation. Dabei vergessen Sie die Tatsache, dass es im Eheinneren zwingend Konfliktsituationen geben muss, weil Sie sonst mit Ihrer einzigartigen Persönlichkeit keinen Platz hätten, genauso wenig wie Ihr Partner mit seiner einzigartigen Persönlichkeit. Aber Ihr außerhalb Ihrer Ehe stehender Gesprächspartner misst das, was er von Ihnen an Problemen und Konflikten hört, an seinen persönlichen Idealvorstellungen von der *romantischen Ehe-Einheits-Harmonie-Fantasie* des *idealen Ehepaars*, wie er/sie sich das von außen gesehen für Sie wünscht. Der Außenstehende prüft also die von Ihnen beschriebene Konfliktsituation im Eheinneren nach Maßgabe seiner persönlichen Vorstellung von außen gesehen: nämlich unter dem Aspekt des harmonischen und liebevollen, *perfekten Einheits-Harmonie-Ehepaars*, der *Schicksalsgemeinschaft*. Für Egoismus ist da kein Platz. Alles bemisst sich nach der für das große Ganze notwendigen Rücksichtnahme zur Erreichung der Harmonie. Rollenklischees werden zum Maßstab des Eheglücks.

Und genau dieses sture Festhalten an den traditionellen Rollenklischees, die keine Rücksicht auf die individuellen Persönlichkeiten der Ehepartner nehmen, nicht deren Bedürfnisse, Wünsche, Vorlieben, Abneigungen, Stärken, Schwächen und Ängste, ist in sehr vielen Ehen überhaupt erst die Ursache, weshalb Sie leiden: Sie leiden, weil sich Ihr/e Partnerin Ihnen gegenüber nicht wie von Ihnen gewünscht verhält. Der Blick von Außen wird Sie daher kaum weiterbringen, weil er ausgerechnet alle Bestandteile in Ihrer Ehewelt, die aus dem problematischen Baustein der Märchen-Idealvorstellungen bestehen, noch weiter zementiert. Das ist der Brandbeschleuniger. Je nachdem, ob Sie mit Ihrem eigenen Umfeld sprechen, werden Sie in Ihren Ansichten recht bekommen. Sprechen Sie jedoch mit den Lieben Ihres Partners, werden Sie voraussichtlich nur ein Kopfschütteln und Vorwürfe für Ihre Ideen ernten. Es bilden sich Lager.

Es gibt eine Ausnahme von diesem Grundsatz – und das ist bei Vorliegen von häuslicher Gewalt. Bei häuslicher Gewalt wirkt die Einmischung von außenstehenden Dritten nicht als Brandbeschleuniger, sondern kann wirksam helfen.

Um Ihnen das vor Augen zu führen, machen wir nun einen Sprung zurück zur Architektur der Ehe. Wie Sie wissen gibt es in der Ehe, wie auch bei Gebäuden, eine feste, tragende Hülle, die das Innen vom Außen abgrenzt. Diese Hülle ist, wie die Fassade eines Hauses, aus einem Material gefertigt, beim Haus zum Beispiel aus Beton oder Ziegelsteinen. In der Ehe besteht die tragende Hülle aus dem Ritual der Heirat, dem Baustein der Rollenklischees und dem Baustein der Vorerfahrungen mit Ihrem Partner. Diese Hüllen-Baustoffe sind immer dieselben, egal ob Sie sich im Haus / der Ehe oder außerhalb des Hauses / der Ehe befinden.

Werden Schläge auf diese Hülle ausgeführt, sind die Erschütterungen sowohl innen als auch außen zu spüren. Kommen die Schläge aus dem Eheinneren, wird die Hülle zuerst im Inneren beschädigt, bevor Risse und Löcher auch von außen gesehen sichtbar werden. Die Ehehülle wird, wie auch die Gebäudefassade, einstürzen.

Gewalt ist demnach das ausschlaggebende Element, das die tragende Hülle der Ehe sowohl aus der Perspektive von innen als auch von außen zerstört.

Was allerdings den wenigsten bewusst ist: Es gibt zwei unterschiedliche Formen der ehelichen Gewalt und bedauerlicherweise wird üblicherweise nur eine der beiden Gewaltformen, nämlich die *häusliche Gewalt*, überhaupt als Gewaltform erkannt. Es gibt aber noch die versteckte Gewaltform in der Ehe: die – durchaus massive – *Selbstverletzung*. Diese Selbstverletzung zerstört die Ehehülle komplett von innen heraus, lange ohne dass von außen auch nur Risse sichtbar wären, bis die Hülle dann plötzlich und völlig überraschend zusammenbricht.

Ich stelle Ihnen hier die beiden Gewaltausformungen sehr gerne kurz vor, um Ihnen die Rolle der Außenstehenden zu verdeutlichen, aber auf die Gewalt werden wir noch einmal an anderer Stelle zurückkommen, im eigens der Gewalt gewidmeten Kapitel.

Außenstehende und die bejubelte Liebes-Selbstverletzung

Gewalt gegen sich selbst wird im Allgemeinen nur dann als schädliche Gewaltanwendung wahrgenommen, wenn es um Selbstmord(-versuche), Ritzen und andere Selbstverletzungen geht. Laien gehen davon aus, dass die davon Betroffenen psychisch erkrankt sind, oder (hoffentlich) nur vorübergehend an mentalen Belastungsstörungen leiden, weshalb solche Gewalttätigkeiten gegen sich selbst stark negativ besetzt sind. Glücklicherweise können heute Fachpersonen und -kliniken mit wirksamen Therapiemethoden weitgehend helfen.

Aber es gibt auch die durchaus schwere *Gewaltanwendung gegen sich selbst*, die *nicht einmal als Gewalt wahrgenommen* wird, denn diese Gewalt trägt die Maske der grenzenlosen Liebe.

Wieder ist es der Liebesleitsatz, der diese Gewaltanwendung auslöst. Der Gedanke, dass es Liebe sei, dem/der Partner/in alles zu geben und nichts zu erwarten, wird vom Umfeld – und auch von Ihnen – als besonders liebevolles und vorbildliches eheliches Verhalten beklatscht. Sie wären *ein Engel*, heißt es dann. Sie wären eine *perfekte Ehefrau und Mutter* beziehungsweise ein *perfekter Ehemann und Vater. – Ihr/e Partner/in könne sich glücklich schätzen, solch einen liebevollen Engel an der Seite zu haben!*

So befeuert und im Glauben, auf diese Weise die Ehe zum dauerhaften Glück führen zu können, machen Sie weiter, vielleicht intensivieren und perfektionieren Sie Ihre Aufopferung weiter. Wer möchte denn keine Zustimmung vom Umfeld für das eigene Handeln erhalten? Wer möchte nicht als der/die perfekte Ehepartner/in dastehen und bewundernd beweihräuchert werden?

Der Applaus der Außenstehenden zur Selbstverletzung wirkt ganz offensichtlich negativ – als Brandbeschleuniger und -verstärker. Wäre die Zustimmung von außen nicht so groß gewesen, hätte der/die Opfertäter/in den Raubbau bemerken und mit dem Ehepartner gegensteuern können. Oft ist es ja so, dass der/die Partner/in in ihrer/seiner Ehewelt von all dem gar nichts mitbekommt, denn der/die Opfertäter/in macht ja alles freiwillig und signalisiert dem/der Partner/in oft sogar noch Freude. Denn wenn der Opfertäter schon so unglaublich leidet, sollte doch die Freude, die gemacht werden sollte, beim Partner auch ankommen, andernfalls wäre ja alles umsonst gewesen …

Nicht zuletzt gerade wegen der auch öffentlichen *Zustimmung* des Umfelds in der Verfolgung eines Rollenklischees der Liebe durch den/die Opfertäter/in ist das in Wirklichkeit grob schädliche Verhalten wohl sehr weit verbreitet. Nach meinem Wissen ist diese Form der Gewalt bei allen gescheiterten Ehen der ausschlaggebende Moment und auch in vielen nicht geschiedenen Ehen der Grund, weshalb Ehepartner verkümmern.

Die Selbstverletzung zur Liebesbekundung ist die große falsche Abzweigung auf dem Eheweg, die viele Frischverheiratete gleich nach dem Ja-Wort nehmen. Wir werden darauf im Kapitel *Ehekiller Gewalt* noch einmal zu sprechen kommen. Wichtig ist hier zu bemerken, dass auch viele frisch verliebte Unverheiratete leicht diesen Weg nehmen können. Werte, Charakterzüge, Eigenschaften werden nur vorgegaukelt, um zu gefallen. Es wird eine Scheinwertewelt aufgebaut, die aber nicht so ist, wie sie gezeigt wird, um den/die tolle/n Partner/in von sich zu überzeugen, damit er/sie bei einem bleibt.

Niemand ist davor gefeit und in einem gewissen Umfang dürfte das wohl immer auch mitschwingen. Niemand will gleich seine persönlichen Schwächen ausbreiten. Deshalb stellt sich auch nicht die Frage, ob der/die Partner/in für Sie der/die Richtige ist, sondern ob Sie selbst der/die Richtige für Ihr Herzblatt sind. Nur Sie wissen wirklich, ob Sie mit Ihrem/r Partner/in Sie selbst sein können, ohne

Angst, verlassen zu werden, oder ob Sie bloß etwas vorspielen und sich eigentlich nicht wohl dabei fühlen. Nur, wenn Sie sich in Ihrer Partnerschaft nicht verstellen müssen, keinen Raubbau an Ihrer Persönlichkeit, Ihren Werten, ihrem Charakter betreiben müssen, sondern wirklich so sein können, wie Sie eben sind, mit allen Macken und Vorzügen, sind Sie der/die Richtige für Ihr Herzblatt.
Selbstverleugnung an Ihren Werten und Charakterzügen, *Selbstaufgabe durch grenzenloses Geben*, nur um Ihre/n Partner/in halten zu können, ist wirklich keine gute Idee. Das wird Ihnen kein Eheglück bringen, weil Ihre Lebensqualität mit der sich in Ihnen ausbreitenden Leere ins Bodenlose fallen wird, was die ultimative Gefährdung Ihrer Ehe ist. Grenzenloses Geben ohne Rücksicht auf Ihre eigene individuelle, wundervolle Persönlichkeit, also Selbstaufgabe, nur um die Wünsche des/der Partner/in zu erfüllen, ist auch nicht das in der Ehe Gefragte. Sie müssen nicht zum Klon Ihres/r Partners/in werden und alles toll finden! Ihr/e Partner/in liebt schließlich Sie in Ihrem wundervollen Ich, das mit eigenem Herz und Hirn auch einmal eigene Ideen inklusive Widerstände den Wünschen des/der Partner/in entgegenstellt. Und ganz sicher ist Ihr/e Partner/in nicht auf der Suche nach der langweiligen, einfältigen Märchen-Rollenklischee-Traumfigur ohne eigene Persönlichkeit und Intelligenz, die Sie zur Auslebung einer Märchenvorstellung vielleicht gerne sein möchten. – *Märchen* und *Vorstellung*. Mehr braucht man dazu wohl nicht zu sagen!
Was aber, wenn Ihr/e Partner/in etwas von Ihnen wünscht, gegen das sich in Ihnen Widerstand regt, Ihrem Partner das aber wichtig zu sein scheint? Keine Sorge: Welche Denkstruktur Sie – und damit auch gleich Ihre Ehe! – beschützt und wie Sie möglicherweise eine Win-win-Situation daraus machen können, werden wir im Kapitel *Die wunderbare Welt des offenen Konflikts* besprechen.

Außenstehende und häusliche Gewalt

Die (altbekannte), himmeltraurige häusliche Gewalt zeichnet sich dadurch aus, dass ein Partner Gewalt gegen den anderen anwendet. Es ist die Gewaltform der Kriminalstatistiken und der Behördeninterventionen.
Bei der häuslichen Gewalt, wenn also ein Partner gegen den anderen gewalttätig ist, können die dadurch verursachten Erschütterungen und Beschädigungen an den tragenden Mauern der Ehe sowohl im Eheinneren als auch außen gesehen werden. Sowohl die beiden (!) Ehepartner im Eheinneren sehen das, und zwar ganz genau gleich wie außenstehende Beobachter.
Der Blick auf häusliche Gewalt ist deshalb von außen gesehen derselbe wie von innen, weil die unterschiedliche Bauweise im Inneren der Ehe und der Außenansicht diesbezüglich überhaupt keine Rolle spielt. Warum nicht? Ganz einfach: Auch wenn es *das harmonische Ehepaar* im Eheinneren nicht gibt und das Eheinnere auf Konflikte gebürstet ist, geht es bei der häuslichen Gewalt nicht um den Konflikt als solchen. Es geht darum, *wie* der Konflikt ausgetragen wird, nämlich indem der eine Ehepartner den anderen misshandelt. Und das ist doch etwas ganz anderes als die bloße Feststellung, dass es im Eheinneren einen Konflikt gibt – das Normalste und Alltäglichste der Welt in einer gesunden Ehe oder anderen zwischenmenschlichen Beziehung.
Der bestehende Konflikt kann konstruktiv, mit Anstand und Respekt zu einer Beilegung geführt werden, oder destruktiv mit Gewalt. In der destruktiven Variante soll der Partner mit Beleidigungen, Beschimpfungen, Schlägen, Stößen, Tritten und Schlimmerem bestraft und mundtot gemacht werden – der Vorstufe der Tötung. Der gewalttätige Ehepartner spielt sich gegenüber dem Opfer als Polizist, Richter und Henker auf.

Häusliche Gewalt ist aus jedem Blickwinkel heraus inakzeptabel, unerträglich und offensichtlich zerstörerisch für jede zwischenmenschliche Beziehung und damit auch für die Ehe. Aus welchen Gründen ein Partner den anderen zum Gewaltopfer macht, ist vollkommen egal. Es gibt dafür schlicht keine Rechtfertigung. Der Gewalttäter hat auch immer die Wahl, sich entweder anständig zu benehmen oder zuzuschlagen. Diese Wahl des Gewalttäters steht außerhalb der Verantwortung des Opfers, weil es den Willen des Täters nicht bestimmen kann. Könnte das Opfer das, würde es sich gegen den Schlag des Täters, gegen die eingeschlagenen Zähne entscheiden. Die Lebensqualität des Gewaltopfers sinkt ins Bodenlose und mit der Zeit keimt die Erkenntnis, dass es alleine besser dran ist als im Zusammensein mit dem/der Peiniger/in. Die Scheidung ist die sanfteste Flucht des Opfers nach vorn.

Bei häuslicher Gewalt wird Ihnen der Blick von außen, der sich von Ihrem Blick im Eheinneren nicht unterscheidet, helfen können. Weshalb es für Opfer von häuslicher Gewalt oft so schwierig ist, sich aus der Gewaltbeziehung lösen zu können, besprechen wir später.

Merksätze für Notfälle und Eilige:

1. Außenstehende erwarten mit Blick auf Ihre Ehe, Sie als harmonisches Ehepaar zu sehen, doch das harmonische Ehepaar – eine sächliche Einheit – gibt es im Eheinneren nicht.

2. Im Eheinneren sind Sie beide, Ehemann und Ehefrau, in der vollen Pracht Ihrer jeweils einzigartigen, wunderbar-individuellen Unterschiedlichkeit Ihrer Persönlichkeiten. Und Sie beide brauchen in der Ehe Ihren Platz.

3. Die Einheitsgröße Ehepaar ist die Feindin der unterschiedlichen Ausprägung der facettenreichen Persönlichkeit beider Ehepartner.

4. Alle Empfehlungen von außen, die Sie beide im Alltag zum harmonischen Einheits-Ehepaar zusammenschustern wollen, schießen Sie am besten gleich in den Wind! Dieses Projekt ist vergleichbar mit dem Frankensteins, aus verschiedenen Teilen unterschiedlicher Menschen eine künstliche Kreatur schaffen zu wollen.

5. Die Verstümmelung der eigenen Persönlichkeit um die Harmonie herzustellen und Konflikte zu meiden – nichts anderes als durchaus *massive Gewalt gegen sich selbst* – wird oft mit Liebesbeweisen *verwechselt*.

6. Gewalt ist offensichtlich der Tod des Eheglücks.

7. Natürlich entschließen Sie sich immer und zu jeder Zeit, Ihre/n Partner/in nicht zu beleidigen, zu beschimpfen und von

jeder Art tätlicher Attacke abzusehen. Das ist einfach Ehrensache!

8. Regen Sie sich auf, dann machen Sie einen Waldlauf, gehen Sie ins Fitnessstudio, setzen sich zu Ihren Freunden ab oder schließen sich in ein Zimmer ein und tanzen wild zu lauter Musik. Mit anderen Worten: Tun Sie einfach das, was Sie als ein echter Ritter beziehungsweise eine echte Prinzessin in solch wirklich nervigen Zeiten – die es immer wieder gibt und geben wird – eben so tun, um sich beruhigen zu können.

9. Wenn Sie sich wieder beruhigt haben, zaubern Sie Eheglück heran.

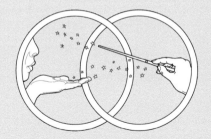

Haben Sie heute schon Eheglück gezaubert?
Haben Sie Ihrem/r Partner/in heute schon gesagt und durch kleine Zeichen vermittelt, dass er/sie das Beste in Ihrem Leben ist – egal wer da draußen welche Unkenrufe von sich gibt?
Stärken Sie Ihrem/r Partner/in sowohl zu Hause als auch gegenüber Außenstehenden felsenfest den Rücken?
Haben Sie das *ruhige Gespräch* über das Tun oder Lassen Ihres Partners gesucht, das Sie so unglaublich genervt hat?

2. TEIL:

DIE VERBORGENEN KONFLIKTMECHANISMEN IM SPEZIELLEN

DIE STATIONEN DES SCHEITERNS

Jetzt müssen Sie stark sein.
Sie werden nun von mir an die Hand genommen und wir tauchen gemeinsam, Stufe für Stufe, langsam in die Ehekrise ab, in die dunklen Tiefen des Scheiterns von Ehen, bis wir die Abgründe der Gewalt erreicht und überschritten haben.
Sie werden sehen, wie der Mechanismus der Abwärtsspirale Sie und Ihr/e Ehepartner/in zusammen trotz beziehungsweise vor allem bei Vorliegen von Liebes-Selbstverletzung, gerade wegen (!) Ihrer großen Liebe zueinander unerbittlich in die Tiefe reißen kann. Wenn Sie aber diesen Mechanismus kennen, werden Sie einfacher damit umgehen und diesem hoffentlich rechtzeitig entwischen können.
Allerdings werden Sie im Verlauf Ihrer Ehe immer wieder über die Fallstricke stolpern und in die Honigfalle tappen. Das ist Teil des spannenden Ehespiels. Wenn Sie aber wissen, wo welche Karten liegen, werden Sie das Spiel einfacher gewinnen können.

Die Honigfalle

Das geheime Eintrittsportal

Das Eintrittsportal in Ihre Ehewelt ist stets romantisch gemauert aus den Bausteinen Ihrer persönlichen Rollenklischees und Sie schreiten über den süßen Honigteppich des Liebesleitsatzes *Liebe ist nicht das, was man erwartet zu bekommen, sondern das, was man bereit ist zu geben.* Im freudigen Bestreben, Ihrer neuen Rolle als Ehefrau beziehungsweise Ehemann Ihres geliebten Partners gerecht zu werden, verändern Sie Ihr Verhalten.

Mit der Heirat wollen Sie verbindliche Rechte erhalten, aber Sie sind bereit, freudig bereit, ebenso Ihre verbindlichen Pflichten zu erfüllen. Beide Brautleute sprechen das Jawort voller Enthusiasmus, Liebe und der Zuversicht aus, zum Wohl der Ehe alles zu tun, um die Beziehung entsprechend dem Zauber ihrer Eheidealvorstellung umzuformen und ihr anzupassen. Auf diese Weise wollen Sie sich gemeinsam eine strahlende Zukunft sichern.

Sie wissen schon mit dem Jawort, dass Sie sich nach der Heirat werden anstrengen müssen – für eine *gute Ehe* ist bekanntlich viel Arbeit nötig – und natürlich sind Sie bereit, diese Arbeit zu investieren. Sie sind bestrebt, Ihrem Eheidealbild möglichst zu entsprechen. – Ihr Partner, Ihre Ehe, Sie haben das verdient! *Diese Anstrengung ist es wert, weil dadurch das Eheglück winkt*, ist nun das neue Credo.

Dank eines einzigen Wortes schlagartig im Inneren der Ehe angelangt, jeder in seiner jetzt neu geschaffenen Ehewelt, starten natürlich beide frisch gebackenen Eheleute sofort und mit Elan, sich entsprechend dem eigenen Ideal eines perfekten Ehemannes beziehungsweise einer perfekten Ehefrau zu verhalten. Das eigene Idealbild einer harmonischen und liebevollen Ehe wird hochgehalten und soll realisiert werden.

Sie sind es Ihrem Ehepartner, sich selbst und der Familie schuldig, Ihr Bestes zu geben. Dass Kompromisse verlangt werden, dass Sie selbst die Erfüllung Ihrer Bedürfnisse hintanstellen müssen, um das große Ganze, die perfekte und von Harmonie und Liebe geprägte Ehe zu erreichen, wissen Sie und darauf haben Sie sich auch eingelassen. Und Sie fühlen, wenn auch nur im Hinterkopf, wie schon vor der Heirat einen gewissen Druck, Ihrem Ideal entsprechen zu müssen, um die Ehe nicht scheitern zu lassen.

Erfüllt von Glück, Hingabe und Vorfreude auf Ihr gemeinsames Eheleben beginnen Sie also unmittelbar nach dem Jawort Ihre gemeinsame Ehe zu gestalten. Sie glauben, Ihre ehelichen Pflichten zu kennen, mit deren Erfüllung Sie selbstverständlich sofort beginnen. Natürlich! Sie setzen alles daran, sind zu jedem persönlichen Opfer bereit, um die ersehnte Harmonie-Einheits-Glücks-Ehepaar-Ehe zu verwirklichen, um den/die Partner/in glücklich zu machen. Das haben Sie schließlich in Ihrem romantischen Eheversprechen gelobt. Dasselbe macht auch Ihre/n Ehepartner/in.
Was Sie sicher (noch) nicht wissen: Genau das ist die Denkhaltung, die Sie leicht mit Schwung und Schmackes in die Honigfalle hineinstürzen lässt.

Aber, wie immer schön der Reihe nach:

Der Honig: Der Leitsatz aller Liebenden

Der süße Honig auf dem Deckel der gefährlichen Falle ist just der Leitsatz aller Liebenden von Katherine Hepburn: *Liebe ist nicht das, was man erwartet zu bekommen, sondern das, was man bereit ist zu geben.* Alle Verliebten und Frischverheirateten werden von der unwiderstehlichen Magie dieser Romantik angezogen.
Zu Beginn der Ehe wird das eigene Zurückstehen und Zurückstecken der Verliebten für den jeweils anderen, für die Ehe, nicht einmal als Opfer empfunden. Wie sonst, wenn nicht durch umsorgendes Geben, können Sie Ihrem/r Partner/in Ihre große, unendliche Liebe, die Sie empfinden, zeigen?
Die verlobten Frauen sehnen den Tag herbei, um ihre Rolle der fürsorglichen und umsorgenden Ehefrau endlich einzunehmen. In

vielen persönlichen Idealehe-Einheits-Harmonie-Fantasievorstellungen – von Männern und Frauen – ist die perfekte Ehefrau liebevoll und kümmert sich aufopferungsvoll um ihren Ehemann und die Kinder. Vor allem Mädchen werden so erzogen, dass sie gebende, nährende und umsorgende Ehefrauen und Mütter sein sollen, verantwortlich für das emotionale und körperliche Wohl ihrer Familienmitglieder und die Haushaltführung. Vielleicht will sie noch etwas dazuverdienen und die Haushaltskasse aufbessern, aber vor allem sollen Frauen ihrem Ehemann, den sich die meisten als Hauptenährer vorstellen, den Rücken nicht nur freihalten, sondern stärken.

Doch auch der verlobte Mann freut sich darauf, Verantwortung für seine Familie zu übernehmen. Er weiß von vornherein, dass auch sein Ehealltag durchgetaktet sein wird: Er hat vor allem finanziell für Ehefrau und Kinder zu sorgen, sich im Haushalt zu beteiligen, die Handwerkerarbeiten zu Hause zu erledigen, die Kinder mit zu erziehen und, ganz wichtig: den Müll rauszubringen.

Die Freude und das Wohlbefinden Ihres Ehepartners, der Kinder und der anderen Familienmitglieder in einem glücklichen Zuhause voll Harmonie und fröhlichem Lachen wird Ihr Lohn und Ihre Freude sein. Die Ehepartner schöpfen ihr persönliches Glück aus dem Glück ihrer Familienmitglieder. Es ist also nicht eigenes, sondern *ein von anderen Personen abgeleitetes Glück.*

Diese traditionelle, konservative Interpretation des Liebesleitsatzes, der süße, romantische Honig auf der Honigfalle, hat sich zweifelsfrei aus den alten 1950er-Jahren in die Moderne gerettet. Diese übliche Lesart ist wohl angelehnt an die Bibel, wonach Geben seliger denn Nehmen sei und man mit der Befriedigung seiner persönlichen Bedürfnisse hintenanstehen müsse. Selbstliebe hat da keinen Platz und die findet auch noch heute im sozialen Umfeld weitaus weniger Zustimmung, als die Liebe zum Ehepartner. Dieses eigene Zurückstehen, die Hingabe und die Steigerung des Wohlbefindens des/der Partner/in wird als ultimativen Liebesbeweis gewertet. Dafür etwas im Tausch auch vom Partner zu erwarten wird hingegen – wenigstens in der Theorie – als egoistisch verdammt. Egoismus wird in der Ehe geradezu als gefährlich eingestuft, weil da der einzelne Ehepartner, nicht das Ehepaar, nicht die eheliche Schicksalsgemeinschaft angesprochen wird.

Selbstsucht und Egoismus aus Ledigenzeiten sind also mit Beginn der Ehe tabu und haben im neuen Ehe-Einheits-Harmonie-Universum grundsätzlich keinen Platz. Ab sofort ist die Aufopferung für den/die Partner/in, für die Familie gefragt. Genauso wie Sie es in Ihrem Ehegelübde versprochen haben. Und Versprechen löst man schließlich ein, nicht wahr?

Die Falle

Unter dem Honig der Aufopferung aus Liebe zum/r Partner/in lauert die gefährliche Falle, die Sie – trotz Ihrer unendlichen gegenseitigen Liebe – unerbittlich in die tiefsten Tiefen der Ehekrisen führen wird, und zwar mit verbarrikadierten Notausgängen. Denn in Wahrheit kann man auch viel zu viel geben. Tatsächlich ist die Linie zwischen schöner Liebesbekundung einerseits und Gewalt an sich selbst andererseits sehr dünn. Wo diese Linie bei Ihnen genau verläuft und wann sie überschritten ist, werden wir im Kapitel *Ehekiller Gewalt* genauer betrachten.

Doch auch ganz ohne Gewalt an sich selbst auszuüben, schnappt die Falle unter dem romantischen Honig sehr leicht zu. Dabei ist doch nur schon die Meinung, dass die *Bereitschaft zu geben* Liebe wäre, offensichtlich falsch: Die Bereitschaft zu geben beziehungsweise das Geben an sich kann ja nur der *Ausdruck* Ihrer Liebe sein, die Sie für Ihr/e Partner/in empfinden. Ein *Ausdruck der Liebe* ist aber nichts anderes als eine *Äußerung der Liebe.* – Und es ist natürlich und ganz normal, dass man auf eine Äußerung auch eine Antwort erwartet.

Wenn Sie gegenüber Ihrem Partner also Ihre Liebe durch Taten, durch Geben zelebrieren, wird es für Sie seltsam und befremdlich sein – und auch emotional verunsichernd –, wenn Ihr/e Partner/in auf Ihre Zeichen der Hingabe nicht reagiert. Seien wir ehrlich: Selbstverständlich erwarten Sie auf Ihre Liebesbekundungen eine emotional zustimmende Reaktion Ihres Partners! Das ist in einer Partnerschaft doch nur natürlich! Auch diesbezüglich hält der Liebesleitsatz einem Faktencheck also nicht stand.

Welches Ausmaß muss die erwartete Gegenleistung haben? Wenn wir uns für den/die Partner/in aufopfern, erwarten wir natürlich von ihm/ihr eine entsprechende Gegenleistung! Schließlich kann nicht nur einer der Partner den Karren der Ehe ziehen – der andere soll sich bitteschön genauso anstrengen!

Das Problem wird nun offensichtlich, wenn wir uns noch einmal vor Augen führen, dass jeder der beiden Ehepartner in seiner eigenen, ganz privaten Ehewelt lebt und der Fallstrick der Selbstverständlichkeit zur Erfüllung der ehelichen Pflichten überall herumliegt. So kann es sein, dass die besondere Anstrengung und Aufopferung des einen Ehepartners in der Ehewelt des anderen gar nichts Besonderes ist. Vielleicht wird dort, im Ehe-Ausland, diese Aufopferung sogar noch als persönlicher Spleen angesehen, den es zu tolerieren und nicht weiter zu kommentieren gilt.

Es kann aber auch genauso gut sein, dass diese besondere Aufopferung des einen Ehepartners vom anderen, der eine eigene Persönlichkeit mit ganz individuellen Stärken hat, gerade nicht als besondere Anstrengung gesehen wird, sondern als ganz normale eheliche Pflichterfüllung.

Das sind die Gründe, weshalb der sich aufopfernde Ehepartner vom anderen oft nicht einmal ein trockenes *Dankeschön* bekommt.

Merksätze für Notfälle und Eilige:

1. Es ist die *Aufopferung* aus Liebe, mindestens eines Partners, die in Wahrheit der erste Schritt ist, der den Abwärtsmechanismus über die sieben Stufen in die Ehekrise in Gang setzt.

2. Das Tragische ist, dass die schädliche Aufopferung eines Partners als *vermeintlicher Liebesbeweis* eingestuft und von der Außenwelt als solcher beklatscht wird.

3. Zaubern Sie Eheglück heran, indem Sie nicht, ich betone NICHT vom Gifthonig der Aufopferung naschen, was immer mit *Verleugnung* der wahren, eigenen Bedürfnisse einhergeht.

Der Mechanismus der Abwärtsspirale

Die sieben Stufen in die Ehekrise

Der Weg in die tiefe Ehekrise verläuft über sieben Stufen der wechselwirkenden Verhaltensweisen – Aktion und Reaktion – der beiden Partner.

Mit der Zündung des verborgenen Mechanismus durch Aufopferung stehen Sie auf der 1. Stufe der Abwärtsspirale.

Die sieben Stufen im Überblick

1. Stufe	Aufopferung und Selbstverleugnung: Der Auslöser jeder Ehekrise.
2. Stufe	Überforderung und wachsende Unzufriedenheit.
3. Stufe	Die Aufforderung an den/die Partner/in, sich ebenfalls anzustrengen und Opfer für die eheliche Gemeinschaft zu erbringen.
4. Stufe	Die Verweigerung des/r Partner/in.
5. Stufe	Die Ehe kippt.
6. Stufe	Intensivierte Beziehungsarbeit und Zusammenbruch der Kommunikation.
7. Stufe	Entfremdung und Einsamkeit.

Natürlich werden wir nun die einzelnen Stufen auf dem Weg in die Ehekrise kurz beleuchten.

1. Stufe Aufopferung und Selbstverleugnung: der Auslöser jeder Ehekrise

Am Anfang der Ehekrise steht stets die *persönliche Aufopferung* in Kombination mit dem *Verleugnen der eigenen Bedürfnisse* mindestens eines Ehepartners. Das Gefühl, sich für die Harmonie und das Gelingen der Gemeinschaft aufzuopfern, kann gleichermaßen in beiden Ehepartnern entstehen. Beide sind üblicherweise der Meinung, Opfer für die Ehe, für den/die Partner/in zu erbringen.

Eine Opferung ist die *Hingabe von etwas Wichtigem* zugunsten von jemand anderem bei gleichzeitig eigenem Verzicht. Bei der Aufopferung opfern Sie sich selbst, Ihre wichtigen Bedürfnisse, zugunsten Ihres Partners. Ein Opfer ist aber auch jemand, der Schaden erlitten hat. Als Ihr eigenes Opfer nehmen Sie Schaden, den Sie sich selbst zufügen. Überspitzt ausgedrückt sind Sie das Opferlamm, das sich freiwillig zum Schlachtblock bewegt und das Seil der Guillotine zieht.
Sie sehen, wie rasant wir bei der Gewalt gegen sich selbst gelandet sind. Ihre Lebensqualität wird sinken, was die Ehe ultimativ gefährdet. Geht das Opferlamm zu weit und stirbt, stirbt die Ehe mit ihm.

Wo der nötige Beitrag zur schönen Gemeinsamkeit als Liebesbeweis endet und wo die ehegefährdende Aufopferung beginnt, ist zugegebenermaßen nicht leicht zu erkennen. Vor allem gibt es keine einheitliche Regel dafür, denn wir sprechen auch hier wieder von der Aufgabe Ihrer ganz persönlichen wichtigen Bedürfnissen, die so individuell sind, wie Sie es selbst sind.
Aber die Frage bleibt natürlich: Wonach müssen Sie Ausschau halten, damit Sie diese gefährliche Grenze zur Aufopferung nicht überschreiten?

Ihr ganz persönliches Gefühl der eigenen übermäßigen Anstrengung für die Ehe ist entscheidend. Das können nur Sie ganz allein für sich abschätzen. Das Schöne daran ist: Sie haben immer recht! Lassen Sie sich nur nichts anderes einreden – das wäre gefährlich für Ihre Ehe!
Sicher ist eines: Sie werden diese Grenze trotz aller Vorsicht ab und zu überschreiten. Das hängt damit zusammen, dass Sie Ihre persönlichen Grenzen immer wieder neu für sich ausloten müssen. Sie müssen immer wieder neu für sich entscheiden, was für Sie und zu Ihnen passt und was nicht. Deshalb werden Sie ab und zu auch in Ehekrisen geraten. Das ist ganz normal und nichts Gefährliches.
Solange Sie die weiteren Stufen in den Abgrund kennen, werden Sie den Abstieg in die Krise bemerken – und rechtzeitig das Ruder herumreißen können.

Das Resultat der übermäßigen Anstrengung, der persönlichen Aufopferung für die Ehe, kann nicht der Gradmesser sein, weil das Resultat der Aufopferung, und möge sie noch so groß sein, grundsätzlich als nichts weiter betrachtet wird, als eine bloße Selbstverständlichkeit in Ihrer Ehe. Etwas, was eben so sein sollte, damit die Ehe harmonisch und glücklich sein kann. Denken Sie zum Beispiel an einen schwulen oder lesbischen Ehepartner in einer heterosexuellen geschlossenen Ehe.
Die persönliche Aufopferung hat viele Gesichter, kann in der freiwilligen Pflichterfüllung gemäß den Regeln in der eigenen Ehewelt bestehen, auf Druck des anderen Partners oder sogar außenstehender Dritter, die Sie und Ihr angeblich egoistisches Verhalten kritisieren, zustande kommen.
Diese Aufopferung kann in einer einzigen schweren Verletzung der Persönlichkeit liegen, zum Extrembeispiel in Ihrem Entschluss, die Haushaltskasse mittels Telefonsex oder gar Prostitution aufzubessern. Oder eben dem Verleugnen der eigenen sexuellen Orientierung.

Überwiegend beginnt die Aufopferung nach der Hochzeit mit der Einnahme der persönlichen Fantasierolle der *perfekten Ehefrau*, beziehungsweise des *perfekten Ehemannes*. Es wird einem Märchen-Rollenklischee nachgejagt, worüber die eigenen Bedürfnisse, die Sie als Person haben, vergessen werden.

Die Aufopferung findet schleichend statt. Über die Zeit häuft sich ein Sammelsurium von verleugneten und damit unbefriedigten Bedürfnissen an, die von Ihnen selbst (!) laufend unter den Teppich gekehrt werden. Die Aufopferung kann beispielsweise darin bestehen, dass sich einer der Partner in einer ungeliebten, aber sicheren Arbeitsstelle abquält, die er als Single sofort verlassen würde. Oder der erwerbstätige Partner, für eine bessere Zukunft, täglich 14 Stunden in der Firma verbringt. Der/die Partner/in sieht ihr Herzblatt dann nur noch frühmorgens und spätabends, jeweils müde und ausgelaugt, und leidet stark unter der fehlenden Zweisamkeit und Aufmerksamkeit, dem Wegfall der Leichtigkeit und des Lachens. Trotzdem sagt er/sie aber nichts, um den Druck nicht zu erhöhen. Er/sie akzeptiert auch, dass der/die hart Arbeitende in der spärlichen Freizeit einen sportlichen Ausgleich benötigt, um sich auszupowern zu können – wieder ein Wegknabbern der Zeit, die für Gemeinsamkeiten zur Verfügung stehen würde.

Beide leben den Ehealltag ganz nach dem Credo: *Liebe ist das, was man bereit ist zu geben.* Sie stellen den Partner in den Vordergrund und verleugnen Ihre persönlichen, wichtigen Bedürfnisse. Diese werden zugunsten des anderen hingegeben. Wichtige Bedürfnisse sind aber Teil Ihrer Persönlichkeit und machen diese ebenfalls aus. Die Ehe besteht nun mal aus Ihnen beiden als ganze Persönlichkeiten.

Sie glauben natürlich felsenfest, dass Ihr/e Ehepartner/in Ihre persönliche Aufopferung für sie/ihn und die Ehe sehen muss. Sie wissen, dass eine Aktion immer eine Reaktion hervorruft und freuen sich auf die liebende Zustimmung und auf die auf Sie wartende Hingabe

Ihres/r Partners/in für Ihre Anstrengung, seine/ihre Antwort auf Ihr gelebtes Zeichen Ihrer großen Liebe. Und siehe da: Sie sind in die Honigfalle getappt, unmittelbar nach der Hochzeit. Freudig auch noch, im Hinblick auf eine rosarot leuchtende, gemeinsame Zukunft.

Beispiele aus der Praxis

1. Der Klassiker – die Aufopferung eines Ehepartners, die der andere nicht bemerkt

Alice und Henry
Die Ehefrau, Alice, war eine begeisterte Fallschirmspringerin. Sie erkannte aus Gesprächen mit ihrem Partner Henry, dass das hohe Verletzungsrisiko beim Fallschirmspringen, das sie für sich in Kauf nahm, für ihn mit großer Sorge um sie und ihre Gesundheit, Zukunftsängsten und Unsicherheit verknüpft war. Was passiert mit den Kindern und mit ihm, wenn sich eines Tages der Schirm nicht öffnet? Sie gab ihr Hobby also auf – zugunsten der Ehe, der Familie. Für sie bedeutete das ein sehr großes Opfer, aber schließlich war sie nicht mehr Single, sondern hatte als treu sorgende Ehefrau und Mutter auch das Wohlbefinden ihres Ehemannes und der Kinder im Auge zu behalten. Außerdem wollte sie sich nicht später Vorwürfe machen müssen, durch ihren Egoismus die Stabilität ihrer Ehe gefährdet zu haben. Allerdings fühlte sich Alice ohne den von ihr geliebten Sport sehr viel gestresster und unausgeglichener und ihre Lebensqualität sank drastisch. Die Konflikte in der Ehe wurden zahlreicher, dafür die Zärtlichkeiten weniger. Obwohl Alice und Henry keine offene Ehe führten, begann Henry später eine Affäre. Das brachte das Gleichgewicht in der Ehe zum Kippen:

Während Alice auf Wunsch ihres Ehemannes zugunsten der Ehe eine massive Einbuße an Lebensqualität hinnahm, ging Henry eine Affäre mit einer anderen Frau ein, lebte sich aus und steigerte sein Wohlbefinden – ungeachtet dessen, dass er damit die Ehe gefährdete.

Natürlich deckte Alice Henry mit entsprechenden Vorwürfen ein, verwies auf ihre eigene, miese Lebensqualität durch die Aufgabe ihres geliebten Sports, ein großes Opfer, Ausdruck ihrer Liebe zu Henry, mit dem sie eine glückliche Ehe führen wollte.

Und was war seine Sicht der Dinge? Er verwies darauf, dass die gemeinsamen Gespräche rund ums Fallschirmspringen nach ihrem Unfall geführt worden waren, als sie sich bei einer unglücklichen Landung das Becken gebrochen hatte. Er hätte deshalb gedacht, die Aufgabe des Sports wäre nach dem Unfall auch ihr eigener Wunsch gewesen. Wäre dem nicht so gewesen, hätten sie sicher eine Versicherungslösung finden können, um die wirtschaftlichen Folgen eines Unfalls abfedern zu können …

Worum geht es hier also? Um Alices freiwilliges Opfer, das Henry gar nicht bemerkt hatte. Was er aber bemerkte, waren ihre Unausgeglichenheit und die zunehmenden und immer intensiver werdenden ehelichen Konflikte.

2. Eifersucht: Aufforderung des einen Partners an den anderen, sich unterzuordnen und aufzuopfern

Paula und Simon

Die Aufopferung eines Partners kann durchaus auch vom anderen Partner verlangt werden. So sind die Grenzen zwischen wohlverstandener Fürsorge und kontrollierender Bevormundung durch den eifersüchtigen Ehepartner fließend. Während die Fürsorge um den

Partner dessen Entscheidungsfreiheit respektiert, wird bei der eifersüchtig kontrollierenden Bevormundung der Respekt fallengelassen, in die Privatsphäre des Ehepartners eingebrochen und diese dadurch eingeschränkt (z. B. werden Handy, Handtasche, Kleidungsstil, Freundeskreis, Ernährung etc. kontrolliert). Die Lebensqualität der/des Eingeschränkten, Kontrollierten, Erniedrigten sinkt.
Will er bleiben und den eifersüchtigen Partner besänftigen, wird er sich weiterhin in seinen persönlichen Bedürfnissen, in seiner Persönlichkeit, beschneiden lassen müssen.
Macht der kontrollierte Partner das freiwillig mit, opfert er seine Freiheit, mithin sich selbst auf, zugunsten des anderen Partners.

3. Das Streben, den Partner zu erlösen – Helfersyndrom
(Helfersyndrom ist hier nicht als medizinische Diagnose zu verstehen, sondern nur als Beschreibung des Vorgangs.)

Peter und Greta
Es geht darum, dass ein Ehepartner im anderen psychische und emotionale Defizite *erkennen will* und glaubt, ihm/ihr helfen zu können. Er/Sie ist der felsenfesten Überzeugung, dass seine Liebe und seine Kraft groß genug seien, um ihn/sie heilen beziehungsweise *zum Besseren formen* zu können, und dass dann die Ehe glücklich verlaufen werde. Das ist vor allem bei Suchterkrankungen der Fall, aber auch bei einer schwierigen Vergangenheit des Partners, die bewältigt werden muss.
Im Bestreben, dem Ehepartner zu helfen, werden die eigenen Bedürfnisse unterdrückt. Alles, das ganze Denken und Handeln des helfenden Teils, dreht sich nur noch um den geliebten Partner.
Peter dachte, er könnte Greta, die unter einer Alkoholkrankheit litt, *gesund lieben*, wie er sich ausdrückte. Er stellte sie und ihr Wohlbe-

finden in seinen ganz zentralen Fokus. Aber er konnte nie echtes Vertrauen in sie fassen, kontrollierte sie ständig, suchte die Wohnung nach Alkoholverstecken ab. Peter engte dadurch nicht nur Greta, sondern auch sich selbst immer mehr ein – aus Sorge, sie könnte wieder rückfällig werden, was die Ehe in tiefe Schwierigkeiten stürzen würde. Schon nach wenigen Monaten fühlte er sich ausgelaugt und erschöpft, vor allem, weil er überhaupt keinen eigenen Freiraum mehr hatte. Er konnte nicht mehr guten Gewissens einen Abend allein, mit Freunden oder ein Wochenende mit seinen Eltern verbringen. Auch dann nicht, wenn Gerta gar nicht mitwollte, denn seine Kontrolle war schon fast zur Sucht geworden.
Greta ihrerseits litt unter dem ständigen Misstrauen, genoss aber auch seine immerwährende Sorge um ihre Person. Sie wusste, dass sie allein im Fokus seines Interesses stand und wollte mehr davon. Eifersüchtig begann sie zu versuchen, ihn von der Außenwelt abzukoppeln, indem sie ihm erzählte, wie schlecht es ihr ginge, wenn er mal mit Freunden unterwegs war, denn sie wusste, dass sie so im Zentrum seines Interesses stehen würde.
Es kam, wie es kommen musste: Peter bat Greta um eine Auszeit, damit er Kraft schöpfen könne. Er hoffte, durch die Distanz wieder zu seinem alten Ich zu finden, wieder Vertrauen in Greta aufbauen und seine Ängste loslassen zu können. Sie jedoch empfand seine Bitte als Zurückweisung und litt unter der verloren geglaubten Liebe. Peter, der sich in eine eigene Wohnung zurückzog, um Kraft zu schöpfen, liebte Greta noch immer wie am ersten Tag. Natürlich blieben sie in engem Kontakt, tauschten täglich gegenseitige Liebesschwüre aus. Peter konnte sich aber nicht wirklich von dem Druck lösen, sich um Greta zu kümmern, und wurde überdies auch noch von seinem schlechten Gewissen geplagt, nicht zuletzt, weil sie jetzt zusätzlich auch noch unter starken Verlustängsten litt. Seine Angst, sie könnte deshalb wieder zur Flasche greifen, ließ ihn

nicht los. Die Angst steigerte sich so weit, dass er wieder zu Greta zurückging und sich wieder kontrollierend-aufopfernd um sie kümmerte – wiederum unter totaler Vernachlässigung seiner eigenen Bedürfnisse. Das ging so lange, bis Peter erneut erschöpft war und sich zurückziehen musste, wieder ohne sich dabei erholen zu können. Die zeitlichen Abstände der Phasen zwischen Distanz und Nähe wurden immer geringer, jedes Mal fühlte sich Greta zurückgestoßen, verlassen und ungeliebt. – Und Peter kam nie zur Ruhe. Auch hier war der Ausgangspunkt *Aufopferung und Überforderung*, in diesem Fall von Peter.

Das Aushalten von Suchterkrankungen jeder Art, aber auch eine schlechte psychische Verfassung eines Partners gehört in diese Kategorie der Aufopferung. Aber natürlich kann jeder Sachumstand, der Sie ganz persönlich zutiefst belastet, in Ihnen das Gefühl wecken, sich aufopfern zu müssen, um die Ehe ins Glück zu führen. Was dabei eine besondere Belastung für Sie ist, entscheiden ganz alleine Sie, und Sie haben immer recht, egal was die anderen sagen!

2. Stufe Überforderung und wachsende Unzufriedenheit

Das Erfüllen Ihrer ehelichen Pflichten, das Sie vom Anfang der Ehe an mit so großem Elan verfolgt haben, belastet und behindert Sie im Alltag immer mehr.
Weil Sie das Wohlbehagen Ihres Partners und der Kinder an erste Stelle setzen, nicht aber das Ihre, fehlt Ihnen mit der Zeit der Ausgleich, die Lebensfreude. Sie bemerken, wie Sie quasi am ausgestreckten Arm verhungern. Ganz besonders, weil das Viele, das Sie geben, so selbstverständlich geworden ist. Sie bedienen alle ande-

ren, aber niemand achtet darauf, dass auch Ihre Bedürfnisse befriedigt werden. Sie vermissen bereits ein einfaches Dankeschön für Ihre Mühe, fühlen sich nicht wahrgenommen. Ihre Unzufriedenheit steigt. *Hinterlassenschaften* Ihres/r Partners/in wie Bartstoppeln oder Haare in Waschbecken oder Dusche, halb ausgedrückte Zahnpastatuben etc., das Liegenlassen schmutziger Wäsche und schmutzigem Geschirr, bereit, von Ihnen weggeräumt zu werden, sind in Ihren Augen Zeichen der Geringschätzung Ihnen gegenüber.

Ihr Notausgang:
Denken Sie bitte daran, dass Ihr/e Partner/in Ihre persönliche Überforderungssituation nicht wahrnimmt, denn Ihre Aufopferung erbringen Sie freiwillig. Aber Sie bemerken Ihre Aufopferung sehr genau – und auch Ihre Unfreiheit – und beginnen, darunter zu leiden.

Sobald Sie merken, dass Sie in eine Überforderungssituation schlittern, nicht mehr genügend Ausgleich finden, sich unfrei und gefangen fühlen, ist es allerhöchste Zeit, Ihre Befindlichkeit und Ihr Leiden anzusprechen und zur Diskussion zu stellen, ob das wirklich so laufen muss. Das sollte Ihnen nun nicht mehr sehr schwerfallen, denn Sie wissen nun ganz konkret, dass viele Leistungen und Opfer, die Sie gemäß Ihres persönlichen Rollenklischees als nötig erachten, in der Welt Ihres Ehepartners überhaupt keine Bedeutung haben. Falls aber doch, ist es nötig und möglich, eine andere Organisationsform zu finden.

Die Gefahr, die für die Ehe von Ihrer Überforderungssituation ausgeht, ist deutlich größer als die Diskussion des konkreten Konfliktpunkts. Denn wenn sich einer von Ihnen unfrei, überfordert und quasi in der Ehefalle gefangen fühlt, wird seine Lebensqualität absinken – und dieser Partner wird kein Glück erleben können. Die Ehe wird so – völlig unnötig! – in ernste Gefahr gebracht.

Szenen des Glücks

Szenen des Krise

3. Stufe Die Aufforderung an den Partner, sich ebenfalls anzustrengen und Opfer zu bringen

Haben Sie in Ihrer Überforderungssituation nicht die Diskussion mit Ihrem Ehepartner und gemeinsam mit diesem/dieser eine Lösung gefunden, setzt sich der Mechanismus der Falle fort. Und diese Fortsetzung hat es in sich:
Um Ihre eigene Überforderung und Ihr Ausgelaugtwerden zu lindern, und auch um Wertschätzung von Ihrem Partner zu erfahren, fordern Sie ihn/sie auf, sich ebenfalls für die Ehe anzustrengen und selbst ebenfalls Opfer zu bringen, schließlich ist das Leben kein Ponyhof. Er/Sie soll für Sie und die Familie dieselbe Rücksichtnahme üben wie Sie und ebenfalls auf persönliche Vergnügungen, Extras und Ausgaben verzichten, sich gleichermaßen aufopfernd für die eheliche Gemeinschaft engagieren. Er soll sich so verhalten, wie sich in Ihren Augen und in Ihrer persönlichen Ehewelt ein/e *anständiger Ehepartner/in* zu verhalten hat. Alles andere ist unfair. Die eheliche Einheit und Verbundenheit – eben das gemeinsame Eheglück in einem harmonischen Alltag – verlangen schließlich, dass jeder sein Bestes gibt. Dass nur Sie allein den Karren ziehen, geht einfach nicht!
Die Ausnutzung von Ihnen als treu sorgende/r Ehepartner/in im Alltag ist nicht drin! Dafür haben Sie nicht geheiratet!

4. Stufe Die Verweigerung

Ihr/e Ehepartner/in versteht nicht, dass Sie sich bei ihm/ihr beklagen. Sie machen doch alles freiwillig – haben alles immer freiwillig getan! Was, bitte schön, hat das mit ihm/ihr zu tun? Weshalb plötzlich die heftigen Vorwürfe? Was, den Karren alleine ziehen? Er/sie

versteht Sie wirklich nicht: Gemäß den Regeln seiner persönlichen Ehewelt macht er doch schon alles, um das Eheglück zu fördern! Aber trotzdem haben Sie stets schlechte Laune, die tapfer ertragen wird, und jetzt das! Er/Sie fragt sich, was Sie eigentlich wollen!
Ihr/e Ehepartner/in ist auch verdutzt über Ihre Forderung nach noch mehr Rücksichtnahme und Pflichterfüllung, die für ihn/sie aus heiterem Himmel kommt. Er/Sie soll Sie im Haushalt zusätzlich unterstützen, nach einem langen Arbeitstag? Sie haben doch beide Ihre Pflichten und Ihr Partner empfindet es so, dass er/sie seine Pflichten ausreichend, womöglich mehr als ausreichend erfüllt. Was soll das also?
Er/Sie soll auf seinen/ihren Ausgleichssport und Treffen mit Freunden/Freundinnen verzichten, dafür mehr Zeit mit Ihnen und den Kindern verbringen? Wieso denn? Sie sind in seiner/ihrer Freizeit in seinen/ihren Augen doch immer zusammen … abgesehen von nur ganz wenigen Ausnahmen, die er aber zum Ausgleich braucht – und die Sie immer akzeptiert hatten. Was ist nur plötzlich in Sie gefahren?
Diesem, in seiner/ihrer persönlichen Ehewelt als unangemessen empfundenen Druck und Zwang versucht er/sie sich zu entziehen. Die Spannungen und Reibereien nehmen zu. Die Auseinandersetzungen bleiben nicht mehr sachlich, sondern werden persönlich.
Sie werfen Ihrer besseren Hälfte vor, nichts zu kapieren, Sie und Ihre Wünsche zu ignorieren. Offensichtlich ist ihm/ihr die Ehe nichts wert, sonst würde er/sie diese fördern wollen und nicht so mit Füssen treten.
Über die Zeit der Streitigkeiten ertragen Sie Ihre/n Partner/in fast nicht mehr. Sie sind nicht mehr die Großzügigkeit in Person, die Sie noch anfangs der Ehe waren. Nun stören Sie auch Kleinigkeiten wie Essgeräusche, nicht sofort ordentlich weggeräumte Sachen etc., die nun zum konstanten alltäglichen Ärgernis werden. Spitze Bemerkungen, heftige Vorwürfe, Nörgeleien, Streitigkeiten über jede

Kleinigkeit sind die Folge. Ein Wort gibt das andere und der Ton wird rauer.

Bei diesen Gelegenheiten setzen sich Männer üblicherweise mit ihren Kumpels und Bieren ab und beklagen gegenseitig ihr Leid mit den Frauen während deren *Tagen* und *Mondphasen*.

Möglich, dass einer – oder gleich beide Ehepartner – sich in den Armen eines/r anderen wieder einmal – nach langer Zeit – verstanden und geborgen fühlen kann, wieder einmal persönliche Wertschätzung erlebt. Das Fremdgehen ist ab dieser Stufe wahrscheinlich.

Ihr Notausgang:
Was ist wirklich passiert? Beide haben vergessen, dass Ihre persönliche Aufopferung von Ihrem Partner regelmäßig nicht als solche wahrgenommen wird. Er/sie kann nur das Resultat Ihrer Bemühung sehen, nicht aber das Maß Ihrer Anstrengung – Ihrer übermäßigen Anstrengung –, die zum Resultat geführt hat!

Das Resultat an sich mag Ihrem/r Partner/in als selbstverständlich erscheinen – wie es in Ihrer Ehewelt auch selbstverständlich gewesen ist, ansonsten Sie es ja nicht angestrebt hätten. Und wir erinnern uns hier wieder einmal an den Fallstrick der Selbstverständlichkeiten ...

Tatsächlich wissen aber wirklich nur Sie allein, dass Sie für Sie wichtige Bedürfnisse (vielleicht sogar jahrelang) freiwillig zugunsten der Ehe, zugunsten Ihres Herzblatts hingegeben, geopfert haben. Welche Bedürfnisse das genau sind, haben Sie vielleicht schon vergessen. Sicher ist jedenfalls, dass Ihr/e Partner/in die Rangliste Ihrer persönlichen Bedürfnisse und Wünsche nach Wichtigkeit, die unbedingt befriedigt werden müssen, nicht richtig einstufen kann. Wie denn auch, wenn Sie diese Rangliste selbst manipulieren, indem Sie Ihre wichtigen Bedürfnisse aus dieser gestrichen haben, sodass diese jetzt nicht einmal mehr darauf erscheinen? *Deshalb kann Ihr/e Partner/in natürlich Ihre Aufopferung nicht einmal ansatzweise sehen!*

Ihr Notausgang:
Erklären Sie Ihrem Herzblatt Ihre missliche Situation! Wie Sie miteinander Ihr *Ehelisch* sprechen können, werden wir später gemeinsam anschauen. Wie Sie konstruktiv mit sich widersprechenden Wünschen und Bedürfnissen umgehen können, ebenfalls.

5. Stufe   Die Ehe kippt

Auf Ihrem anfangs voller Enthusiasmus, Freude und Tatendrang beschrittenen Weg der ehelichen Aufopferung und Hingabe stellen Sie fest, dass Ihr Partner sich in Ihren Augen weiterhin ungerührt von Ihren Bitten, Nörgeleien, Freundlichkeiten etc. alle Freiheiten erlaubt. Während Sie sich zurücknehmen, weiterhin verbissen Verzicht zugunsten der Ehe und Familie üben und alles tun, um die Ehe nach Ihrem harmonischen Ideal zu formen, lebt er/sie genauso, wie es ihm/ihr beliebt. Rücksichtslos, wie ein Single mit Anhang.
Sie fühlen sich in jeder Hinsicht ausgenutzt, mies behandelt und zur Seite gestellt, erschöpft und missachtet. Sie empfinden Wut, Ohnmacht, Trauer, Widerwillen, Ärger. Ihrem Partner scheint das egal zu sein. – Das Gleichgewicht im Inneren der Ehe zwischen den Ehepartnern ist gekippt.
Ist das alles wirklich noch Ihrer Mühen wert? Sie erkennen jetzt: So kann es nicht weitergehen.
Selbstverständlich können Sie weiterhin nach außen das glückliche Ehepaar mimen. Die schöne äußere Fassade stimmt allerdings mit

dem vergifteten Eheinneren nicht überein. Möglich, dass Sie Ihrem Partner/in vorwerfen, zwei Gesichter zu haben, manipulativ zu sein.

Ihr Notausgang:  Siehe Stufe 4.

6. Stufe Intensivierte Beziehungsarbeit und Zusammenbruch der Kommunikation

Verzweifelt sehen Sie Ihre Ehe scheitern, in der Sie sich überfordert, ausgenutzt, ausgelaugt, als unwichtig ignoriert fühlen und ohne Freude nur noch funktionieren – funktionieren müssen, den Karren ziehen müssen! Und ebenso krampfhaft versuchen Sie gegenzusteuern und tun weiterhin alles und noch mehr für die Ehe, um die Harmonie und die Gemeinsamkeiten zwischen Ihnen und Ihrem Ehepartner wieder herzustellen. Endlich von Ihrem/r Partner/in gesehen, gehört, wahrgenommen zu werden, damit Ihre Nöte endlich beendet werden können, das ist Ihr Ziel.

Um nicht vor dem Scheidungsrichter zu landen, aber auch um die früheren schönen, harmonischen, fröhlichen und unbeschwerten Ehezeiten wieder aufleben zu lassen, sind Sie selbstverständlich bereit, in noch größerem Ausmaß auf das Durchsetzen Ihrer eigenen Bedürfnisse zu verzichten und Ihren Partner und die Ehe ins Zentrum Ihres Interesses zu rücken. Gleichzeitig fordern Sie natürlich dasselbe auch weiterhin von Ihrem Partner. Dieser muss doch das Elend in Ihrer gemeinsamen Ehe sehen und auch mal aus den Puschen kommen, Sie wahrnehmen, endlich etwas tun, seinen Beitrag für die Ehe leisten, damit das Eheglück doch noch Einzug halten kann!

Aber Sie stellen fest, dass Sie Ihren Partner nicht mehr erreichen können. Sie haben alles probiert: bitten, nörgeln, schimpfen, sich zurückziehen, offensiv gemeinsame Aktivitäten anregen ... Nichts hilft.

Er/Sie hingegen findet vielmehr den von Ihnen auf ihn/sie ausgeübten Druck unerträglich und weiß sowieso nicht, was Sie überhaupt wollen. Ihr/e Partner/in weiß doch, dass er/sie das seine/ihre zum Gelingen der Ehe beiträgt und immer beigetragen hat. Er/Sie erträgt auch Ihre wilde, für ihn/sie völlig unverständliche Aufregung, Angriffe und Vorwürfe, Ihre ewig schlechte Laune – was ihn/sie in seinen/ihren Augen schon fast zum/zur Heiligen macht. Was soll er/sie denn noch tun?

Ihr Partner versteht Sie wirklich nicht! Er/Sie sagt Ihnen direkt ins Gesicht, dass er/sie kein Problem hat, das haben offensichtlich nur Sie! Vielleicht brachen Sie einen Psychiater? Deshalb kann er/sie auch nichts dazu sagen. Was sollte Ihr Partner denn auch zu Ihrem Problem sagen können?

7. Stufe   Entfremdung und Einsamkeit

Das Schlimmste kommt zum Schluss: In den Augen Ihres Partners beklagen Sie sich über etwas, das Sie immer freiwillig getan haben und noch immer, sogar in gesteigerter Intensität, freiwillig tun. Er/Sie hat Sie nie gebeten zu tun, was Sie tun und worüber Sie sich jetzt lauthals beklagen.

Er/Sie fragt sich ganz ernsthaft, wie man etwas unaufgefordert machen kann, um das dem anderen dann vorzuhalten. Und er/sie kratzt sich auch fragend am Kopf, wie Sie ihm/ihr vorwerfen können, etwas tun zu müssen, das Sie ja freiwillig tun! Sie brauchen ganz offensichtlich einen Psychiater – mit Ihnen scheint etwas nicht zu stimmen. Jedenfalls leuchtet ihm/ihr nicht ein, weshalb Sie etwas

weiterhin tun, das Sie offensichtlich so schwer belastet. Das ist aber Ihr ganz persönliches Problem – was kann das wohl mit ihm/ihr, Ihrem Partner, zu tun haben?
Sie Ihrerseits nehmen das Unverständnis Ihres Partners wahr, wissen aber um Ihren gelebten Verzicht, Ihre Mühen, Ihre Erschöpfung, Ihre verdorrte Lebensfreude. Und in Ihren Augen ist Ihre Leistung auch nicht freiwillig, sondern für das Glück Ihrer Ehe notwendig. Wenn Sie das nicht machen, wer dann? Und dann? Es wird alles im Chaos versinken – ganz klar. So können und wollen Sie nicht weiterleben.
Ihr/e Partner/in lässt Sie offensichtlich allein. Er/Sie ist nicht bereit, Sie zu entlasten, Ihnen Wertschätzung entgegenzubringen, für Ihren Ausgleich, Ihre Lebensfreude zu sorgen. Die Hauptsache für ihn/sie ist scheinbar nur, dass er/sie weiterhin durch Sie gut versorgt wird.
Sie und Ihr Partner haben sich entfremdet.
Sie fühlen sich einsam.
Die Einsamkeit zu zweit ist elend.

Brandbeschleuniger Beziehungsarbeit

Sie haben Eheprobleme?! Können nicht mehr miteinander sprechen? Wenn Sie Eheprobleme haben, müssen Sie Beziehungsarbeit leisten, das steht für Sie fest. Schließlich heißt es doch immer, Ehe sei harte Arbeit.
Doch was ist denn eigentlich Beziehungsarbeit?
Unter Beziehungsarbeit versteht man in der Praxis all jene Aktivitäten und Bemühungen, die zur Herstellung und Aufrechterhaltung eines personalen Kontakts eingebracht werden,[19] meint Achim Schröder dazu. – Aha.

Ich behaupte mal, dass niemand von den Betroffenen so recht etwas damit anfangen kann. Es sind ja ausnahmslos die unglücklichen Ehepartner in einer in Schieflage geratenen Ehe, die von der Beziehungsarbeit sprechen, die sie in immer größerer Verzweiflung geleistet haben beziehungsweise noch immer leisten, und von der Beziehungsarbeit, die der Partner hätte erbringen müssen, es aber erkennbar nicht getan hat. Das wiederum empfindet der Partner verständlicherweise als verletzend.
Beide Partner sind erschöpft und ausgelaugt vor lauter Beziehungsarbeit, die sie tagtäglich aufopfernd und unter Inkaufnahme großer Entbehrungen erbracht haben, bevor sie sich im Behandlungsraum des Ehetherapeuten oder, noch schlimmer, im Besprechungszimmer des Scheidungsanwalts wiederfinden, wo sie gar nicht hin wollten und, wenn Sie ehrlich sind, eigentlich auch nicht einmal wissen, weshalb Sie da gelandet sind.

Weshalb hat die ganze Beziehungsarbeit denn nicht geholfen? Ganz einfach: Weil die Probleme üblicherweise weiter vertieft werden, wenn nicht zu einer anderen, neuen Denkhaltung gefunden wird. *Probleme kann man nicht mit derselben Denkweise lösen, durch die sie entstanden sind,* sagte schon Albert Einstein.
Sie sehen also: Bevor Sie nicht sicher wissen, *wo* das Problem genau sitzt, ist es viel besser, den Ball flach zu halten. Man kann auch zu viel tun.
Abgesehen davon, dass der Begriff Beziehungs*arbeit* von Anfang an jeden Ausdruck von Spaß, Freude, Zuwendung, Toleranz, Humor, Güte und Herzenswärme vermissen lässt, also genau das, was ja so dringend gesucht und gebraucht wird, besteht Beziehungsarbeit oft lediglich in der Intensivierung dessen, was zur Schieflage geführt hat. Alle Anstrengungen, die Ehe zu verbessern, werden im

besten Fall wirkungslos verpuffen, wenn Sie die wahren Ursachen für die Ehekrise nicht ganz konkret kennen. Sie wissen dann nämlich nicht, welchen Hebel Sie wo ansetzen müssen, sondern klammern sich unter Erfolgszwang an irgendwelche Vorstellungen – möglicherweise von Dritten. Die Gefahr, dass Sie wieder die Architektur der Ehe missachten und die Außenfassade in Ihr Eheinneres tragen – und der Ehe dadurch weiteren Schaden zufügen – ist akut und groß. Und dann ist ja noch immer der süße Honig der Honigfalle, das Lockmittel, der als Liebesbeweis getarnte Liebesbeweis, der als vermeintlich perfektes Ehe-Verhalten herumliegt. Ohne neue Denkhaltung beschleunigt die Beziehungsarbeit den Untergang im Grunde nur. Was Sie jetzt also ganz dringend brauchen ist ein Umdenken, eine neue Denkhaltung, sonst schrauben Sie sich beide immer tiefer in den Ehesumpf hinein.

Ohne eine neue Denkhaltung greift normalerweise folgender Mechanismus:
Üblicherweise wird der Ehepartner, der sich gemäß den Pflichten des Rollenklischees seiner Ehewelt aufopfert und unter dem undankbaren und als missachtend empfundenen Verhalten seines/ihres Ehepartners leidet, seine *ehelichen Pflichten* in aller Regel noch perfekter zu erfüllen versuchen als bisher. Gleichzeitig verlangt er vom anderen noch eindringlicher, das in seinen Augen ehegefährdende Verhalten zu unterlassen, und ruft den Partner unmissverständlich zur Rücksichtnahme und Zuwendung auf, verlangt, von diesem gesehen und wahrgenommen zu werden. Und, bitte schön, dass er/sie doch auch einen Teil zum Gelingen der Ehe beizutragen hätte, und zwar subito und perfekt! Sonst stünde der Gang zum Scheidungsrichter außer Frage.
Zudem wird der Druck auf die Ehepartner oft zusätzlich erhöht, weil in einigen Fällen die Coaches den Ehepartnern empfehlen

werden etwas zu tun, was diesen widerstrebt. Diese Beziehungsarbeit wird dann als zusätzlichen Zwang empfunden.

Laila und Justin
Laila und Justin entschlossen sich, eine Ehetherapie zu starten. Ihr Coach gab ihnen eine Hausaufgabe mit auf den Weg, die sie bitte regelmäßig bis zur nächsten Sitzung erfüllen sollten. Diese Hausaufgabe bestand darin, dass Laila und Justin jeden Mittwochabend nach dem Abendessen 15 Minuten miteinander sprechen sollten. Beide waren damit einverstanden.
Aber Laila war verzweifelt, denn sie schafften es in ihren Augen nicht einmal, die Hausaufgabe zu erfüllen. Sie berichtete, dass Justin nach dem Abendessen jeweils kurz verschwand, um die Nachrichten im Fernsehen zu verfolgen. Sie erledigte derweil den Abwasch und brühte für sie beide einen Tee auf. Dann kam Justin zum Tisch, setzte sich, legte seine Uhr auf den Tisch, verschränkte die Arme vor der Brust und sagte laut: »So! Also, ich bin da. Okay... fünfzehn Minuten! Was hast du mir jetzt zu sagen?«

Vor allem technisch denkende Männer sagten mir grinsend, dass dieser Satz auch von ihnen hätte stammen können. In der Männerwelt ist das ganz normal: Man(n) hat selbst keine nennenswerten Eheprobleme, anscheinend die Partnerin schon, nun haben sie gemeinsam eine Aufgabe zur Lösung ihres Problems gefasst, und sein Teil dieser Aufgabe ist es, sich hinzusetzen und 15 Minuten lang ihr Genörgel geduldig über sich ergehen zu lassen, sich also nicht nach 30 Sekunden in die Kneipe abzusetzen. Macht er doch gerne für seine Liebste! Da ist er! Zuverlässig und fürsorglich wie eh und je!! In Frauenohren ist das, liebe Männer, sagen wir mal *schwierig*. Er erinnert an das Abgefragtwerden des Lehrers vor der Wandtafel. Damit ist die Gesprächsposition der Frau schon zu Beginn entwürdigend und nicht auf Augenhöhe. Zudem ist sie emotional aufgewühlt und wird nicht auf dieser emotionalen Ebene abgeholt. Auf die sachliche Frage des Mannes könnte sie nur mit ihrem ganzen emotionalen Durcheinander, das sie in sich trägt, antworten, also nicht sachlich und schon gar nicht gradlinig. Sie trägt viel zu viel an emotionalem Leid mit sich herum, ohne zu wissen, woher es kommt und warum das so ist. Die Ärgernisse des Tages wie *Ich mag nicht, wenn du deine Socken herumliegen lässt* oder *Ich hasse es, wenn du die Toilette vollpinkelst, setz dich hin oder putze selbst t*rägt ihrem inneren emotionalen Verhungern nicht annähernd Rechnung. Und sie kennt seine Reaktion auf diese – altbekannten – Vorwürfe ja schon, sein erstauntes Gesicht und die Frage »Was?! Deshalb müssen wir in die teure Ehetherapie? Deshalb das gesamte Tamtam?«

Natürlich merkt die Ehefrau, dass das längst nicht alles ist. Sie merkt, dass sie emotional am Verhungern ist, und dass das natürlich etwas mit seinen Hinterlassenschaften zu tun hat – ja liebe Männer, das ist so! –, aber dass das nicht der Kern der ganzen Sache ist. Nur was der Kern ist, weiß sie ja selbst nicht …

Deshalb konnte Laila in diesem Beispiel auf Justins Ansage hin nichts sagen. Und Justin schien auch nichts zu sagen zu haben.

Susi und Michael

Susi hatte von ihrem Eheberater mitgenommen, dass sie versuchen sollte, mehr Nähe zuzulassen. Dass sie versuchen sollte, wieder Umarmungen und Zärtlichkeiten zuzulassen. – Sie war verzweifelt, weil sie das nicht konnte.

Susis Tenor war: *Ich werde von ihm während des ganzen Tages hindurch nicht gesehen. Er behandelt mich mit der exakt gleichen Aufmerksamkeit wie den Schirmständer im Flur. Wenn es regnet und er daheim etwas loswerden will, dann bin ich gerade gut genug. Sonst behandelt er mich wie einen Haushaltsgegenstand. Ich bin so müde, ich bin so genervt, ich fühle mich so ungeliebt, so ausgenutzt! Wenn er mich den ganzen Tag über ignoriert, braucht er auch nachts nichts von mir zu wollen, dieser Vollpfosten! Ich habe gar keine Lust, Zärtlichkeiten zuzulassen! – Wieso soll er alles bekommen und ich nichts?*

Nicht hilfreich ist es auch, wenn Coaches beginnen, den anderen Ehepartner mit negativbehafteten, medizinischen Diagnosen zu überziehen und ihre Meinung kundtun, dass angeblich *niemand mit einem solchen Menschen zusammenleben* könne. Diese Vorgehensweise ist meines Erachtens nicht nur falsch, sondern schädlich. – Schädlich für Sie als hilfesuchenden Ehepartner! Denn selbst wenn es zutreffen würde, dass Ihr/e Ehepartner/in tatsächlich an einer Persönlichkeitsstörung leidet, war dieses Leiden dann mit hoher Wahrscheinlichkeit schon in Ihrer Kennenlernphase vorhanden und hat Sie nicht abgehalten, sich in Ihren Partner zu verlieben und diese/n zu heiraten. Es hatte also vor der Ehe keine Rolle gespielt – weshalb sollte es jetzt anders sein?

Dieses mit dem Finger auf den/die Partner/in zeigen bringt Sie nicht weiter. Die Einnahme der Opferrolle hilft Ihnen nicht. Dadurch werden Sie nur in sich selbst verunsichert statt gestärkt. Erzählt Ihnen jemand, dass niemand mit Ihrem angeblich psychopathischen Partner zusammenleben könne, werden Sie sich unweigerlich früher oder später fragen: *Weshalb habe ich das nicht gesehen? War ich blind? Wo ist meine Menschenkenntnis? Bin ich auch geschädigt, dass ich das nicht erkannt hatte?* – Und? Hilft Ihnen das? Natürlich nicht.

Ich gehe sogar noch weiter: Genau weil in einer Ehe ausgeglichene Kräfteverhältnisse gelten, spielt eine mögliche Persönlichkeitsstörung eines/r Partner/in in der Ehe grundsätzlich keine Rolle. Zudem ist die Aussage falsch, dass *niemand* mit Ihrem Partner zusammenleben könnte. Sie jedenfalls konnten es und es gibt sicher noch viele andere Menschen, die das sehr gut könnten, halt nur derjenige nicht, der Ihnen gegenüber seine ganz persönliche Meinung zu Ihrem Ehepartner und ein Zusammenleben mit diesem geäußert hat. Aber dieser einzelne Meinungsträger ist mit Ihrem Ehepartner erstens nicht zusammen und zweitens auch nicht *jedermann der ganzen Welt* und kann natürlich auch nicht als Sprachrohr für alle auftreten.

Anders sieht es erst aus, wenn Kinder im Spiel sind, denn zwischen Eltern und Kindern gibt es ein klares Machtgefälle. Erst dann spielt eine psychische Erkrankung eines Elternteils eine Rolle, und zwar in der Frage, ob die Persönlichkeitsstörung die Erziehungsfähigkeit betrifft. Falls ja, ist weiter abzuklären, welche flankierende Maßnahmen Schaden von den Kindern abwenden können.

Und natürlich sieht es auch anders aus, wenn beispielsweise eine Persönlichkeitsstörung eines Partners zum Stalking oder zur häuslichen Gewalt führt oder zur Selbstgefährdung.

Wo ist nun aber die neue Denkweise?

Sie werden sehen, wenn Sie weiterlesen, dass in der Ehe die Kräfteverhältnisse tatsächlich ausgeglichen sind. Deshalb ist es an Ihnen zu überlegen und zu entscheiden, wie Sie weiter vorgehen möchten, und zwar als eigenverantwortliche/r Entscheider/in und nicht als Opfer.

Wie? Das werden Sie im Kapitel *Der Dreh der Aufwärtsspirale* im Detail erfahren.

Erste Hilfe für Männer: Ein Blick in die weibliche Welt des Selbstwerts

»Mein lieber, tapferer Ritter: Eine ernsthafte Frage«, flüsterte die Fee: »Wollen Sie ein *Frauenversteher* sein?«
»Selbstverständlich nicht, ich bin ja nicht schwul! Außerdem gibt es zwei verschiedene Sorten Menschen und man muss nicht immer alles verstehen!«, schallte es zurück.
»Schade«, wisperte die Fee leise und entschwand.

Was ist eigentlich ein *Frauenversteher*?
Hier die Antwort: Ein Frauenversteher ist ein Mann, Entschuldigung, ein Bild von einem Mann, der den direkten Zusammenhang beispielsweise zwischen den täglich herumliegenden, von seiner Prinzessin wegzuräumenden Männer-Schmutzsocken einerseits und der dadurch entstehenden Verletzung der weiblichen Psyche andererseits, verstehen und nachvollziehen kann. *Frauenversteher* können also die Brücke schlagen und sehen, dass oft kleine, aber regelmäßig, womöglich täglich wiederkehrende männliche Unarten das Selbstwertgefühl der Partnerin nachhaltig zu zerstören vermögen, wenn sie trotz Rückzugs und später mauliger Kommentare der Frau, also Nörgelei (wir müssen es eingestehen), weiter andauern.
Die Frauenversteher wissen, dass sie das Selbstbewusstsein ihrer Partnerin allein durch Missachtung ihrer Wünsche, vor allem im und ums Haus, und seinem säuselnden Gebaren gegenüber anderen Frauen untergraben können.
Frauenversteher wissen, dass Nörgeleien ihrer Prinzessin Warnsignale sind die sie, wenn sie die Ehe einigermaßen zufrieden aufrechterhalten wollen, besser nicht ignorieren sollten. Das ist auch schon alles.

Aber, es ist sehr viel, und die Aufgabe richtig schwierig zu erkennen, wenn diese Warnsignale ausgerechnet zwischen zwei Fußballspielen erklingen, oder kurz bevor Sie zur Arbeit müssen und schon von deren Planung abgelenkt sind. Ob Ihre Herzensdame Ihre Ablenkung zur Kenntnis nimmt, ohne beleidigt zu sein, weil es doch um ihre Befindlichkeit geht, ist fraglich. Und hier muss sich die Prinzessin durchaus Kritik gefallen lassen: Das oft an den Tag gelegte Verhalten als *beleidigte Leberwurst,* wenn er sich nicht augenblicklich mit Ihrer persönlichen Emotionalität beschäftigen will oder kann, ist nicht wirklich lösungsorientiert, weil er, wenn er tatsächlich keine Zeit hat, Ihnen nicht die erste Priorität einräumen wird, auch wenn er es eigentlich gerne möchte. Hat er zum Beispiel ein schwieriges Gespräch oder eine schwierige Präsentation vor sich und muss sich konzentrieren oder hat er mit Freunden etwas abgemacht und möchte pünktlich erscheinen, kann er sich nicht auch noch ernsthaft mit Ihnen beschäftigen. Das geht Ihnen doch ganz genauso, wenn Sie mit etwas beschäftigt sind. Dann wollen Sie mit ihm auch nicht wirklich zwischen Tür und Angel tiefgreifende Gespräche über seine Befindlichkeit führen. Nehmen Sie also bitte Rücksicht und sich in entsprechenden Momenten zurück. Allerdings nicht für immer. Nur in für ihn schwierigen, unpassenden Momenten.

Die normalerweise stets mit Dingen und wichtigen Interessen in ihrer Ehewelt beschäftigten Männer, die sich – in richtiger Selbsterkennung – nicht als *Frauenversteher* bezeichnen, bemerken in aller Regel nichts von der sich in ihre Ehe eingeschlichenen Tristesse und Hoffnungslosigkeit ihrer Partnerin. Nichts vom Abnagen ihres Selbstwertes, nichts vom Wegbrechen ihrer Fröhlichkeit und Lebensfreude, nichts von ihren verzweifelten Abwehrversuchen der Angriffe auf ihre Psyche und ihr Selbstbewusstsein. Die Männer hören zwar ihre Nörgelei, können diese aber nicht einordnen. Selbst nach ihrer plötzlichen Konfrontation mit dem Scheidungswunsch ihrer Ehefrau kommen die fassungslosen Männer nie auf die Idee, die Nörgelei der Prinzessin, ihre Reklamationen, ihr Schmollen, ihr Zurückziehen und ihre Wutausbrüche als die Warnsirenen aus ihrer Ehewelt zu verstehen, die sie in Wahrheit sind.

Die meisten Männer setzen sich in diesen stürmischen Zeiten resigniert zu ihren Bros mit Bieren ab oder gehen mit dem Hund spazieren, tun eben das, was wahre Kerle außer Haus eben so tun, und warten, bis sich die Dame daheim wieder eingefangen hat. Sie wird sich ja schon wieder beruhigen.

Das ist zweifelsfrei richtig, solange sie bei ihm bleibt. Und sie wird früher oder später, wenn sich daheim der Pulverrauch verzogen hat, auch wieder liebenswürdig zu ihm sein – in der Hoffnung, dass ihr Ehemann ihre ihm gegenüber gezeigte Aufmerksamkeit, Rücksichtnahme und Zärtlichkeit seinerseits mit Liebenswürdigkeiten und Rücksichtnahme ihr gegenüber dankt. Schließlich hat sie ihm ja erst neulich wieder einmal deutlich, laut und mit Nachdruck ins Gesicht geschrien, welche Behandlung sie wirklich nicht mehr, nie, nie, nie wieder bekommen will! Zumeist handelt es sich ohnehin um Kleinigkeiten, wie zum Beispiel früheres und möglichst nüchternes Heimkommen aus der Kneipe. – Oder das Wegräumen seiner schmutzigen Socken.

Und wohl genau, weil es zumeist Kleinigkeiten sind, betrachten die allermeisten Männer die wilde Aufregung und Rage ihrer Partnerin darüber mit Befremden. Es ist ihnen völlig unerklärlich, wie sie sich über so etwas, was kaum der Rede wert ist, so unsäglich aufregen kann. Viele kriegen es nicht mal mit, weil sie eine Art Filter im Kopf haben, eine Art Abschaltautomatik, die ab einer bestimmten Tonlage, Lautstärke oder Stimmhöhe (der sogenannte *Kreischigkeitsfaktor*) einfach auf Durchzug beziehungsweise Autopilot umstellt. Er nickt dann betroffen, sagt Dinge wie *Verstehe!*, *Tut mit leid!* und *Hast ja recht, kommt nicht mehr vor*, denkt dabei aber bereits ans Bier und hat hinterher – ungelogen – keinerlei Erinnerung mehr an das *Gespräch*. Das kann man als eine Art Beziehungsschutzfunktion verstehen, denn damit bewahrt er sich davor, Unmut ob des Genörgels zu entwickeln und damit von seiner Seite aus die Beziehung zu gefährden. Stattdessen gibt er ihr so die Möglichkeit, Ihren Unmut zu äußern und damit abzubauen. Problem gelöst und beide sind glücklich.

Was den Frauenversteher neben dem Fehlen einer solchen Abschaltautomatik ausmacht, ist sein Wissen, dass seine konstante Nichtbeachtung von kleinen, ja kleinlichen Wünschen seiner Ehefrau ein harter Schlag auf das weibliche Selbstwertgefühl ist. Je kleiner der Wunsch ist, der von der Frau konstant vorgetragen, aber vom Mann meist ebenso konstant ignoriert und missachtet und kaum eines Wortes würdig ist, desto härter fällt der Schlag gegen das Selbstwertgefühl der Frau durch das Ignorieren aus. Wenn Ihre Frau Sie beispielsweise bittet, das Klo sauber zu hinterlassen, sie dann aber doch täglich das von Ihnen verpinkelte Klo putzen muss, wird sie unweigerlich traurig denken: *Nicht einmal diese Kleinigkeit bin ich ihm wert!*

Und schon sind wir wieder beim Fallstrick der Selbstverständlichkeit, der fehlenden Wertschätzung gegenüber dem Partner angelangt.

Das alles ist den Männern natürlich nicht fremd, sondern im Grunde genommen eine bekannte Wirklichkeit. Sie kennen diesen Blick in die Welt des Selbstwerts bestens. Stellen Sie sich vor, Ihr Arbeitskollege würde jeden Morgen über der Tastatur einer Maschine, die Sie gemeinsam bedienen, sein Brötchen essen und dann, entgegen Ihrer Aufforderung, sein schmieriges Mayo-Gebrösel

nicht beseitigen. – Wie würden Sie sich fühlen? Natürlich würden Sie ihn regelmäßig bitten, das nicht zu tun oder zumindest seine Hinterlassenschaften wegzuputzen, bevor Sie an die Maschine treten. Wenn das Ihr Arbeitskollege konstant nicht macht, würden Sie dann nicht spätestens am dritten Tag denken, er wolle Sie absichtlich schikanieren und ärgern? Sehen Sie? So fühlt sich Ihre Frau.
Und die Ehefrau beziehungsweise der haushaltführende Ehepartner ist angesichts der Leistungserbringung vor allem zu Hause ganz besonders auf Ihre Zeichen der Wertschätzung angewiesen. Ihr/e Ehepartner/in kann sich die Wertschätzung für das, was er/sie im und ums gemeinsame Haus leistet, nur bei Ihnen holen. Sie und Ihr gutes Herz, Ihre Hingabe, Ihre Aufmerksamkeit sind das, was sie/er so dringend braucht, um nicht seelisch und emotional zu verhungern.

Was aber, wenn Sie es trotz besten Vorsätzen im Alltag nicht schaffen, Ihre gewohnten, festgefahrenen, von Ihrer Partnerin oder Ihrem Partner als *Unart* bezeichnete Verhaltensweise abzulegen?
In den meisten Fällen macht das gar nichts, solange Sie ganz offen sagen, dass Ihnen das Ablegen Ihrer altvertrauten Verhaltensmuster schwerfällt, dass Sie es nicht böse oder gar abwertend meinen, sondern das Ihre persönlichen, gedankenverlorenen Unzulänglichkeiten sind, dass Sie sich bemühen, aber leider für nichts garantieren können, und ihr Ihre Liebe und Wertschätzung auf andere Weise zeigen. Sie müssen einen Ausgleich schaffen. – Die völlig unterschiedlichen Ausgleichrechnungen von Mann und Frau werden wir im Kapitel *Der Ausgleich macht glücklich* betrachten.

Im Gespräch mit einer Freundin, die vor Kurzem zum zweiten Mal geheiratet hat, stellte sich heraus, dass auch ihr Mann – wie viele Männer – seine Wäsche überall im Haus herumliegen lässt. Ob sie

das stört, wollte ich wissen. »Nein«, sagte sie mir. »Weißt du, er bringt mir jeden Morgen eine Tasse Kaffee und die Zeitung ans Bett und wir frühstücken gemeinsam im Bett und starten zusammen in den neuen Tag. So gestärkt räume ich gerne alles weg, das ist ja schnell gemacht und überhaupt kein Problem.«
Sehen Sie? Ihnen geht es doch eigentlich ganz genauso. Aber hallo: Schon sind Sie ein Frauenversteher!

Sie sehen also, liebe Männer: Ein Frauenversteher kann jede Art von Mann sein. Sowohl kernige Typen, auf deren Brust nicht nur Haare, sondern geradezu Fell sprießt, als auch die zarten Nerds und die heißen Latin Lover. Alle, auch Sie.
Wie kommen Männer überhaupt auf die Idee, dass Frauenversteher schwul sein müssen? Nein, nein, das ist nicht das gefragte Attribut, wobei allerdings das Schwulsein das Frauenverstehertum nicht ausschließt.

Ich habe mich immer gefragt, weshalb es zwar umgangssprachlich den *Frauenversteher,* nicht aber die *Männerversteherin* gibt. Liegt für die Damenwelt alles betreffend die Männer so einfach, so offensichtlich da, sodass sie nichts missverstehen, alles sehen und deshalb schon naturgemäß alle *Männerversteherinnen* sind? Vielleicht meint Frau das nur und übersieht dabei fatalerweise, dass sie dafür tatsächlich ein Mann sein müsste, was sie aber nicht ist? Oder herrscht die Ansicht vor, dass, wenn die Männer zu *Frauenversteher* werden, eine *Männerversteherin* gar nicht notwendig ist, weil sonst ja wieder eine Konfusion entstehen könnte?
Wenn der Mann zum *Frauenversteher* geworden ist und sie zur *Männerversteherin* würde, wäre dann die Situation besser oder doch schon wieder schlechter? Schließlich muss ja gemäß der altbekannten Redewendung entweder der Prophet zum Berg oder der

Berg zum Propheten. Nicht erwünscht ist aber, wenn der Berg letztendlich dort steht, wo der Prophet am Anfang war und der Prophet den ursprünglichen Platz des Berges eingenommen hat.

Sie sehen, wir kommen hier in geradezu metaphysische Sphären.

EHEHÖLLE GEWALT

Wenn von Gewalt in der Ehe gesprochen wird, kann diese selbstverständlich nicht aus dem Zusammenhang von den in der Ehe herrschenden Situationen und allen darin wirkenden Mechanismen gelöst werden. Eheliche Gewalt findet vor allem im Rahmen der Abläufe in der Honigfalle statt, aber auch in der Macht- und Kontrollausübung, dem besonderen Kennzeichen der häuslichen Gewalt.
Doch was ist eigentlich Gewalt? Ist ein Partner schon gewalttätig, wenn er/sie beispielsweise seine Schmutzsocken herumliegen lässt, sodass Sie, der ordnungsliebendere Partner, vom anderen dazu genötigt werden, hinterherzuräumen? Ist schon dieses Bestimmen des Verhaltens durch den Partner Gewaltausübung? Ist das eine toxische Manipulation im Sinne einer Gewaltausübung?
Sehr viele Ehegatten – übrigens oft beide Seiten – beklagen sich regelmäßig darüber, dass sie vom anderen tagtäglich zu einem Verhalten genötigt würden, das ihnen im Grunde genommen gar nicht passt. Der andere wisse immer ganz genau, welchen Knopf er drücken müsse, um die Puppen (das heißt: Sie!) tanzen zu lassen. Und? Ist das schon Gewaltausübung gegenüber dem Partner? Ja? Dann wäre also schon Manipulation eine Gewaltausübung. Ist das wirklich zutreffend? Dann müssten wohl 100 Prozent der Weltbevölkerung als gewalttätig angesehen werden, denn wer von uns sagte nicht schon mindestens einmal zu jemand anderem: *Bitte, tu mir doch den Gefallen, mach das doch für mich! Mir zuliebe! Niemand kann das so gut wie du! Damit machst du mich glücklich – und das ist es doch, was du willst, nicht wahr?*
Also noch einmal: Ist wirklich schon die manipulative Frage, oder dieses *Knopfdrücken* tatsächlich Gewalt, wenn sich der Angesprochene mit einem simplen *Nein* wirksam zur Wehr setzen kann? – Wohl kaum.
Dröseln wir das Ganze einmal auf und ordnen alles systematisch:

Die beiden unterschiedlichen Formen der Gewalt

Gewalt in jeder Form zermalmt das Eheglück, weil Gewalt die Lebensqualität zermalmt. Alleine sind Sie definitiv besser dran als als Gewaltopfer. Niemand möchte ein Gewaltopfer sein oder werden. Das wissen Sie. Was Sie aber möglicherweise nicht wissen ist, dass es vor allem die *Gewalt gegen sich selbst* ist, die die Ehe ruiniert. Was Ihnen möglicherweise im Zusammenhang mit der Ehe auch nicht geläufig ist, ist die Tatsache, dass es zwei unterschiedliche Formen der Gewalt gibt. Die häusliche Gewalt ist nur die eine davon und wohl weniger häufig als die andere Gewaltform, die vor allem ganz am Anfang der Ehe eine große Rolle spielt, nach einer falschen Abzweigung auf dem Eheweg, unmittelbar nach dem Ja-Wort. Unglückliche Ehepaare nehmen diese – die glücklichen nicht.
Aber wie immer schön der Reihe nach: Wenn wir hören, dass jemand Opfer von Gewaltanwendung geworden ist, nehmen wir automatisch immer sofort an, dass das Opfer von einer anderen Person misshandelt worden sei, der Täter also immer eine andere Person als das Opfer wäre. Dem ist allerdings nicht so. Ganz besonders nicht in engen, zwischenmenschlichen Beziehungen, was die Ehe nun einmal ist. Dieses natürliche Vorurteil, dass Täter und Opfer unterschiedliche Personen sein müssten, ist nämlich – höchstens – nur die halbe Wahrheit.
Die *Weltgesundheitsorganisation* (WHO) definiert in ihrem Bericht *Gewalt und Gesundheit* (2002) Gewalt wie folgt:
Gewalt ist der tatsächliche oder angedrohte absichtliche Gebrauch von physischer oder psychologischer Kraft oder Macht, die gegen die eigene oder eine andere Person, gegen eine Gruppe oder Gemeinschaft gerichtet ist und die tatsächlich oder mit hoher Wahrscheinlichkeit zu Verletzungen, Tod, psychischen Schäden, Fehlentwicklung oder Deprivation führt.[20]

Das heißt, dass es zwei unterschiedliche Formen von Gewalt gibt. Bei der ersten Form sind der Täter und das Opfer dieselbe Person. Das Opfer verletzt sich selbst. Der Täter fügt sich selbst absichtlich physische oder psychische Verletzungen zu.
Bei der zweiten Form der Gewalt fügt der Täter einer anderen Person absichtlich psychische oder körperliche Verletzungen zu. Das ist die Gewalt, wenn von *häuslicher Gewalt* die Rede ist. Das ist die Gewalt der Kriminalstatistiken.

Gewalt gegen sich selbst

Der Leitsatz der Liebe entpuppt sich nicht nur als der Honig über der Falle, sondern ist gleichsam die tarnende Maskerade für eine verborgene Form der ehelichen Gewalt jenseits aller Statistiken und kriminellen Handlungen.
Wegen dieser Tarnung wird die – teilweise sehr massive – *Gewalt nicht erkannt,* sondern sogar noch *als erwünschtes Verhalten* eines liebenden, treu sorgenden, idealen Ehepartners verkauft und von den Umstehenden beklatscht. *Selbstverleugnung, Aufopferung und Selbstzerstörung sind Formen der Gewalt gegen sich selbst* – all das geschieht ganz privat *im Geheimen, im Inneren des liebenden* Ehepartners, der glaubt, sich damit das Fantasie-Ehe-Einheits-Harmonie-Liebesglück sichern zu können.
Nur der sich Aufopfernde weiß, wie sehr ihn/sie die gelebten Opfer, das Zurückstehen, das immerwährende Rücksichtnehmen wirklich belastet. Partner und Umgebung bekommen das nicht mit.
Ganz einfach weil niemand Ihren inneren Konflikt sehen kann. Alle denken, dass Ihre Wünsche, Anliegen und Meinungen mit denen Ihres Partners identisch sind, dabei stimmt das gar nicht – der/die sich Aufopfernde steht zurück, *opfert sich.*

Dieser Form der Gewalt sind wir bereits begegnet, nämlich im Zusammenhang mit der *Veränderung von der Frau zur Ehefrau*, die sich, ihre Werte, ihre Wünsche, Anliegen und Bedürfnisse immer zurücknimmt, um die ersehnte Harmonie in der Ehe nicht aufs Spiel zu setzen. Wir sind ihr auch begegnet bei der Besprechung der Rolle der Außenstehenden, die diesem scheinbar tugendhaften Verhalten einer perfekten Ehefrau beziehungsweise eines perfekten Ehemannes, die/der sich für Partner und Familie aufopfert, zujubeln. Dabei sind diese Applaudierenden, wenn der Ehepartner die Schwelle der Gewalt gegen sich selbst überschritten hat, nichts als Brandbeschleuniger, hin zur Trennung und Scheidung. Denn mit dem freiwilligen Verzicht auf Lebensqualität und Freude (wobei natürlich auch Männer nicht davor gefeit sind), mit Ihrer gelebten Selbstzerstörung, bei der Sie sich, Ihre Werte und Ihre Persönlichkeit aufgeben, werden Sie *selbst* – wie das Wort schon sagt – am Ende *zerstört* dastehen.

Und weil Ihr Partner die Ehe nicht alleine führen kann, zerstören Sie mit sich selbst gleichzeitig auch die Ehe – und damit das Eheglück.

Das Absinken Ihrer ganz persönlichen Lebensqualität durch Selbstaufopferung, durch Selbstaufgabe, ist die ultimative Gefährdung Ihrer Ehe. Den Ihnen nun bevorstehenden Weg in die Vereinsamung zu zweit über die sieben Stufen kennen Sie bereits. Sie sehen: Schon sind wir wieder beim Honig auf der gefährlichen Falle.

Die Selbst-Aufopferung für die Ehe, die Tugendhaftigkeit dieses Verhaltens, diese enorme Fürsorge und Verantwortlichkeit für andere bis zur Selbstaufgabe, wird vom Opfertäter und dem Umfeld nur als *zuckersüße Maske der Liebe* gesehen. Die damit verbundene Zerstörung, der Zerfall hinter der Maske, wird nicht erkannt. Niemand sieht, wie der/die Opfertäter/in unter dem Deckmantel der Liebe sich selbst, die eigene Persönlichkeit, Stück für Stück demontiert, seine eigenen Werte aufgibt, mit denen er/sie sich identifiziert und sich damit über die Zeit – auch für sich selbst – unkenntlich macht.

Dabei ist doch eigentlich eines klar wie Kloßbrühe: Wenn Sie schon selbst Ihren persönlichen Werten, Bedürfnissen und Stärken keine Bedeutung zumessen, brauchen Sie sich nicht zu wundern, wenn andere – auch Ihr/e Partner/in – Ihrem Verhalten folgen und diesen Werten, Bedürfnissen und Stärken ebenfalls keine Bedeutung zumessen. Sie signalisieren Ihrem Partner ja, dass diese Ihnen unwichtig sind. Dass das nur eine scheinbare, von Ihnen vorgegaukelte Unwichtigkeit ist, wissen nur Sie ganz alleine. Ihr/e Ehepartner/in kennt Ihre persönliche Ehewelt nicht bis in die hinterste Schmutzecke und nimmt selbstverständlich an, dass das, was Sie von sich zeigen, wirklich, echt und ehrlich ist. Ihr/e Partner/in hat keinen Grund, an Ihnen zu zweifeln und Ihnen zu unterstellen, in so wichtigen Punkten zu lügen. Natürlich nicht!

Ihr/e Partner/in, der/die Sie liebt und der/dem Ihr Glück auch am Herzen liegt, ist Ihnen gegenüber natürlich empathisch, möchte Ihnen Gutes tun. Aber gerade deshalb, *weil Sie durch Aufopferung und Selbstverletzung Ihrem Partner die Unwichtigkeit Ihrer Werte, Ansichten, Meinungen, Wünsche und Stärken vorleben,* führen Sie Ihre/n Partner/in in die Irre. Ihr/e Partner/in wird natürlich *glauben, dass Ihnen das alles wirklich nichts wert ist* und sich deshalb auch nicht weiter darum kümmern.

Sie sehen also: *Wenn Sie sich, Ihre Persönlichkeit und damit untrennbar verknüpften Werte, Meinungen, Ansichten, Ecken und Kanten verleugnen und gegen außen als unwichtig erklären – wie können Sie sich dann darüber wundern, dass Sie von Ihrem Partner nicht für wichtig genommen werden?* Dass Ihr Partner Ihre hohen Werte, Bedürfnisse, Meinungen – also Sie als Person – wie einen Inventargegenstand behandelt?

Diese Selbstverleugnung, diese Selbstzerstörung durch Aufopferung ist der Grund dafür, dass der sich aufopfernde Ehepartner die Ehe am Boden sieht, weil seine Lebensqualität in der Beziehung ins Bodenlose gefallen ist. Er/Sie fühlt sich in seiner Persönlichkeit vom Partner nicht gesehen, nicht wahrgenommen, nicht geliebt, nicht wertgeschätzt.
Natürlich nicht! Der Partner weiß ja gar nichts davon, dass Ihnen Wichtiges fehlt und Sie am ausgestreckten Arm emotional verhungern! Und das hat überhaupt nichts damit zu tun, dass Ihr Partner ein *Vollhorst* ist und sich nicht um Sie sorgen und kümmern würde. Nein, das ist die Folge Ihrer eigenen Verleugnung Ihrer Werte, Ihrer Persönlichkeit – dem von Ihnen an den Tag gelegten Verhalten.
Was Sie Ihrem Partner in der Ehe vorleben, wird er für bare Münze nehmen – besonders, wenn Sie über Jahre hinweg so leben. Ihr Partner geht ja sicher nicht hin und überschüttet Sie mit etwas, was Sie

für minderwertig erklärt haben. Deshalb hat Ihr Partner auch keine Ahnung, was wirklich in Ihnen vorgeht, sondern glaubt vielmehr, dass Sie genauso glücklich wären wie er/sie auch. Das ist auch der Grund, weshalb vor allem Frauen in der Ehe unglücklich sind, während gleichzeitig die Ehemänner vom Scheidungswunsch ihrer Ehefrauen völlig überrascht und überrumpelt werden. Ein für die Männer sehr schwieriger Zustand, denn diese Überraschung zieht ihnen den Boden unter den Füssen weg. Deshalb dürfte auch die Meinung vorherrschen, dass die Männer keine Frauenversteher sind.

Wir sind wieder bei der Selbstverleugnung und der *Angst vor der Ehrlichkeit* angelangt, wieder bei den sieben Stufen in den Abgrund der Ehekrise.

Dabei wäre doch eigentlich alles so einfach: Sagen Sie doch Ihrem Herzblatt, was Ihnen wichtig ist und was nicht. Stehen Sie nicht immer von Anfang an vorauseilend zurück, sondern stellen Sie Ihre Wünsche, Ihre Werte und Ihre Ansichten und Meinungen zur Diskussion! Das sollte Ihnen nun viel leichter fallen mit dem Wissen, dass die Ehe im Inneren nun einmal auf Konflikte gebürstet ist und dass der Verzicht, der Verlust der eigenen Lebensqualität die wirkliche Gefahr für Ihre Ehe ist.

Und wissen Sie was? Nicht nur, dass Ihr Partner Sie oft in einer Konfliktsituation sehen, spüren und hören kann, Sie ermöglichen es Ihrem Partner auch, Ihnen eine Freude zu machen und selbst zu Ihren Gunsten zurückzustehen. Mal der eine, ein anderes Mal der andere. Sie erlauben Ihrem Partner auch, Teil Ihrer Ehewelt sein zu dürfen und mit Ihrer persönlichen Reife Schritt halten zu können. Das macht Sie, die Partnerschaft sowie das Leben interessant und abwechslungsreich!

Haben Sie schon einmal daran gedacht, dass Sie Großzügigkeit und besondere Wertschätzung nur dann erkennen können, wenn Sie weniger erwarten? Dasselbe gilt in der Partnerschaft: Wenn Sie konkret wissen, dass Ihnen Ihr Partner entgegenkommt, und dafür braucht es zuvor eine Konfliktsituation, zwei sich widersprechende Wünsche zur selben Zeit, fühlen Sie sich geliebt und wertgeschätzt: *Wow! So viel bin ich ihm/ihr wert!* Sie werden Ihren Partner für diese Ihnen gezeigte Wertschätzung, dieses Zeichen der Zuwendung, Fürsorge und Liebe noch mehr lieben. Denn Ihre Liebe ist nichts anderes als Ihre emotionale Antwort auf die gute, fürsorgliche, umsichtige und zuverlässige Behandlung durch Ihre/n wundervollen Partner/in, dem/der offensichtlich so viel an Ihnen liegt! Diese Win-Win-Konfliktlösetechnik werden wir im nachfolgenden Kapitel *Der Dreh der Aufwärtsspirale* miteinander entdecken.

Wo aber liegt diese fatale Grenze der Selbstverletzung, der Gewalt gegen sich selbst? Die spüren Sie in sich! Vertrauen Sie ganz getrost auf Ihr Bauchgefühl. Es gibt dafür keine allgemeingültige Richtlinie, keine umfassend anerkannte Grenze. Es sind Ihre Werte, Ihre Individualität, Ihre einzigartige Persönlichkeit. Ihr Bauchgefühl ist Ihre persönliche Grenzwacht. Sie ganz allein wissen, wo Sie Ihre persönliche Linie gezogen haben, wo Sie Ihre persönliche Schwelle von der gesunden Hingabe zum Partner und der Gewalt gegen sich selbst überschreiten.
Das Schöne daran ist, dass Sie das ja selbst in der Hand haben, weil Sie bei der Gewalt gegen sich selbst ja der/die Täter/in sind!

Wenn Sie sich – bevor Sie handeln! – zum ersten Mal vorstellen, etwas ganz Bestimmtes schon getan zu haben, zum Beispiel hohe Geldbeträge der Familie für etwas auszugeben, das Sie sich nicht leisten können … wie fühlen Sie sich dabei? Wie werden Sie sich fühlen, wenn Sie beispielsweise dem Wunsch Ihres/r Partner/in nachgekommen sind und mit ihm/ihr einen Swingerklub besucht haben?

Wenn Sie sich vorstellen, das Getane immer und immer wieder zu wiederholen, vielleicht wiederholen zu müssen, im Glauben, andernfalls Ihren Partner, Ihre große Liebe, zu verlieren: *Könnten Sie sich noch im Spiegel fröhlich und ohne Scham anlächeln?*
Wenn nicht, dann ist die Grenze ganz klar überschritten!
In diesen Fällen ist ein *Zaudern*, ein *Nachdenken*, immer wiederkehrende Gespräche und darum kreisende Gedanken ein ganz klares, ein lupenreines, glasklares *Nein* zum Raubbau an Ihrer Persönlichkeit, Ihren wichtigen Werten!

Es kann allerdings sein, dass Ihr klares *Nein* Ihrem/r Partner/in nicht passt. Es kann sein, dass Ihnen in Aussicht gestellt wird, dass Ihr Herzblatt Sie bei mangelnder Kooperation verlassen wird. Dann sind wir wieder bei der Feststellung, dass Sie dann nicht der/die richtige Partner/in für Ihr Herzblatt sind. Denn wenn Sie sich für ein Zusammenbleiben, für eine gemeinsame Zukunft zerstören müssen, wird Ihre Lebensqualität in der Zukunft mit Ihnen, Ihrer Ehe und Ihrer Liebe vernichtet.

Denn eines steht fest: Ihre Liebe ist, wie jedes andere Gefühl auch, Ihre emotionale Antwort auf die Behandlung, die Sie durch Ihre/n Partner/in in Ihrer Beziehung, in Ihrer Ehe erfahren.

Sie werden durch die geübte Selbstzerstörung innerlich leer werden, Ihre Persönlichkeit wird zerfallen. Wenn Sie sich mit Rücksicht auf Ihren Partner und Ihre Ehe so schwer verletzt haben, dass Sie außer Scham und Schmerz kaum noch etwas fühlen können, wenn Sie sich so verhalten haben, dass Sie sich vor sich selbst ekeln, werden Sie Ihre positiven, zustimmenden Liebesgefühle zur Ehe, zu Ihrem Partner, der das gewünscht hat, sowieso verlieren. Ihre Lebensqualität in der Beziehung wird ins Bodenlose fallen. Sie spüren das natürlich und werden mit zunehmender Verzweiflung Ihre Ehe als Last empfinden, Ihrem Partner vorwerfen, Sie zu miss-

achten, zu manipulieren. Sie werden ihm/ihr über die Zeit vorwerfen, ein toxischer Psychopath zu sein. Glauben Sie wirklich, dass Sie unter diesen Umständen diesen Partner auf Dauer noch Gefühle der Liebe werden entgegenbringen können?
Selbstverleugnung, Aufopferung und Selbstzerstörung sind genau das: die einzige, echte und schwere Gefahr für Ihre Ehe. Deshalb: *Lassen Sie das!*
Überhaupt, was soll das?
Selbstverleugnung, Aufopferung und Selbstzerstörung – gegenüber Ihrem/r Partner/in, den/die Sie über alles lieben? Dem/der Sie vertrauen – sich anvertrauen? Das können Sie doch locker-flockig umgehen, nicht wahr? Besonders jetzt, da Sie wissen, dass dies extrem schädlich für Sie und für Ihren Partner ist – viel, viel gefährlicher als jeder Konflikt!
Also: Lassen Sie sich ja nichts anderes einreden, weder von Ihrem/r Partner/in noch von anderen. Denken Sie immer daran, dass die Verletzung Ihres Persönlichkeitskerns Ihre Ehe gefährdet. Und das ist ja genau das, was Sie nicht wollen …

Die *Schwelle der Gewalt gegen sich selbst überschreiten* Sie, sobald Sie so viel geben, selbst zurückstecken und zurückstehen *(sollen!),* bis Ihre persönlichen Grundbedürfnisse nicht mehr gedeckt sind. Sie üben durchaus schwere Gewalt gegen sich aus, wenn Sie sich so verhalten, dass Ihre persönlichen Werte nichts mehr wert sind und Ihre Charaktereigenschaften, persönlichen Macken und Stärken, die Sie und Ihre Persönlichkeit ausmachen, verschwinden. *Wenn Ihre Persönlichkeit verschwindet, verschwinden Sie und damit auch Ihre gesunde Ehe.*

Wer für die Ihnen zugefügte *Verletzung verantwortlich* ist, ob Ihr/e Partner/in Sie manipuliert hat, oder ob Sie sich selbst verletzt haben, weil Sie nicht *Nein* gesagt haben, in der Absicht, den Konflikt zu vermeiden, oder weil Sie Ihr persönliches Ehe-Fantasie-Harmonie-Einheits-Rollenklischee verfolgt haben, *spielt letztendlich überhaupt keine Rolle*. Wesentlich ist einzig das Resultat: die zerstörerische, ehegefährdende Verletzung. Die niedrige Lebensqualität. Das emotionale Verhungern.

Deshalb: Hören Sie bitte auf Ihr Bauchgefühl! Ihr ehrliches, tiefes innere Zurückschrecken vor solchen Wünschen Ihrer/s Partner/in ist Ihre persönliche Demarkationslinie.
Und wenn Sie sich langsam selbst auszehren, was wohl der Hauptfall ist, werden Sie das irgendwann einmal bemerken. Sie werden beginnen sich leer, erschöpft, ausgelaugt, ausgenutzt und unbeachtet fühlen. Wenn das eingetreten ist, das ist meine felsenfeste Überzeugung, ist noch immer etwas Zeit vorhanden, um das Ruder herumzureißen.
Das ist Ihr spätester *Weckruf*, Ihr *persönlicher Startschuss*, um Ihre Funktion als Ehepartner/in in Ihrer Ehe neu zu überdenken und Ihr eheliches Zusammensein neu und aktiv mitzugestalten. Ihre bisherige Arbeitsthese funktioniert nicht mehr und hat ausgedient. Jetzt muss eine neue her!
Schließlich sind Sie eines der beiden Organe Ihrer Ehe, die zusammenwirken müssen, damit der Organismus Ehe reibungslos funktioniert. Dafür müssen beide gesund sein und wenn Sie sich nicht gut, nicht gesehen, nicht gesund fühlen, müssen Sie etwas unternehmen. – Sie! Nicht Ihr/e Partner/in, der/die wahrscheinlich von Ihrem Leiden nicht einmal etwas mitbekommen hat.
Warum nicht?
Weil nur Sie selbst Ihre ganz persönliche Schwelle der Gewalt, der Selbstzerstörung kennen. Sie! Nicht Ihr/e Partner/in, der/die ein anderes, wundervolles und einzigartiges Individuum mit einer ganz speziellen – anderen – Persönlichkeit ist.

Jetzt wissen Sie, wo die Gefahren für die Ehe liegen, wie die Zusammenhänge sind und wie der Mechanismus funktioniert. Jetzt können Sie wirksam gegensteuern.

Merksätze für Notfälle und Eilige:

1. Vor Aufopferung und Selbstverleugnung, die in Selbstzerstörung führt, müssen wir uns fernhalten, damit die Hochzeit Ihrer Ehe anhält und Sie Ihr persönliches Eheglück finden können.

2. Die Stufen hinab in den Abgrund bis zur selbstzerstörerischen Gewalt sind klar:
   - Geben ist hui!
   - Sich opfern ist pfui!
   - Sich zerstören ist tödlich!

3. Tragisch ist, dass ein sich aufopfernder Partner keine Zeichen der Liebe aussendet, sondern in Wahrheit Gewalt gegen sich selbst ausübt, indem er/sie die eigenen Bedürfnisse – die Ausprägung seiner Persönlichkeit sind – verleugnet und vernachlässigt.

4. Die Ehe wird auch damit zur Gewaltehe und dem Scheidungsgrund zugeführt.

5. Missachten Sie Ihre eigenen Bedürfnisse, wird auch Ihr/e Partner/in diese missachten, denn schließlich hört Ihnen Ihr/e Partner/in zu, respektiert Sie und nimmt Ihre Äußerungen ernst.

6. Daher im Ernst: Woher soll Ihr/e Partner/in wissen, dass Sie in Wahrheit diese konkreten Bedürfnisse haben, wenn Sie ihm/ihr sagen, Ihnen sei das alles völlig gleichgültig? Durch Selbstverleugnung verweigern Sie Ihrem/r Partner/in die Möglichkeit, Sie so zu sehen, wie Sie sind, und sich an dem orientieren zu können, was Ihnen wirklich gefällt oder missfällt.

Häusliche Gewalt

Bei diesem Abschnitt habe ich am meisten mit mir gerungen, denn hier schlagen wir auf dem absoluten Tiefpunkt der Ehe auf. Hier, in der tiefsten Ehehölle, muss man sinnbildlich kilometerweit nach oben graben, um noch einen Regenwurm zu Gesicht bekommen zu können. Schon allein der Gedanke, Gewaltopfer des/r geliebten Partner/in werden zu können, ist sehr beängstigend. Verlobte und Frischvermählte in ihrem Ehehimmel wollen von diesen Niederungen sicher nichts hören.
Allerdings wäre das Buch seltsam unfertig gewesen, weshalb ich mit Ihnen auch dieses tiefe Drecksloch der häuslichen Gewalthölle kurz besichtige.

Bei der häuslichen Gewalt ist der/die Täter/in eine andere Person als das Opfer. Diese Gewaltform ist die Gewalt der Behördenverfahren, Kriminalstatistiken und Richter. Diese Gewaltform ist dem Grundsatz nach auch losgelöst von der persönlichen Beziehung zwischen Täter und Opfer. Ein/e völlig fremde Person kann Sie angreifen und verletzen. Nur wenn von *häuslicher* Gewalt gesprochen wird, heißt das, dass Täter/in und Opfer im gemeinsamen Haushalt leben.

Während gemäß meinen Erfahrungen in praktisch allen gescheiterten Ehen die Selbstverletzung zumindest eines der beiden Ehepartner vorliegt und der Mechanismus über die sieben Stufen der Abwärtsspirale greift, scheint die echte häusliche Gewalt in Partnerschaften eher die Ausnahme zu sein.

Natürlich kommt es auf dem Weg durch die Abwärtsspirale immer wieder zu durchaus auch schweren Beleidigungen zwischen den Ehepartnern, ganz besonders, wenn die letzten Stufen betreten werden, wenn der Ton rauer wird und auf dem Weg in die Tiefe ein Wort das andere gibt und sich auf beiden Seiten Ärger, Unsicherheit, Trauer und Hilflosigkeit auftürmen. Oft scheint es allerdings so zu sein, dass diese Beleidigungen eher der Verzweiflung über das fehlende Verständnis für den jeweils anderen Partner und dessen Situation geschuldet sind. Sogar die Aussage *Ey! – Es sind deine Probleme! – Ich glaube, du bist psychisch krank und brauchst einen Psychiater!* ist unter diesem Gesichtspunkt erklärbar.

Wir erinnern uns daran, dass es tatsächlich keine Eheprobleme gibt, sondern dass es sich bei sogenannten *Eheproblemen* stets um ein Beziehungsproblem nur eines Partners handelt, das der andere wirklich nicht hat. Und wir erinnern uns auch daran, dass die Selbstverleugnung und die Selbstaufopferung – die gewaltsame Eigenzerstörung, der Beginn des Endes – sich im Inneren des sich aufopfernden Partners abspielt, weshalb der andere davon nichts mitbekommt.

Mit Rücksicht auf diese Umstände kann *mit gutem Willen* deshalb selbst diese Aussage (*Du brauchst einen Psychiater*), die auf etwa der sechsten Stufe in der Abwärtsspirale erwartet werden kann, nicht als Beleidigung, sondern als verzweifelter Versuch gewertet werden, dem anderen Partner klar zu machen, dass man selbst kein Problem mit ihm, mit der Ehe hat, dass alles in Ordnung ist – der Alarm kann ausgeschaltet werden. – Natürlich fasst es der sich (heimlich) aufopfernde Partner, der angeblich psychiatrischer Behandlung bedürfe, als Beleidigung, als auf ihn ausgeübte Gewalt, auf. Aus seinem Blickwinkel ist ihm/ihr das auch nicht zu verdenken.

Aber, das alles wissen Sie ja schon, sodass Sie jetzt in der Lage sind, sich nun bewusst, frühzeitig und aktiv von solchen Schwierigkeiten, der Abwärtsspirale, fernhalten.

Kommen wir zurück zur hässlichen Fratze der häuslichen Gewalt, den psychischen Terrorakten, wie Drohungen, Erniedrigungen, Beschimpfungen, Kontaktkontrollen, Belästigungen und Ähnlichem, den Schlägen, Tritten, Freiheitsberaubungen, Entführungen, Vergewaltigungen und andere Misshandlungen bis hin zur Tötung. Für all das gibt es zwar Erklärungen und Mechanismen, aber *niemals Entschuldigungen.*

Beide Geschlechter neigen zu Gewalt, Männer laut Statistik deutlich häufiger als Frauen. Gemäß der kriminalstatistischen Auswertungen des BKA im Berichtsjahr 2020 stiegen die Fälle von Partnerschaftsgewalt weiterhin. Rund 79 Prozent der *Tatverdächtigen im Rahmen der Partnerschaftsgewalt* waren Männer, nur 21 Prozent Frauen.[21] An den offiziellen Gewaltstatistiken sind jedoch meines Erachtens Zweifel angebracht. Einerseits weil nach *Gewaltereignis* gezählt wird und nicht nach *Gewalthaushalt*, denn damit tauchen die Gewaltpartner in der Statistik mehrfach auf. Ist die Schwelle der Gewaltanwendung einmal überschritten, ist der Damm gebrochen und es bleibt praktisch nie bei einem einzelnen Angriff, auch weil der Opferpartner Schwierigkeiten hat, den Täterpartner zu verlassen. Andererseits gibt es wohl eine sehr beachtliche Dunkelziffer, und zwar beide Geschlechter betreffend. Dass Männer Opfer von häuslicher Gewalt werden ist nach wie vor ein Tabuthema. – Mann spricht nicht darüber. Für viele Männer ist die bratpfannenschwingende Ehefrau leider Realität und es ist für sie sehr schambehaftet, zugeben zu müssen, von ihrer Partnerin erniedrigt, kontrolliert, erpresst, bedroht und verprügelt zu werden. Zudem haben sie auch Angst, dass man ihnen nicht glaubt und ihnen unterstellt. selbst Täter und nicht Opfer zu sein, besonders wenn sie der Angreiferin körperlich überlegen sind und sich theoretisch eigentlich wehren könnten.[22] Die Notwendigkeit Männerschutzhäuser zu errichten, rückt erst langsam in den Fokus der Politik.

Die Wahrscheinlichkeit, dass bei Ehen, in denen häusliche Gewalt herrscht, schon zu vorehelichen Zeiten häusliche Gewalt ein Thema war, ist ebenfalls hoch. Dennoch berichten die von Gewalt Betroffenen auch davon, dass es erst nach der Heirat, allerdings oft schon kurz danach, zu den ersten Schlägen gekommen sei. Das ist nachvollziehbar, denn das Rollenklischee eines frisch gebackenen Ehepartners verändert und vergrößert das Repertoire der Wünsche, wie sich der andere als *perfekter Ehepartner* zu benehmen habe. Entspricht dessen Verhalten nicht der Vorstellung des Rollenklischees, wenden unbeherrschte Wütende Gewalt an, um sich den/die Partner/in gefügig zu machen.

Sowohl Frauen als auch Männer neigen dazu, vom Partner bestimmte Handlungen beziehungsweise Unterlassungen ultimativ einzufordern, die der Fordernde von seiner persönlichen Warte aus als in einer perfekten Ehe unabdingbare Selbstverständlichkeit wertet.

Es gibt zwei Triebfedern für diese Form der Gewalt: Zum einen steckt die Absicht des/der Täter/in dahinter, die Freiwilligkeit seines Opfers durch Gewaltanwendung zu ersetzen. *Wer Gewalt anwendet, will etwas haben, das sein Gegenüber ihm nicht freiwillig geben will.* Der Widerstand des Opfers wird durch die Zufügung von Verletzungen gebrochen oder die Drohung, Verletzungen zufügen zu wollen, sollte das Gegenüber nicht spuren. Das Opfer soll gefügig und mundtot gemacht werden. – Die Vorstufe der Tötung, des Auslöschens des Lebens, ist erreicht. Selbstverständlich sind auch Beschimpfungen, Erniedrigungen, Drohungen und Erpressungen, in welcher Form auch immer, Gewaltanwendungen. Es geht darum, das Opfer klein zu machen. *Es wird Kontrolle und Macht über den/die Partner/in ausgeübt.* In dieses Kapitel der *Gewalt* gehören auch *Handykontrollen* sowie sonstiges *Hinterherschnüffeln* um die sozialen Kontakte des anderen Partners zu kontrollieren und andere Lebensumstände in Erfahrung zu bringen, die das Opfer nicht freiwillig preisgeben möchte sowie dem/r Partner/in zu verbieten, die Wohnung verlassen zu dürfen.

Nun heißt es auf einmal: *Das hat man eben als guter Ehemann / gute Ehefrau so zu tun! Das, und genau das, ist nötig, damit die Ehe glücklich ist und bleibt! Dieses eine, von mir ultimativ verlangte Verhalten von dir! Ich will, dass du ...*

Was aber, wenn das, was der eine will, vom anderen nicht erbracht wird? Wenn Worte des aggressiven Ehepartners nicht ausreichen, um den anderen dazu bringen, das Gewünschte zu tun oder zu liefern? – Der gewaltanwendende Teil will dann die Widerrede seines Gegenübers durch bewusstes Zufügen von Verletzungen und Schmerzen ersticken und die eingeforderte Situation gegen den Widerstand des Ehepartners durchsetzen.

Gewalt kann andererseits auch als Blitzableiter benutzt werden. Das ist die zweite Triebfeder.

Fühlt sich ein/e Partner/in beispielsweise im Job von den Kollegen klein und niedergemacht, wie ein Wurm, kann er/sie wenigstens daheim durch die Anwendung von Gewalt Dampf ablassen, sich

abreagieren und zeigen, wo der Hammer hängt! Wenigstens in den eigenen vier Wänden hat man dann die Hosen an! Das Opfer – der/die Partner/in – soll sich auch als Wurm fühlen, damit die Augenhöhe wieder stimmt ...
Soweit darf es einfach nicht kommen! Niemals!

Alle von uns verspüren manchmal in schwierigen Situationen, in denen wir uns angegriffen und niedergemacht sehen, diese zornige Ohnmacht, die vom Bauch her heiß nach oben aufsteigt. Sobald dieser heiße Zustand bemerkt wird, ist es unabdingbare *Pflicht,* sich *sofort* selbstbeherrscht aus der ärgerlichen Situation zu entfernen.
Sofort und ohne ein weiteres Wort zu sagen!
Sofort, in der Sekunde, noch bevor im Inneren weitere Zorntriebwerke der Wutrakete gezündet werden.
Sie wissen: Sie entscheiden! Sie haben die Wahl, sich aus der Situation zu entfernen und sich durch Sport, Spaziergänge, wilde Tänze abzureagieren.
Die andere Wahlmöglichkeit? Die ist nicht akzeptabel! Lassen Sie das! Schon das Glitzern in den Augen, bevor die Hand erhoben wird, bevor die Erniedrigung ausgesprochen wird, ist nicht akzeptabel.
Es gibt Partner/innen, die das Entziehen des anderen aus der Situation nicht akzeptieren und auf der Stelle alles geklärt haben wollen. Sie rennen daher dem Partner nach, der sich aus der Situation nehmen will. Lassen Sie das ebenfalls sein! Respektieren Sie Ihre/n Partner/in und gönnen Sie ihm/ihr den Freiraum in belasteten Situationen – auch zu Ihrer eigenen Sicherheit und zu Ihrem Schutz. Einem schlecht gelaunten Löwen nachzurennen, der/die sich zurückziehen will, ist einfach keine gute Idee. Lassen Sie das also! Er/sie wird wiederkommen, sobald er/sie sich beruhigt hat. Sowieso ist klar, dass in Stresssituationen gar kein vernünftiger Umgang

miteinander möglich ist. Erst in der Ruhe können Sie gut miteinander umgehen und sprechen. Lassen Sie sich dafür Zeit – es eilt ja nicht. Schließlich haben Sie ja geplant, weitere Jahre miteinander verbringen zu wollen. Ob Sie Ihr Problem jetzt sofort in Wut oder erst in ein paar Stunden in Ruhe klären, macht zeitlich gesehen keinen Unterschied, mit Blick auf das Eheglück hingegen ist das matchentscheidend.

Glasklar, dass mit Gewalt auch das Eheglück zerstört wird, nicht nur der/die Partner/in. *Denn für das Eheglück ist das Wohlbefinden beider Ehepartner, die zusammen die Ehe leben, ein absolutes Muss.* Durch Gewalt sinken das Wohlbefinden und die Lebensqualität des/der verletzten Partner/in in bodenlose Tiefen.

Merksätze für Notfälle und Eilige:

1. Der Täterpartner bei häuslicher Gewalt braucht den Opferpartner zum Missbrauch.

2. Die einstige Liebe des Opferpartners wird durch Abscheu, Ekel und Angst ersetzt. Das wollen Sie beide nicht!

3. Nur schon das Glitzern in den Augen, bevor die Stimme beziehungsweise die Faust erhoben wird, um den Schlag zur Tötung des Eheglücks auszuführen, ist nicht akzeptabel. Also: Nehmen Sie sich zusammen und reagieren Sie sich anderweitig ab, beispielsweise durch Sport.

Der Kitt der Gewaltehen

Für viele Außenstehende ist es schlicht unverständlich, dass sich viele von Gewalt betroffenen Ehepartner nicht aus der Gewaltehe befreien können. Sie stehen daneben, schütteln den Kopf, rufen *Geh doch einfach weg!* und stellen fest, dass keine Loslösung stattfindet.
Sie wissen es jetzt natürlich besser. Es sind vor allem die *eigenen Schuldgefühle*, die das Weggehen schier verunmöglichen.
Liegt häusliche Gewalt vor, sind es auch in erster Linie die eigenen Schuldgefühle und in zweiter Linie die nostalgische Hoffnung sowie Angst, die Sie an die Ehe anketten.
Wie bitte? Schuldgefühle? Beim Opfer häuslicher Gewalt? – Aber natürlich!
Gewaltopfer glauben, dass Sie nicht gut genug seien. Sie sehen sich als Versager, weil sie *dem Idealbild einer perfekten Ehefrau* beziehungsweise eines *perfekten Ehemannes nicht entsprechen*. Deshalb sehen sie sich für die Entstehung der Gewaltsituation mitverantwortlich. Weshalb sollten sie also den/die gewalttätige/n Partner/in verlassen, wenn sie selbst versagt haben?
Der Vorsatz der Gewaltopfer: *Es besser zu machen.* Sich noch mehr anzustrengen, dem Rollenideal zu entsprechen, um den/die gewalttätige/n Partner/in nicht mehr zu provozieren.
Anders als der fremde Täter, der hinter einem Busch hervorspringt und angreift, kennt das Opfer häuslicher Gewalt den/die Täter/in – den (einst) so innig geliebten Menschen. Beim häuslichen Gewalttäter handelt es sich um Ihre engste Beziehungsperson. Um die Person, die Sie einmal sehr liebten und mit der Sie auch sehr schöne Zeiten erlebt haben – und zwischen den Gewaltattacken auch immer wieder erleben. Ein Wechselbad der Gefühle durch Zuckerbrot und Peitsche.

Und natürlich möchte der Gewaltpartner vor niemandem, auch nicht vor sich selbst, als der unbeherrschte, böse, gemeine und widerliche Gewaltmensch dastehen, der er/sie in Wahrheit ist.

Zur eigenen Rechtfertigung – sonst könnte man sich ja nicht mehr im Spiegel anschauen – tischt er/sie seinem Opferpartner eine Mischung aus Schuldzuweisung sowie Liebes- und Besserungsschwüren auf. Er/Sie behauptet, dass er/sie den Opferpartner liebt, aufrichtig liebt, und fällt oftmals sogar auf die Knie.

Weil er/sie natürlich weiß, wie unglaubwürdig seine Liebesbekundungen in den Ohren des verletzten Opfers sein müssen, schiebt er/sie diesem eine Mitschuld am Gewaltausbruch zu. Der Gewaltpartner weist den Opferpartner darauf hin, dass er/sie eben das eine oder andere getan (oder nicht getan) habe und man wisse doch, wie sehr einen das zur Weißglut treiben würde. Der Opferpartner hätte es ganz offensichtlich darauf angelegt gehabt, dass der Gewaltpartner die Fassung verliert.

Natürlich bringt der Opferpartner dafür ein gewisses Verständnis auf und muss zugeben, sich nicht ideal verhalten zu haben. Vielleicht war sie mit einem etwas zu kurzen Kleid unterwegs gewesen, oder er hatte seiner Ex beim Regalemontieren geholfen. Der Opferpartner weiß natürlich ganz genau, wie sehr der Täterpartner solches Verhalten hasst – und zieht sich so den Mitverschuldensschuh an.

Auf diese Weise erreicht der Täterpartner, dass *sich der Opferpartner selbst die Schuld am Gewaltausbruch gibt* – aus welchen Gründen soll er/sie den/die Täter/in – und die Ehe – verlassen? Schließlich hat er/sie ja selbst versagt ... Die Idee setzt sich fest: Hätte der Opferpartner nicht zuvor dieses, vom Täterpartner verhasste Verhalten an den Tag gelegt, wäre es nie zu seinem/ihrem Gewaltausbruch gekommen. Der Opferpartner ist selbst schuld, den Täterpartner bis zur Weißglut getrieben zu haben. Der Täterpartner ist halt auch nur ein Mensch ...

Diese, sich in der Ehe festbeißende Denkhaltung ist, mit Verlaub, bizarr.
Genauso wenig wie ein Kleiderstil einen Fremden zu Gewalttaten provozieren kann, kann der Opferpartner durch sein Verhalten die gegen ihn angewandte Gewalt quasi bestellen: *Herr Ober? Einmal eingeschlagene Zähne und einen gebrochenen Arm, bitte!*
Sie sehen, wie absurd das ist.
Gepaart mit dem Tragen des Schuhs des Verschuldens am Gewaltausbruch, wird der Opfertäter vom Täterpartner Glauben gemacht, er/sie würde vom Täterpartner geliebt. Alles werde gut, wenn der Opferpartner nur etwas mehr Rücksicht nehme. Dann würde alles wieder so schön wie früher ... ganz bestimmt ... An der Liebe des Täterpartners gibt es nichts zu bezweifeln: Gerade gestern war der Täterpartner ja wieder so lieb und charmant, kam mit Geschenken und einer Flasche Champagner und bat noch einmal küssend um Verzeihung.

Allerdings nützen sich mit der Zeit selbst diese Schuldgefühle und alle Liebesschwüre ab. Mit der Zeit, wenn die Gewalt das Leben aus der Ehe herausgeprügelt hat, spielt es keine Rolle mehr, wer was wann getan hat und warum. Die Liebe ist weg und mit der Zeit stirbt auch die Hoffnung, diese wiederzufinden. Mit der Zeit will der Opferpartner einfach nur noch weg, raus, sich selbst wieder frei spüren können, ohne die ewige Angst, wieder zu versagen, wieder Gewalt zu *bestellen*. Angst vor der Gewalt der/des anderen. Als Single hört der Opferpartner nicht ständige, brutale Kritik – er versagt nicht mehr, wird nicht mehr Opfer von Gewalt, sondern kann in Ruhe leben.
In dieser Situation versucht der Täterpartner den Opferpartner mit Drohungen zurückzuhalten. Wenn der Täterpartner sie/ihn nicht haben kann, soll auch kein anderer sie/ihn haben. Er/Sie werde dem Opferpartner das Leben zur Hölle machen.

Was die Opferpartner normalerweise nicht wissen: Es ist der Täterpartner, der den Opferpartner nicht ziehen lassen will, weil er ihn braucht. – Zum Missbrauch braucht. Damit er/sie sich wenigstens daheim als Chef fühlen kann, damit er an einem Schwächeren Dampf ablassen kann oder was auch immer der wahre Grund für die Gewalt ist.
Tja, lieber Opferpartner: Gebraucht werden zum Missbrauch. – Sonst noch was?

Sind Sie gegen sich selbst gewalttätig geworden, was der wohl weitaus häufigere Fall der ehelichen Gewaltanwendung sein dürfte, mögen Sie zwar Ihrem Partner Manipulation vorwerfen, ihm/ihr emotionale Verkrüppelung unterstellen und ihm/ihr vorhalten, egoistisch als Single mit Anhang durchs Leben zu gehen.
Aber gleichzeitig machen Sie nur das, was man eben Ihrer Meinung nach als *gute Ehefrau* beziehungsweise *guter Ehemann* so tut. Sie leisten nur das, was Ihrem Idealbild entspricht – eine Selbstverständlichkeit, nötig, um das Eheglück zu finden.
Weil Sie aber Ihrem eigenen Ideal, dem Sie nachjagen, niemals gerecht werden können, betreiben Sie Raubbau an sich, an Ihrer Persönlichkeit, verraten Ihre Bedürfnisse. Was nämlich immer wieder vergessen wird: Sie sind ein Mensch aus Fleisch und Blut, mit viel mehr Facetten als jede Fantasie-Idealfigur. Natürlich Sie sind nicht immer der/die nur treu-doof Gebende, sondern Sie stellen auch Forderungen an Ihre/n Partner/in, haben Ängste, Probleme, stehen auch manchmal mit schlechter Laune auf und zetteln so manchen Konflikt an. Sie verkörpern in Ihrer Ehe nichts weniger als das pralle Leben und werden sich – bei aller Gewalt und Selbstdisziplin – niemals auf eine einfältige, immer fröhliche, immer schöne, immer singende und hüpfende Prinzessin oder den immer tapferen, feurigen Ritter, der die Welt rettet, reduzieren können.

Dass Sie im wirklichen Ehealltag nicht Ihrem persönlichen Idealbild des perfekten Ehepartners entsprechen können, werten Sie als Ihr persönliches Versagen. Wenn Sie *als Ehepartner versagen,* wen wunderts dann, *wenn Sie kein Glück in Ihrer Ehe finden?* Weshalb sollten Sie Ihre/n Partner/in verlassen, wenn in Ihren Augen vor allem Sie selbst an der ehelichen Misere schuld sind? Sie glauben auch noch froh sein zu müssen, nicht verlassen zu werden – so unvollkommen wie Sie sich fühlen und in Ihren Augen in der Ehe verhalten.

In beiden Fällen der Gewalt herrscht die fatale und bizarre Denkweise vor, dass es bekanntlich ja immer zwei brauche – so sagt man wenigstens. Dass Ihr/e Partner/in auf Ihre Aufopferung nicht so reagiert, wie Sie sich das zuvor ausgemalt haben – das muss doch an Ihnen liegen! Denn Sie kennen Ihren Partner ja. Er/sie ist nicht emotional verkrüppelt – das genaue Gegenteil ist der Fall. Das wissen Sie schon aus vorehelichen Zeiten …

Sie werden sich also auch in den Fällen von Gewalt gegen sich selbst noch mehr anstrengen und das alles genau so lange mitmachen und Ihre Aufopferung weiter erbringen, bis Ihre persönliche Lebensqualität so weit unten ist, dass Sie zu der Überzeugung gelangen, alleine besser und vor allem glücklicher, zurechtzukommen.
Eines Tages können Sie es schlicht nicht mehr ertragen, so viel für so wenig zu erbringen. Ganz egal, ob Sie versagen oder nicht.
Wenn Sie allein sind, wird Ihnen Ihr Versagen wenigstens nicht immer wieder vor Augen geführt – schon das alleine bedeutet für Sie eine Befreiung. *Und das ist der Wendepunkt jeder Form der partnerschaftlichen Gewalt.*

Merksätze für Notfälle und Eilige:

1. Um keine Gewalt aufkommen zu lassen, verstümmeln Sie nicht selbst Ihre wundervolle Persönlichkeit und erwürgen Sie nicht Ihre wahren Bedürfnisse.

2. Ihr/e Partner/in liebt Sie als Gesamtpaket, als wunderbares Individuum – es gibt also gar keine Veranlassung, sich vom spannenden, interessanten und facettenreichen Menschen in eine langweilig-doofe Figur verwandeln zu wollen. Leben Sie Ihr wundervolles Ich, in das sich Ihr/e Partner/in so sehr verliebt hatte, doch einfach weiterhin aus!

3. Sobald Sie merken, wie in Ihnen die Wut heiß vom Bauch her aufsteigt und die Triebwerke der Zorn-Rakete zünden, entziehen Sie sich sofort und ohne ein weiteres Wort zu sagen aus der Sie belastenden Situation. Gehen Sie! Lassen Sie Ihr/e Partner/in stehen, um diese/n und die Ehe nicht schwer zu schädigen. Reagieren Sie sich anderweitig ab, beispielsweise durch gesunden Sport.

4. Wenn sich Ihr/e Partner/in einer Konfliktsituation entzieht, akzeptieren Sie das, lassen Sie sie/ihn gehen und verlegen Sie die Diskussion auf später, wenn sich alles wieder etwas beruhigt hat.

5. Verfolgen Sie niemals einen schlecht gelaunten Löwen!

6. Schuldgefühle, Angst und die Hoffnung, das verlorene Glück wiederfinden zu können, sind der Kitt von Gewaltehen.

7. Das Eheglück ist tot.

Uff, geschafft! Gratulation!
Jetzt kennen Sie die Fallstricke und Honigfallen und haben tapfer einen Blick in die Ehehölle der Gewalt geworfen. Jetzt wissen Sie, woher das alles kommt.

Nun wenden wir uns Erfreulicherem zu – dem Umdenken, damit Sie diese, nun bekannten, Schwierigkeiten umgehen können.

UMDENKEN – DER WEG INS EHEGLÜCK

Der Umbau des Fallstricks zum Fangnetz

Kappen Sie den Fallstrick und bauen Sie ein Ehe-Fangnetz! Wie? Nichts leichter als das! Führen Sie sich einfach vor Augen, wie Ihre Arbeitsbelastung und Ihr Armutsrisiko im Alltag ohne Ihren Partner in der aktuellen Situation wäre: Wenn Sie allein wären, müssten Sie die Arbeiten, die Ihr Herzblatt tagtäglich erledigt, zusätzlich zu dem, was Sie leisten, auch noch abarbeiten. Auch wenn Sie jetzt viel tun, keine Frage, es wäre noch mehr. Deutlich mehr sogar.

Nur das äußere Ritual der Hochzeit begründet die Idee, dass Ihr Herzblatt nun auch etwas für die Ehe tun müsse – also übertragen auf das Innere der Ehe: nicht nur für sich selbst, sondern auch für Sie. Die Arbeitsleistung im Vergleich zum Singleleben verringert sich auf beiden Seiten – und dafür kann man sich doch bei Ihrer Liebe bedanken, die Sie so effektiv im Alltag entlastet. Auch wenn Ihnen das Eherecht grundsätzlich einen Anspruch auf Beistand Ihres Ehepartners gibt: Dieses Mitprofitierenkönnen von der Leistung eines anderen Menschen, das ist doch im Grunde genommen gar nichts Selbstverständliches! Verdient Ihr Partner dafür nicht ein dickes Dankeschön? Und zwar regelmäßig, er/sie leistet das seine/ihre ja auch regelmäßig … Nichts hindert Sie daran, es zu schätzen, wenn Ihr Ehepartner Ihnen wirklich zur Seite steht. Sagen Sie es Ihrer großen Liebe! Öffnen Sie Ihren Mund und bedanken Sie sich! Nichts im Leben ist selbstverständlich – nicht einmal das Leben selbst! Es ist nicht selbstverständlich, dass Ihr Partner jeden Tag brav zur Arbeit geht und nicht auf Weltreise. Es ist nicht selbstverständlich, dass Sie abends in ein ordentliches Heim kommen können, wo Sie nur den Kühlschrank öffnen brauchen, um

sich etwas zu essen herauszunehmen, ohne dass Sie vorher noch einkaufen gehen mussten. Wo Sie in ein sauberes Bett fallen können, dessen Laken Sie nicht selbst haben waschen und bügeln müssen. Sagen Sie Ihrem Partner für seine Leistungen Danke, sagen Sie ihm/ihr, wie sehr Sie ihn/sie schätzen, lieben, begehren!
Sehen Sie? Schon sind Wertschätzung und Steigerung der Lebensqualität da. Vor allem auf der in der Ehe so wichtigen emotionalen Ebene. Sie fühlen sich und Ihre Leistung, Ihre Bemühung um die Ehe und den Partner gesehen. Wenn Sie Wertschätzung dieser Art erfahren, werden Sie sich absolut nie wie die Kommode an der Wand fühlen, die nur dann beachtet wird, wenn man etwas aus der Schublade herausnehmen möchte.
Geleistete Arbeit und Selbstwert sind eng miteinander verknüpft. Das gilt sowohl am Arbeitsplatz als auch zu Hause. Werden Sie in dem, was Sie alltäglich tun und schaffen, ständig kritisiert, vielleicht sogar gemobbt, werden sich in Ihnen Ärger, Frustration, Wut, Unsicherheit und Trauer breitmachen. Sie werden sich als Versager fühlen, aber auch als ungerecht behandelt. Ihr Selbstwert sinkt in den Keller. Nur Trotz lässt dieses ab und zu wieder einmal aufblitzen. Sie werden die Freude an Ihrer Arbeit verlieren und sich im Team nicht mehr wohlfühlen.
Genau dasselbe gilt auch für die Arbeiten für und um die Ehe. Und zwar beidseitig. Derjenige, der ständig kritisiert wird, dem vermittelt wird, er könnte doch eigentlich noch viel mehr für das Wohl der ehelichen Gemeinschaft beitragen, und das bitte auch noch schneller und von besserer Qualität, wird sich ausgenutzt, nicht wertgeschätzt und deshalb ungeliebt fühlen – und als Versager. Doch auch im Partner, der immer und überall beim anderen Partner Verbesserungsbedarf sieht, wird das Gefühl hochkommen ausgenutzt zu werden, weil er gefühlt selbst mehr leistet, vielleicht auch die schlampige Arbeit des anderen immer wieder verbessern muss –

ohne den entsprechenden Gegenwert zu erhalten. Weil er/sie von der fehlenden Bemühung, vom fehlenden Interesse des anderen an der Ehe und der Gemeinschaft ausgeht – sonst wäre doch der Einsatz größer, nicht wahr? – wird er/sie sich ebenfalls nicht wertgeschätzt und nicht geliebt fühlen.

Überhaupt ist Arbeit oft *der* zentrale Punkt, der das Selbstwertgefühl in der ehelichen Gemeinschaft rasch in den Keller rasseln lässt – und damit die Lebensqualität. Nicht wegen der Arbeit selbst, sondern weil das Echo des Partners über die Qualität der Arbeitserledigung direkt mit dem Gefühl der Wertschätzung untrennbar verknüpft ist.

Aber ist es wirklich so zentral in einer Ehe, dass die Arbeitslasten fair verteilt sind und auch abgeleistet werden? *Jein* ist wohl die korrekte Antwort: Ein klares *Nein*, weil Sie schließlich Ihren Partner als wundervollen Menschen geheiratet haben und nicht in seiner Funktion als Arbeitstier. Aber auch ein klares *Ja*, weil eben auch im Zusammenleben Arbeiten anfallen, die unbedingt regelmäßig und von mindestens durchschnittlicher Qualität erledigt werden müssen, damit die wirtschaftliche und soziale Sicherheit der Familie gewährleistet ist. Und noch einmal ein *Ja*, weil wir alle unser Selbstwertgefühl zu einem maßgeblichen Teil nicht nur aus dem Echo aus unserer Arbeit und unseren Bemühungen ableiten, sondern auch daraus, wer was erledigen soll.

Was heißt das alles nun für Sie und Ihr Eheglück? Sollte Sie einmal – oder mehrmals – das Gefühl beschleichen, Ihr Ehepartner hätte seine ehelichen Pflichten heute nicht erfüllt – bringen Sie ihm/ihr doch einfach Goodwill anstatt Kritik entgegen. Versuchen Sie, in Erfahrung zu bringen – wenn Ihr Partner gestresst wirkt, gerne bei einer Tasse Tee (oder einem anderen Lieblingsgetränk) –, ob denn Ungewöhnliches vorgefallen ist und falls ja, was denn genau. Auf diese Weise helfen Sie, anstatt zu kritisieren. Denken Sie an die Tage vor der Heirat zurück: War das nicht genau das, was Sie jeweils in solchen Situationen getan haben? Gefragt und zugehört, interessiert, den Menschen an Ihrer Seite näher kennenzulernen? In Erfahrung zu bringen, wie er/sie tickt? Falls es einer jener Tage war, an denen wieder einmal rein gar nichts von der Hand ging, also kein besonderer Grund gegeben ist ... ist das wirklich sooo schlimm?! Gemütliche zehn Minuten miteinander und vielleicht ein leichtes – oder großes – Lachen über unterlaufene Missgeschicke sowie eine helfende Hand, um über Peinlichkeiten hinwegzukommen, wirken Wunder, ganz besonders in der Ehe.

Vielleicht stellen Sie in diesen ruhigen Minuten sogar erstaunt fest, dass das, was in Ihrer Vorstellung vom Partner an Arbeit für die Ehe hätte geleistet werden sollen, in seiner Welt völlig unnötig ist! Und schon haben Sie wieder einen Blick ins eheliche Ausland Ihrer Ehe geworfen, lernen eine neue Facette Ihres geliebten Partners kennen und wissen nun, dass das Verhalten Ihres Partners nichts mit Missachtung der Ehe oder Ihrer Person zu tun hat. Es herrschen einzig unterschiedliche Vorstellungen in der jeweils anderen Ehewelt, was zum Gelingen selbiger nötig ist.

Woran Sie sich aber festhalten können ist, dass üblicherweise keiner der Partner vom anderen über Gebühr profitieren und diesen ausnehmen möchte, sondern seinen Teil zum Gelingen Ihrer gemeinsamen Ehe und Ihrer Beziehung beitragen will. Das alles wird aber jeweils aus völlig unterschiedlichen Blickwinkeln betrachtet. So gesehen lernen Sie Ihren Partner jeden Tag immer wieder aufs Neue kennen. Das hält Sie beide und Ihre Ehe jung und frisch.

Wenn es aber um die Vernachlässigung seiner/ihrer Pflichten geht, die Ihr/e Partner/in übereinstimmend mit Ihnen als seine/ihre Pflichten anerkennt, hat das üblicherweise einen sachlichen Grund. Wie gesagt: Statt zu schimpfen, zeigen Sie Empathie und fragen nach, was den los war. Vielleicht erfahren Sie dann, dass Ihr Partner die ehelichen Pflichten vernachlässigt hat, um für sich selbst etwas Gutes zu tun, etwas das Spaß machte! Freuen Sie sich mit Ihrem Partner – denn die Freude Ihres Partners im Alltag hebt die Lebensqualität und ist deshalb für das Eheglück unendlich viel wertvoller als Perfektion in der Pflichterfüllung.

Sie beide sollten diese Entdeckung von Quellen der Freude Ihres Partners durchaus auch zum Anlass nehmen, sich zu fragen, ob es möglich wäre, dem Partner diesen freudigen Ausgleich regelmäßig zu verschaffen? Mit einer Drehung an einer meist nur kleinen Stellschraube in der Organisation Ihres Alltags lässt sich das vielleicht möglich machen. Der Lohn dafür ist die innere Ausgeglichenheit des Partners, der sich durch Sie gesehen, verstanden und sehr geliebt fühlt. Aus der Stärke der inneren Ausgeglichenheit heraus, aus diesem Stück freudvoller Freiheit, wird es Ihrem Partner möglich, sich positiv und kraftvoll in die Ehe einzubringen. Dasselbe gilt natürlich auch für Sie selbst. Alles, was es dafür braucht, ist Ihre Überlegung, wie Sie für sich kleine Alltagsfreuden, kleine Freiheiten in Ihren Alltag einbauen können.

Wie gesagt: Nichts, was der Partner für Sie tut, um Ihre Lebensqualität zu steigern und Ihnen den Alltag zu versüßen, ist selbstverständlich!

Merksätze für Notfälle und Eilige:

1. Nichts im Leben ist selbstverständlich.

2. Schon gar nicht, dass Sie Ihre/n wundervolle/n Partner/in an Ihrer Seite haben, der/die tagtäglich, jahrein und jahraus viel macht, um Ihnen Ihr Leben zu erleichtern und mit Ihnen zusammen hochfliegende Ziele anzustreben, um zum lebendigen Eheglück zu finden.

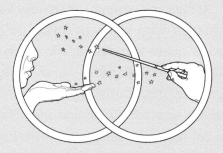

Haben Sie heute schon Eheglück gezaubert?
Haben Sie heute schon daran gedacht, Ihrem/r großartigen Partner/in für ihre/seine wertvollen Leistungen um Ihr Wohl und das der Familie zu danken und ihm/ihr Ihre Wertschätzung, Zuwendung und Hingabe zu zeigen?

Die Beseitigung der Honigfalle: Der Leitsatz der Liebenden reloaded

Kommen wir noch einmal zurück zum verlockenden Gifthonig auf dem Fallendeckel, unter dem sich der Ehe-Abwärtsmechanismus verbirgt. Also zurück zum Liebesmantra aller Verliebten, Verlobten, Brautleute und Frischverheirateten: *Liebe ist nicht das, was man erwartet zu bekommen, sondern das, was man bereit ist zu geben* (Katherine Hepburn). Die antiquierte Lesart dieses Leitsatzes kennen Sie schon aus dem Kapitel *Stationen des Scheiterns – die Honigfalle*. Die Anhänger dieses altmodischen 50er-Jahre-Liebesklischees werden dazu gebracht Stück für Stück, durchaus mit massiver Gewalt gegen sich selbst, die eigene Lebensqualität aufzugeben – zugunsten des Partners. Aber es ist natürlich *nur vermeintlich* zugunsten des Partners. In Wahrheit ist auch der Grundsatz *Wie du mir – so ich dir!* in uns allen fest verankert. Natürlich haben Sie die starke Hoffnung, dass Ihr Partner Ihren Verzicht, Ihr Opfer zu seinen Gunsten auch wirklich bemerken wird und Ihnen dafür auch einen *fairen Ausgleich* geben wird. Nur leider, weil man ja gemäß des Liebesmantras nichts vom Partner erwarten darf, weiß dieser gar nichts von Ihrem Hoffen. Zudem lebt er in einer anderen Ehewelt, balanciert auf dem Fallstrick der Selbstverständlichkeit und bemerkt viele Ihrer Opfer nicht einmal. Deshalb revanchiert er sich Ihnen gegenüber auch nicht so, wie Sie sich das für Ihren Verzicht, Ihre Aufopferung ausgemalt haben. Sie unterstellen Ihrem Partner, ein unsensibler Trottel zu sein, der Sie nicht wahrnimmt, nicht versteht, nicht liebt, nicht wertschätzt. Ihr Partner versagt in Ihren Augen auf der ganzen Linie. Sie beide leiden zunehmend unter Ihrer Unausgeglichenheit, Ihrer Trauer, Ihrer Wut, Ihrem emotionalen Verhungern bei gleichzeitiger Zurückweisung der Zärtlichkeitsversuche Ihres Partners. Verzweiflung macht sich hüben und drüben breit. Ihr Partner hat keine Ahnung, was in Sie gefahren sein könnte, und Sie beide wissen nicht, wie Sie überhaupt jemals dorthin gelangen konnten, wo Sie jetzt sind: in einer ausgewachsenen Ehekrise. Das Einzige, was Sie beide wissen ist, dass Sie noch immer voller Zuneigung und Hingabe Ihrem Partner gegenüber sind. Daran fehlt es Ihnen sicher nicht. Aber trotzdem läuft alles immer rasanter aus dem Ruder…

Das ist der vorgezeichnete Weg, wenn Sie vom Gifthonig der stillen Aufopferung naschen. Sie stellen sich auf die erste Stufe der Abwärtsspirale der Ehe, die Sie in der Folge beide im Wechselspiel über die beschriebenen sieben Stufen in den Abgrund führen wird. Sie werden zunehmend zum Opfer Ihrer Gewalt gegen sich selbst und die Lebensqualität von Ihnen beiden sinkt nach und nach scheinbar unaufhaltsam ins Bodenlose ab. Das alles ist sehr gefährlich für Ihre Ehe – schnell tödlich. Aber völlig unnötig!

Vielleicht hilft Ihnen das Wissen, dass die Ehe der Diva Katherine Hepburn nur sechs Jahre gehalten hatte. Wir wollen mehr! Viel mehr! Eigentlich wollen wir alles! Und natürlich wollen wir auch nicht auf die Romantik verzichten, die der Liebesleitsatz nun einmal zweifelsfrei verkörpert. Deshalb ziehen wir diesen Liebesleitsatz heran und bejubeln ihn, verpassen ihm aber gleichzeitig einen modernen Look. Das *romantische traditionelle Liebesmantra reloaded* ist unsere Rettung.

Tatsächlich führt die moderne Interpretation des Liebesmantras Sie vom einzigen Scheidungsgrund, dem Wegbrechen Ihrer Lebensqualität, weg.

Dieser Leitsatz der Liebe kann nämlich auch als Aufforderung verstanden werden, dass man dem/der Partner/in zwar geben soll, sich in die Ehe einbringen und ihm/ihr die Lebensqualität verbessern soll, dabei sich aber selbst mit den eigenen Bedürfnissen nicht aus den Augen verlieren darf.

In erster Linie sind Sie selbst für die Befriedigung Ihrer eigenen Bedürfnisse zuständig. Sie haben sich, wie schon bevor Sie Ihr Herzblatt kennengelernt haben, bevor Sie geheiratet haben, in erster Linie selbst um die Steigerung Ihres Wohlbefindens zu kümmern. Das können Sie von Ihrem Partner nicht erwarten. Denn nur Sie selbst wissen ganz genau, was Sie für Ihr eigenes Wohlbefinden unabdingbar brauchen. Vergessen Sie nicht, dass Sie auch das Wohlbefinden Ihres Partners steigern, indem Sie ihn/sie entlasten. Zu dieser Entlastung gehört auch, dass Sie sich um sich selbst kümmern und nicht alles vom Partner erwarten.

Ihr Partner wird ganz selbstverständlich auch nach der Heirat davon ausgehen, dass Sie auch weiterhin so gut auf sich achten werden, wie Sie das schon vorher gemacht hatten. Er geht natürlich nicht davon aus, dass Sie sich plötzlich, nach der Heirat, vernachlässigen könnten. Und natürlich können Sie nicht stillschweigend von Ihrem Partner erwarten, dass er/sie Ihre Vernachlässigung Ihrer Person durch Sie selbst alle Tage auffangen und ausbügeln wird. Sie können die Bürde Ihres persönlichen Wohlbefindens nicht nur in die Hände Ihres Partners legen – Sie müssen sich schon auch um Sie selbst kümmern! Sie sind es, der/die für sich selbst eine möglichst hohe Lebensqualität sicherstellen muss, wenn Sie in der Ehe Ihr Glück finden wollen. Sie entlasten damit auch Ihren Partner, der sich darauf verlassen darf, dass Sie sich nicht nur um ihn/sie, sondern eben auch um sich kümmern. Schließlich wissen wir alle, dass jeder seines eigenen Glückes Schmied ist. Daran verändert die Heirat rein gar nichts.

Und hier schließt sich der Kreis wieder. Wieder geht es nur um die Frage, ob Sie der/die Richtige für Ihren Partner sind. Ob Sie sich mit seiner Art, seiner individuellen Persönlichkeit wohlfühlen. Ob Sie so sein können, wie Sie eben sind und dabei auf zustimmende Toleranz und Großzügigkeit stoßen. Wenn Sie mit Ihrem Partner so sein können, wie Sie eben sind, gibt es nämlich überhaupt keinen vernünftigen Grund, weshalb Sie zurückstehen sollten, nicht zeigen sollen, wer Sie sind, wie Sie sind, was Sie sich wünschen und welche Vorzüge und Schwächen Sie haben. Sie laufen weitaus weniger Gefahr, vom Gifthonig zu naschen. Warum auch? Sie wissen ja, dass Ihr/e Partner/in bei Ihnen bleiben wird, obwohl – oder gerade weil – er/sie schätzt, wie Sie Ihre Lebensqualität hochhalten, wie Sie Ihr Leben leben und auch in vollen Zügen genießen! Dieser Genuss wird auch ihm/ihr zugute kommen, denn wie Sie wissen, beherbergt jede Paarbeziehung – auch die Ehe – vier Beziehungen, die untereinander im Wechselspiel stehen. Geht es Ihnen gut, freut sich Ihr/e Partner/in darüber. Er/Sie kann ja sehen, wie glücklich Sie mit ihm/ihr sind.

So verstanden steht im Liebesleitsatz Ihre Liebe zu Ihrem Partner gleichberechtigt neben Ihrer Selbstliebe. Ihre Selbstliebe sollte also genauso groß sein wie die Liebe zu Ihrem Partner – zumindest in der Theorie.

Allerdings hat die Selbstliebe im Alltag, im täglichen Leben, keinen leichten gesellschaftlichen Stand. Schnell wird jemand, der sich um sich selbst kümmert, von den Umstehenden als selbstverliebt, selbstsüchtig, arrogant, gefühllos gegenüber anderen herabgewürdigt. Selbstverwirklichung in der Ehe, ganz besonders wenn von den Ehefrauen offen verfolgt, gilt traditionell ja schon fast als verpöntes, ehefeindliches Sakrileg. Die Außenstehenden sind sehr schnell dabei, die Kinder und Partner von Karrierefrauen wegen der augenscheinlichen Vernachlässigung ihrer familiären Pflichten zu bemitleiden. (Und solange das so ist, wird die politisch erwünschte Gleichstellung der Frauen bei der Besetzung von Chefpositionen einen sehr schweren Stand haben.)

Aber auch Karrieremännern wird angekreidet, nie zu Hause zu sein und im Haushalt und der Kindererziehung nicht genügend mitzuhelfen, sich nicht genügend einzubringen. Alles bleibt dann nach Meinung der außenstehenden Dritten an der armen Frau hängen, die schon fast zu einem Singleleben verdammt ist und vom Mann vernachlässigt wird. Kein Wunder, wenn die Partner von diesen Karrieremenschen fremdgehen und sich umorientieren! Sie werden ja schon fast dazu gezwungen! *Selbstverwirklichung* ist fast schon ein Schimpfwort.

Zudem ist es für die meisten Menschen sehr schwierig, wirkliche Selbstliebe empfinden zu können. Die meisten Leute stehen sich selbst kritisch gegenüber und die mit anderen Mitmenschen gezogenen Vergleiche lassen immer wieder schmerzlich die eigenen Schwächen, Unzulänglichkeiten und Defizite erkennen. Es gibt immer jemand, der schöner, klüger, dünner, charmanter, reicher eleganter etc. ist – ganz besonders in der heutigen Zeit der Social Media mit der teuren Vermarktung scheinbar perfekter Leben. Allein schon Selbstbewusstsein ist im realen Leben für viele Menschen oft Mangelware, Selbstliebe fast inexistent.

Deshalb ist es für Sie auch so viel einfacher, einen anderen Menschen, Ihren Partner, so unglaublich zu lieben, weil er/sie mit liebevoller Großzügigkeit und Begeisterung auf Sie blickt. Weil er/sie in Ihnen so viel mehr Positives sehen kann als Sie selbst, was ihn/sie in Ihren Augen so wundervoll, geradezu anbetungswürdig macht! Es ist für Sie ganz einfach, ihn/sie mehr zu lieben als sich selbst, und dem wunderbaren, zauberhaften, großartigen Menschen an Ihrer Seite alles zu geben, als Demonstration Ihrer Zuwendung und Ihres Begehrens. Deshalb ist es auch so reizvoll, vom Gifthonig zu naschen – Sie wollen dieses Prachtexemplar von Traummenschen an Ihrer Seite schließlich glücklich sehen! Er/Sie ist es wert – mehr wert als Sie selbst.

Aber Achtung! Die Abwärtsspirale ist mit dieser Denkstruktur nicht sehr weit weg ... Weil wir uns von dieser Gefahr entfernen wollen, sprechen wir daher hier lieber nicht von *Selbstliebe*, die Ihnen – wie wahrscheinlich 99 Prozent Ihrer Mitmenschen – schwerfallen könnte. Wir sprechen nur von Ihren ganz persönlichen Bedürfnissen und davon, dass Sie für diese in Ihrem Alltag Platz schaffen müssen, denn werden Ihre Bedürfnisse nicht befriedigt, werden Sie verkümmern.

Es wird also für die Findung des Eheglücks nicht verlangt, dass Sie sich selbst genauso lieben wie Ihren Partner. Damit Sie sich aber in Ihrer Ehe glücklich fühlen, ist es unabdingbar, dass Sie selbst jeden Tag dafür sorgen, dass Sie Freude erleben und Bedürfnisse, die Sie haben, nicht ignorieren, sondern deren Erfüllung auch aktiv verfolgen. Von Anfang an. *Sie* sind dafür zuständig, nicht Ihr/e Partner/in. Auch auf diese Weise zeigen Sie Ihre Liebe zu Ihrem Partner, weil das Ihr ganz wesentlicher Beitrag zur Stabilisierung Ihrer Ehe ist.

Der Alltag wird Ihnen dabei helfend entgegenkommen, denn im gewöhnlichen Alltag treffen Sie üblicherweise nie *große* Entscheidungen, vielmehr reihen sich kleinere wie eine Perlenkette aneinander. Einstein soll einmal über seine Ehe gesagt haben: *Wir haben vereinbart, dass ich alle großen und sie alle kleinen Entscheidungen trifft, seltsamerweise gab es in fünfzig Ehejahren keine großen Entscheidungen.*

Die großen Entscheidungen, wie zum Beispiel der Kauf eines Hauses, Autos, Fernsehers, Reisen oder Auswandern werden heutzutage üblicherweise von den Ehepartnern gemeinsam nach langen Diskussionen getroffen. Wir sprechen hier nicht von diesen großen, lebensprägenden Entscheidungen, obwohl auch für diese Entscheidungen die Erhaltung, oder Steigerung, der Lebensqualität beider Partner ausschlaggebend sein muss. Wir reden auch nicht von kostspieligen Ausgaben, sondern von den kleinen Alltagsfreuden, die Sie sich regelmäßig verschaffen müssen, damit Sie Ihren persönlichen Ausgleich zu den hohen Anforderungen in der Bewältigung

Ihrer alltäglichen Aufgaben finden und Lebensfreude haben. Bei den üblichen kleinen Entscheidungen, die oft nichts kosten, die Sie jeden Tag für sich neu treffen, stärken Sie die eheliche Gemeinschaft nachhaltig, wenn Sie Ihr alltägliches Verhalten nicht nur nach Ihrem Ehepartner, sondern auch nach Ihren eigenen Wünschen, nach Ihrem eigenen Wohlbefinden ausrichten.

Was Sie sich in einer bestimmten Situation wünschen, wissen Sie selbst am allerbesten. Regelmäßig Sport? Eine kleine Auszeit mit Freunden? Ein romantisches Picknick, nur mit Ihrem Partner – ganz allein, ohne Kinder?

Die Kenntnis, was Ihnen guttun würde, muss Ihr/e Partner/in nicht unbedingt haben und es wäre auch nicht fair, ihm/ihr die ganze Last, Sie im Alltag überwiegend glücklich zu machen, aufzubürden.

Kümmern Sie sich doch einfach um sich selbst, was ist schon dabei?

Natürlich ist dabei, wie immer und überall, stets die Kosten-Nutzen-Rechnung zu machen. Wir sprechen hier also nicht von teuren Shoppingtouren, die Sie sich finanziell nicht leisten können. Denn das schlechte Gewissen, die Schulden und die finanziellen Probleme, die Sie sich auf diese Weise einhandeln könnten, werden Ihr Wohlbefinden und Ihre Lebensqualität später nachhaltig und oftmals auch dauerhaft wieder senken.

Weshalb Ihre Lebensqualität in der Ehe absinkt, ist egal, ob das der Fall ist, weil Sie finanziell über die Stränge geschlagen haben, oder ob Sie sich und Ihre persönlichen Bedürfnisse, die eigentlich bei guter Organisation leicht befriedigt werden könnten, vernachlässigen. Jedes Absinken der Lebensqualität in der Ehe ist ehegefährdend.

Fühlen Sie sich aber im gemeinsamen Alltag wohl, sind Sie in Ihrer Ehe auch glücklich und entspannt. Sie werden Ihrem Partner entsprechend aufgeschlossen, locker und zufrieden begegnen – was auch ihn/sie aufgeschlossen, locker und zufrieden macht. Ein/e glückliche/r Ehepartner/in hat eine hohe Lebensqualität und denkt deshalb nicht an Scheidung. Warum auch? Es geht ihm/ihr ja deutlich besser, als wenn er/sie alleine wäre.

Merksätze für Notfälle und Eilige:

1. Der Leitsatz der Liebe – *Liebe ist nicht das, was man erwartet zu bekommen, sondern das, was man bereit ist zu geben* – ist die Aufforderung, dem/der Partner/in Liebe zu geben und sein/ihr Wohlbefinden zu fördern, dabei aber gleichzeitig sich selbst nicht aus den Augen zu verlieren.

2. Sie müssen sich auch um sich kümmern. Das entlastet den Partner.

3. Wir sprechen für die Förderung des eigenen Wohlbefindens klar nicht von teuren Shoppingtouren, die Sie sich finanziell nicht leisten können. Denn das schlechte Gewissen, die Schulden und die finanziellen Probleme, die Sie sich auf diese Weise einhandeln könnten, werden Ihr Wohlbefinden und Ihre Lebensqualität später nachhaltig und oftmals auch dauerhaft wieder senken.

4. Zustimmung und Wertschätzung vom Partner zu erhalten ist Eheglück. Der Kitt jeder glücklichen Ehe.

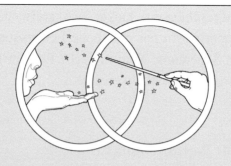

Haben Sie heute schon Eheglück gezaubert?
Haben Sie heute schon Ihre kleine Auszeit für sich genommen und etwas getan, was Ihnen – nur Ihnen – besonders guttut?
Ja? Bravo! So stärken Sie Ihre Ehe und entlasten den/die Partner/in!

DIE WUNDERBARE WELT DES OFFENEN KONFLIKTS

Solange Sie beide gleichzeitig gleichlaufende Bedürfnisse, Meinungen, Anliegen und Verhaltensweisen haben, besteht volle Harmonie zwischen Ihnen. Alles ist bestens. So wie es sein muss. Sie leben die harmonische Ehe Ihrer Träume.

Sobald allerdings Ihre Wünsche, Meinungen und Forderungen auseinanderdriften, was immer wieder geschieht und geschehen wird, stehen diese im Konflikt zueinander. Manchmal ist es sogar so, dass Sie selbst in Ihrem Inneren nicht wissen, was jetzt wirklich zu tun ist, Sie sich kaum entscheiden können, welche der verschiedenen Optionen Sie nun wirklich realisieren möchten. Dann schlagen – mindestens – zwei Seelen in Ihrer Brust.
Solche Konfliktsituationen mit sich selbst und mit anderen kennen wir alle. Auch im Umgang mit Ihrem Partner sind Sie geübt, solche Konfliktsituationen zu meistern, und zwar, und davon gehe ich jetzt einmal aus, mit Bravour, sonst hätten Sie einander nicht geheiratet.

Allerdings ändert sich auch mit Blick auf Konfliktsituationen nach der Heirat einiges. Jetzt sollen Sie beide als *harmonisches Ehepaar* einvernehmlich zusammenleben. Geht das nicht, macht sich Angst breit. Die Angst, nicht zu genügen, verlassen zu werden, wenn die eigenen Bedürfnisse egoistisch vorangestellt werden, Angst, doch den/die Falsche/n geheiratet zu haben, weil Diskussionen und Streitgespräche geführt werden müssen.
Harmonie ist gut, Konflikte sind böse – das ist jetzt das Credo.
Konflikte sollen bekanntlich ehegefährdend sein, weil sie die Harmonie zerstören können. Es wächst nach der Heirat ein gewisser

Druck, denn nun gilt es alles zu unterlassen, was die Ehe gefährdet, und das sind nach allgemeiner Auffassung Konflikte. Die ganz bösen Konflikte, die nichts als Streit, Tränen, Disharmonie bringen.

Wohl deshalb scheuen sich viele Verliebte und Frischverheiratete, Ihrem/r Partner/in ehrlich ihre Bedürfnisse, Wünsche, Meinungen, Anliegen und Befindlichkeit mitzuteilen. Denn wenn sie ehrlich wären, träte offen zutage, dass diese im Konflikt mit denen des/der Partner/in stehen. Der Harmonie in der Ehe zuliebe, und um das Wohlbefinden des Partners zu fördern, schlucken viele Ehepartner ihre wirklichen Bedürfnisse hinunter und entsprechen – im Inneren widerwillig – den Wünschen des Partners. Auf diese Weise wollen sie die Harmonie, das Eheglück fördern und den Partner durch Zustimmung an sich binden.

Was allerdings immer übersehen wird: Durch das Hinunterschlucken der eigenen Bedürfnisse wird der Konflikt natürlich nicht beseitigt! Er wird nur in den geheimen Untergrund verbannt, wo ein Deckel aufgesetzt wird. Dort kann er ungehindert weiterbrodeln und weiterköcheln, der Druck wird erhöht. Zuerst werden Sie einen Kloss im Hals, einen dicken Hals, bekommen. Die Chance, dass irgendwann einmal der Druck zu groß werden und alles explodieren könnte, steigt.

Hier ist also definitiv ein radikales Umdenken nötig: Seien Sie versichert: *Offene Konflikte sind nicht ehegefährdend!* Nur die Konflikte, die im Untergrund brodeln, ab und zu hochkochen und dann quasi wie aus dem Nichts heraus Sie und Ihre Ehe sabotieren, können gefährlich werden.

Dabei ist doch eigentlich alles ganz einfach. Wie Sie schon vom Kapitel *Die Architektur der Ehe* wissen, gibt es im Inneren der Ehe das *harmonische Ehepaar* nicht. Das ist reine Außenansicht, Wahrnehmung von außenstehenden Dritten auf Ehen. Übrigens auf alle

Ehen, denn die äußere Form der Ehe mit dem Wunsch, auf ein möglichst harmonisches Ehepaar blicken zu können, ist immer gleich. Sie beide aber befinden sich mit Ihren wundervollen, individuellen Persönlichkeiten, in die Sie sich gegenseitig verliebt haben – weshalb Sie auch nicht austauschbar sind – im Inneren Ihrer Ehe. Gemäß Bauplan im Eheinneren leben Sie in Ihrer jeweils eigenen Ehewelt. Die beiden Ehewelten sind nicht deckungsgleich, sondern überschneiden sich nur in Teilen. Im Inneren gibt es das Ehepaar wie gesagt nicht, es gibt dort sehr viel mehr – es gibt Sie und es gibt Ihren Partner mit Leib und Seelen, die sich einbringen. Mit all Ihren persönlichen Vorzügen und Schwächen, mit Ihrem verrückten Humor, Ihren hochfliegenden Träumen, Ihren Vorstellungen, Meinungen, Glaubensgrundsätzen, Abneigungen, Ecken und Kanten. Im Inneren der Ehe ist der Reichtum. Es sind dort viel mehr als nur die Gemeinsamkeiten zu entdecken – Sie haben in unmittelbarer Nachbarschaft zu Ihrer persönlichen Ehewelt ein eheliches Ausland, eine andere Kultur, wo Ihr Partner als König/in herrscht. Natürlich kommt es im Inneren der Ehe bei aller Toleranz und Großzügigkeit immer wieder zu Konflikten. Natürlich ist dem einen das eine wichtig, dem anderen das andere. Natürlich gibt es für beide von Ihnen in der Welt des anderen unentdeckte Gebiete. Konflikte erlauben es Ihnen, diese kennenzulernen.

Wie also soll ein Konflikt ehegefährdend sein können, wenn der Bauplan im Inneren der Ehe auf Konflikte im Zusammenleben in jeweils anderen Ehewelten ausgelegt ist?

Ist der *offene* Konflikt nicht der *Beweis dafür, dass Sie eine gesunde Ehe* führen, in der Sie beide gleichwertig Ihren Platz haben und Ihre Bedürfnisse und Wünsche, letztendlich die Aufrechterhaltung Ihrer Lebensqualität, schützen? Aber Moment mal: Die Verteidigung der eigenen Lebensqualität ist doch Ihr Beitrag an die gesunde Ehe!

Sie sehen also, dass das traditionelle Ehekonzept *Harmonie gut – Konflikt böse* grundfalsch ist, weil es allen Regeln der Architektur der Ehe und dem gesunden Zusammenwirken von zwei unabhängigen, individuellen Persönlichkeiten widerspricht.

Es sind denn auch nicht die Konflikte, die ehegefährdend sind. Ganz im Gegenteil: Wenn Ihr Partner andere Wünsche und Bedürfnisse hat als Sie selbst, gewähren Sie sich gegenseitig einen Blick in die jeweils andere Ehewelt. Sie erfahren dann, wie Ihr Partner tickt, lernen sich gegenseitig ein Stück besser kennen. Das erhält Sie und die Ehe jung und frisch. Mit diesem Blick ins Innere Ihres Partners und seiner persönlichen Ehewelt wird es Ihnen ermöglicht, mit Ihrem Partner verbunden zu bleiben und mit ihm Schritt halten zu können. Wir peilen ja eine lange Ehedauer an und im Verlauf des Lebens ändern sich nicht nur die Verhältnisse, sondern auch Ihre Persönlichkeit, Ihre Bedürfnisse, Abneigungen und Vorlieben. Wollen Sie gemeinsam den Weg gehen, müssen Sie gegenseitig diese Veränderungen mitbekommen.

Ihre Konflikte sind deshalb die wertvollen Leitplanken Ihrer Ehewelten, die natürlich nicht nur Grenzen abstecken, sondern auch Orientierungshilfe bieten.

Deshalb gilt: Nicht die *Konflikte* zwischen Ihnen und Ihrem Herzblatt sind ehegefährdend. Es kommt nun nur darauf an, *wie* Sie mit Konflikten *umgehen. Ehegefährdend* kann nur der *negative destruktive Umgang* mit Konflikten sein. Die Manipulationen, die Anwendung von Gewalt, um die Harmonie zu erzwingen, ist schwer ehegefährdend. Ob dieser Zwang direkt gegenüber dem/r Partner/in ausgeübt wird, um sich selbst gegen den widerspenstigen Partner durchsetzen zu können, oder durch Selbstverleugnung und Abwürgen der Persönlichkeit, um Konflikte zu vermeiden, spielt keine Rolle. Das alles gefährdet die Ehe. Wie die Stationen des Scheiterns ablaufen, haben wir bereits besprochen.

Sie sehen also: Der *Zwang zur Herstellung der ehelichen Harmonie ist das Problem*, denn der Zwang ist *immer der Keim des Verderbens*. Es ist dieser *Zwang* zum persönlichen Zurückstehen um der ehelichen Harmonie willen, der die Ehe in den Abgrund des Unglücks ziehen wird.

Ob Sie diesen Druck gegen sich selbst ausüben und Ihre Bedürfnisse und Wünsche verleugnen, um Konflikte und Diskussionen zu vermeiden, oder ob solche Konflikte mit Manipulationen oder häuslicher Gewalt beendet werden und Harmonie durch Widerstandsunfähigkeit hergestellt wird, spielt keine Rolle. Zwang ist Zwang und Druck ist Unterdrückung. Druck presst zusammen, macht klein, zerstört. Denken Sie nur einmal an eine Autopresse – das Auto ist nach diesem Druck nicht mehr funktionstüchtig, nicht einmal mehr erkennbar. Dasselbe Bild kann für Ihre Person herangezogen werden. Wenn der Druck lange genug und groß genug auf sie einwirkt, werden Sie nur noch ein unerkennbares, chaotisches, unbrauchbares Restpaket Ihrer selbst sein. Wie sollen Sie so noch Ihre Position in Ihrer Ehe einnehmen können …?

Es ist egal, wer wem die Daumenschrauben, das Ehekorsett anzieht. Es ist unerheblich, ob Sie sich selbst unterdrücken, ob der Partner das für Sie erledigt oder ob Sie Ihrem Partner Ihren Willen aufzwingen. Zwang und Druck zerstören nicht nur Sachen, sondern auch Persönlichkeiten. Und mit der Zerstörung der Persönlichkeit eines – oder beider – Partner ist auch die Ehe zerstört. Denn Ehen basieren nun einmal auf dem Zusammenwirken von zwei gleich starken, wundervoll individuellen Persönlichkeiten. Geht eine davon in die Brüche – wie soll das mit dem Eheglück noch klappen können?

Auf den Punkt gebracht: *Die scheinbare Harmonie auf Kosten von Lebensqualität ist die ultimative Gefährdung der Ehe,* die Unterdrückung von Bedürfnissen – *Druck und Zwang* –, um keine Dis-

kussionen zu haben, *ist der destruktive Umgang mit Konflikten*, die oft in der Heimlichkeit leben. Zombies, die im Inneren der Ehe die Lebensqualität wegnagen und sie von innen her zerstören.

Der *positive, konstruktive Umgang* mit Konflikten hingegen ist klar eheförderned.
Wenn Sie Ihre Sichtweise der Dinge auf den Tisch legen, wird der Konflikt sichtbar und offen. Sie nehmen *gleichwertig Ihren Platz* als Ehepartner *neben Ihrem Herzblatt* ein, so, wie Sie das am Tag Ihrer Heirat angestrebt haben. Die Beziehung ist auf Augenhöhe, was ganz offensichtlich das genaue Gegenteil von Zwang und Druck und der heimlichen Faust in der Hosentasche ist. Jeder der beiden Partner äußert frei seine persönlichen Bedürfnisse und stellt diese damit offen zur Diskussion.

Das Schöne daran ist: Sie erweitern beide Ihre Ehewelten, denn nun haben Sie mindestens zwei Optionen, die gleichwertig nebeneinanderstehen und aus denen Sie auswählen können. Wie aufregend und packend ist das denn bitte?!

Vielleicht gefällt Ihnen das, was Ihr Partner sich wünscht, sogar noch besser als das, was Sie eigentlich ursprünglich im Kopf hatten. Das ist oft der Fall. Zudem ist es mit etwas Kreativität meistens möglich, die Anliegen beider Ehepartner unter einen gemeinsamen Hut zu bringen und eine Win-win-Situation zu schaffen, denn in den meisten Alltagssituationen gilt: Mit etwas Kreativität und Organisation ist die Vereinbarung aller Bedürfnisse beider Ehepartner möglich. Weil im gewöhnlichen Alltag – und auf den kommt es letztendlich an – immer nur kleine Entscheidungen zur Diskussion stehen.

Sie leiden beispielsweise darunter, dass sich Ihr Partner nach einem langen Arbeitstag nicht mit Ihnen abgibt, sondern sich im Fitnessstudio auspowern muss? Dann kommt er spät nach Hause, isst eine

Kleinigkeit und geht zu Bett, um dann wieder für den nächsten Tag fit zu sein. Sie jedoch fühlen sich vernachlässigt und allein gelassen? Ohne dass Sie ein Sterbenswörtchen über Ihre persönliche Befindlichkeit zu Ihrem Partner sagen, weiß er nichts von Ihren Nöten und Gedanken. Daher glaubt er mit dem besten Gewissen der Welt, es wäre alles in bester Ordnung. Nur wenn Sie Ihr Bedürfnis ansprechen, können Sie gemeinsam eine Lösung suchen. Wie wäre es beispielsweise in dieser Situation, wenn Sie sich gemeinsam aufs Rad schwingen und gemütlich zu einem etwas entfernteren Ziel radeln, zum Beispiel zu Ihrem Lieblingscafé oder Ihrem Lieblingspark. Dort lassen Sie sich verwöhnen und genießen ruhige Minuten für sich, während sich Ihr Partner weiter abstrampelt und Sie danach völlig erschöpft und verschwitzt wieder abholt. Wie ich feststellen konnte, befürchten viele Partner mit Ihrem Wunsch, mit dem Partner mehr Zeit verbringen zu können, weiteren Druck auf den hart arbeitenden Partner auszuüben. Viele schweigen aus Rücksichtnahme. Dieses Schweigen hat aber auch eine Kehrseite: Wenn Sie Ihrem Partner klar machen, dass Sie mit ihm/ihr als Menschen mehr zusammen sein möchten und sie/ihn nicht nur als Arbeitstier geheiratet haben, ist das natürlich auch ein Kompliment, eine Liebeserklärung an den hart arbeitenden Partner. Es kommt nämlich vor, dass sich diese/r vernachlässigt fühlen kann, wenn nur das Geld entgegengenommen wird, er/sie sich aber nicht mehr begehrt fühlt. Deshalb: Bitte sagen Sie frei von der Leber weg, was Sie bedrückt! Ihr/e Partner/in ist doch Ihre absolute Lieblings-Vertrauensperson. Und was in Ihrer Ehewelt zum Problem werden kann, muss kein Problem in der Ehewelt Ihres Partners sein. Es kann aber sein, dass Ihre – stillschweigende – Rücksichtnahme in der Welt Ihres Partners zum Problem wird, weil er/sie sich von Ihnen nicht mehr begehrt fühlt. Dabei ist doch eigentlich das genaue Gegenteil der Fall!

Sie sehen also: Nur der offene Konflikt kann zutage fördern, wer sich in welcher Situation wie fühlt, wer was zum emotionalen Überleben braucht. Und Sie werden mir sicher Recht geben, dass das sehr existenzielle Fragen sind.

Ihr Partner liebt es, in den Bergen herumzukraxeln, während Sie nicht so berggängig sind? Fahren Sie doch einfach mit der Bahn hoch, treffen sie/ihn zum Essen im Bergrestaurant, loben seine/ihre Ausdauer, Sportlichkeit und kessen Waden und genießen den schönen Nachmittag im Liegestuhl auf der Terrasse mit einem guten Buch, während er/sie seine/ihre Wanderung fortsetzt ... Nur der offene Konflikt, das Eingeständnis, dass Sie andere Bedürfnisse haben als Ihr Partner, und gleichzeitig beide Interessen als gleichwertig akzeptieren, kann zu einer für alle zufriedenstellenden Lösung führen. Das wird die beiden Ehepartner weiter zusammenschweißen, weil sie beide ihre eigene Lebensqualität steigern. Was aber, wenn es um eine Entscheidung geht, in der es nur *Ja* oder *Nein* gibt? Keine Grautöne, sondern nur Weiß oder Schwarz? Muss da nicht jemand nachgeben?

Doch, schon. Wir brauchen uns da gar nichts vorzumachen. Aber auch in solchen Situationen ist die Entscheidung eigentlich gar nicht so schwierig. Vielleicht einigen Sie sich sogar noch auf eine dritte Alternative, nachdem Sie auch noch die vierte Möglichkeit verworfen haben. Falls das aber nicht geht, gibt es klare Regeln, nach welchen Kriterien vorzugsweise zu entscheiden sein wird. Darüber werden wir noch sprechen, denn genau das ist häufig der Knackpunkt: Wenn es scheinbar nur ein *Ja* oder ein *Nein* gibt.

Aber eines steht glasklar fest: Es ist nicht der Konflikt, und schon gar nicht der offene Konflikt, der die Ehe gefährdet. Im Gegenteil zeichnet sich der offene Konflikt ja gerade dadurch aus, dass jeder Partner seine Persönlichkeit frei zum Ausdruck bringen kann. Die

Welt der Entscheidungsmöglichkeiten wird vergrößert und jeder der Partner bringt sich lebendig, mit Haut und Haar, in die Ehe ein. Das ist doch eigentlich das, wozu Sie am Tag Ihrer Hochzeit *Ja* gesagt haben! Dazu, nicht zum Zwang, zum Druck, zur Unterdrückung.

Die Frage ist dann nur noch, wie man mit einem Konflikt miteinander – und mit sich selbst – umgeht. *Gefährlich ist nur der destruktive Umgang* damit, *während der konstruktive Umgang mit Konflikten Ihre Ehe und Ihre Liebe zueinander festigen* kann.

Merksätze für Notfälle und Eilige:

1. Keine Angst! Der offene Konflikt, bei dem sich die unterschiedlichen Bedürfnisse von Mann und Frau gleichwertig gegenüberstehen, ist keine Gefährdung der Ehe.

2. Denn der Bauplan im Inneren der Ehe ist auf solche Konflikte gebürstet.

3. Offene Konflikte ermöglichen den Ehepartnern, eine sich stellende Sachfrage aus verschiedenen Blickwinkeln aus den unterschiedlichen Ehewelten heraus zu betrachten und darüber zu beraten. Das bringt die überlegteren, ausgewogeneren und besseren Entscheidungen hervor.

4. Durch offene Konflikte lernen die Ehepartner ein weiteres Stück der Gedanken- und Erlebenswelt (Ehewelt) des jeweils anderen kennen. Das ist wichtig, um den Partner während der Reifung durch das Leben nicht aus den Augen zu verlieren und mit ihm Schritt halten zu können.

5. Es ist in Wahrheit die *vorgegaukelte Schein-Harmonie*, die die Ehe gefährdet. Denn der Konflikt ist eigentlich da, wird aber unter der Oberfläche gehalten. Einer der beiden Partner verleugnet seine wahren Bedürfnisse und seine Persönlichkeit, was zum Absinken seiner/ihrer Lebensqualität führen wird.

6. Diese Art der Vermeidungsstrategie ist destruktiver Umgang mit Konflikten, im *Resultat* gleichgestellt mit der rohen Gewalt. Es werden echte Bedürfnisse, Anliegen und Meinungen zermalmt.

7. Das Schlimme: Von dieser Zermalmung bekommt der andere Partner nichts mit!

Kritikfähigkeit leicht gemacht

Viele Ehepartner scheuen ein ehrliches Wort an den/die Partner/in. Einerseits deshalb, weil sie diese/n nicht verletzen wollen, und andererseits, weil sie die Reaktion auf die geübte Kritik fürchten. Dabei ist Kritik zu üben sehr, sehr wichtig, denn nur, wenn Sie Ihrem Partner klar sagen, was er/sie in Ihren Augen nicht richtig gemacht hat, kann darüber eine Diskussion entstehen und Sie erfahren gegenseitig mehr über die jeweilige Ehewelt des anderen. Kritik ist immer auch ein Blick in die Gedankenwelt des kritisierenden Partners.

Schön und gut – wenigstens in der Theorie. Allerdings wird niemand gern kritisiert, ganz besonders nicht, wenn die Kritik als unangebracht empfunden wird. Selbst wenn störende Umstände sehr sachlich beschrieben werden, kann das durchaus als aggressiver Akt, als Beleidigung, als ein Niedermachen gewertet werden. Ganz besonders dann, wenn der Kritisierte die Kritik als unberechtigt ansieht – dann fühlt er sich im Mark getroffen und von der Liebe seines Lebens schwer beleidigt. Zustimmung vom Partner, die Erfahrung von Wertschätzung in der Ehe, ist der Hauptkitt jeder glücklichen Ehe.

Ganz besonders in Liebesbeziehungen kann Kritik schnell als persönliche Abwertung, durchaus auch als Zurückweisung aufgefasst werden. Kritik schürt eigene innere Unsicherheiten: *Bin ich noch gut genug? Werde ich wirklich gerecht behandelt? Liebt er/sie mich noch?* Mit diesen oder ähnlichen Hintergedanken wird es sehr schwierig, die eigene Kritikfähigkeit zur Schau zu stellen und gelassen zu bleiben. Wahrscheinlicher wird der Kritisierte einschnappen, zumachen und entweder den beleidigten Rückzug antreten oder zum Gegenangriff blasen.

Kritik ist also ein Mittel, um eine Diskussion zu starten. Im Klartext: um einen Konflikt anzuzetteln. Das macht dem Kritisierenden

Angst vor der Reaktion des kritisierten Partners. Kritik verunsichert den Kritisierten und macht ihn daher wohl auch ein Stück weit unberechenbar, denn in diesem Konflikt haben Sie als Kritisierte/r von Anfang an schlechte Karten. Vielleicht haben Sie in Ihren Augen nicht einmal etwas Besonderes gemacht, weshalb die Kritik Sie überrumpelt und auf dem falschen Fuß erwischt. Wenn Sie denken, dass die an Ihnen geübte Kritik berechtigt ist, dann haben Sie ein schlechtes Gewissen und deshalb eine schlechte Ausgangslage für den Konflikt. Zudem steigen Verlustängste in Ihnen hoch und Sie fühlen sich als Versager. – Auch das macht Angst und verunsichert Sie.

Doch auch der Kritisierende möchte nicht als Aggressor dastehen – schließlich ist das Gegenüber die Liebe seines/ihres Lebens.

Dabei müssen Sie sich beide darüber überhaupt keine Sorgen machen: Eine gesunde Ehe hält das locker flockig aus, nicht zuletzt, weil die beiden Ehewelten im Eheinneren einfach nicht immer kompatibel sind und durchaus auch auf Konflikt getrimmt. Es gibt immer wieder Handlungsweisen des einen Partners, die der andere nicht verstehen kann, als unangebracht, vielleicht sogar als peinlich empfindet. Und wissen Sie was? Genau das zeichnet eine gesunde Ehe auch aus, in der jeder frei so sein kann, wie er eben ist. Es ist die Freiheit, die Lebensglück bedeutet. Die Kehrseite ist aber natürlich, dass halt ab und zu auch einmal Kritik laut wird – oft in Situationen, die einem selbst überhaupt als nicht kritikwürdig erscheinen. Dann wird die Kritik als unberechtigt empfunden – was im Kritisierten Erstaunen, Wut und Verunsicherung hervorruft.

Aber, ist Kritik wirklich oft unberechtigt? Das kann sein, wenn Ihr/e Partner/in es insgeheim darauf angelegt hat, Sie systematisch zu verunsichern, die Realität aufzulösen, um Sie niederzumachen, zu schwächen, um dann aus Ihrer Verunsicherung und Schwäche für sich Profit zu ziehen. *Mobbing* und *Gaslighting* nennt man das.

Gemäß meiner Berufserfahrung ist dieses Phänomen allerdings sehr, sehr selten. Ich bin dem nur einmal begegnet, wobei es erst nach der Trennung der Eheleute praktiziert wurde, quasi als Warm-up für das bevorstehende Gerichtsverfahren. Kritik zu üben, nur um den Partner zu schwächen, ist blankes Mobbing und als seelische und emotionale Gewalt inakzeptabel. Bekanntlich kann immer ein Haar in der Suppe gefunden werden und Dauerkritik ist zweifelsfrei ebenfalls einer der ultimativen Feinde jeden Eheglücks.

Allerdings ist es sehr, sehr viel wahrscheinlicher, dass sich einer der beiden Partner tatsächlich an etwas stört, was der andere macht oder unterlässt, und das ehrlich sagt. Ehrlichkeit ist ja in der Rangliste der gewünschten Tugenden beim Ehepartner immer an einer der ersten Stellen. Na also! Und das ist ja auch alles halb so schlimm. Bedenkt man, dass beide Partner in je einer eigenen Ehewelt leben, sind Irritationen doch eigentlich durchaus immer wieder zu erwarten. Das ist auch die Erklärung, weshalb einer der Partner nach Maßgabe der Regeln in seiner Ehewelt etwas tut, was in der Kultur der anderen Ehewelt ein peinliches No-Go ist. Daher können Sie sich getrost jetzt schon darauf einrichten, dass Sie während den langen Jahren Ihrer Ehe selbstverständlich immer wieder gegenseitig Kritik üben werden und nachfragen müssen, wieso der andere das jetzt (schon wieder) getan hat. Das ist dem inneren Aufbau der Ehe geschuldet und wirklich wichtig und richtig, denn auch Kritik ist ein Mittel, die Unterschiede in den inneren Ehewelten herauszuschälen. Das ist einer der Wege, um dem anderen klar zu sagen, was man mag und was nicht. Es ist der Blick in die Welt des anderen.

Wie können Sie Ihre Kritikfähigkeit steigern? Das ist im Grunde genommen ganz einfach: indem Sie gleichzeitig auch das Wohlbefinden Ihres Partners steigern. Ihm/ihr Ihre Liebe versichern und zeigen, dass Ihre Liebesbeziehung stark und stabil ist, Sie an der

Seite des Partners bleiben und die kritisierte Verhaltensweise daran nichts zu ändern vermag. Auf diese Weise kommen Versagens- und Verlustängste im Kritisierten nie so stark auf, er/sie fühlt sich trotz der Kritik geborgen und geliebt, sodass dann über die kritisierte Verhaltensweise sachlich gesprochen werden kann.

Mein Partner und ich haben dahingehend tatsächlich einen für uns guten Weg gefunden, den ich Ihnen nicht vorenthalten möchte:
Als ich eines Tages schon vor zehn Uhr vormittags im gemeinsamen Urlaub die dritte Reklamation meines Partners an meiner und über meine Person gehört hatte – die erste bereits am frühen Morgen, noch vor der ersten Tasse Kaffee (gaaanz schlecht!) –, fuhr ich ihn erbost an, ob er denn heute auch noch gedenke, mir irgendetwas Nettes zu sagen. Und ich kündigte ihm an, ab sofort keine Kritik mehr entgegenzunehmen, wenn nicht gleichzeitig mit ihr zwei echte, ernst gemeinte Komplimente vorgetragen würden. Außerdem müssten diese beiden Komplimente genauso individuell auf mich zutreffen wie die Kritik. Nur *nettes Kleid* oder *schöne Augen* wäre nicht ausreichend.
Mit jeder Kritik müssen also zwei sehr individuelle positive Bemerkungen verbunden werden. Kommen sie nicht im Multipack zusammen mit der Kritik, wird nachgehakt und diese werden eingefordert.

Sie glauben gar nicht, mit welchen überraschenden Feststellungen und Komplimenten Männer – und wohl auch Frauen – um die Ecke kommen, wenn sie dazu genötigt werden, sie müssen an gewissen Tagen, an denen sie mit dem falschen Fuß aufgestanden sind, ihre Kritik schließlich unbedingt anbringen können!
Eines werden Sie sehen: Genauso wie Ihnen – in Ihren Augen – unberechtigte Kritikpunkte um die Ohren gehauen werden, werden

Sie völlig Überraschendes als Kompliment zu hören bekommen! Denn die Unterschiede in den Ehewelten haben auch im Positiven ihre volle Gültigkeit. Was also für Sie in Ihrer Ehewelt selbstverständlich und nichts Besonderes sein mag, kann in der Welt Ihres Partners total anbetungswürdig und hinreißend charmant sein.

Natürlich erfordert es manchmal sehr große Überwindung und auch rigorose Selbstbeherrschung, nicht die Fassung zu verlieren, sondern den Partner, über den man sich so unendlich ärgert, in diesem Moment auch noch mit Komplimenten einzudecken. Ich weiß: schwierig, schwierig.

Der Klassiker: Sie sind eingeladen und sollten bereits bei den Gastgebern vor der Tür stehen, aber Ihr/e Partner/in ist – wieder einmal – viel zu spät dran. Und Sie sind nicht vorangegangen, um das spätere Eintreffen des Partners anzukündigen, sondern sind bei diesem geblieben – und damit selbst auch verspätet, was Sie hassen! Vielleicht hilft es Ihnen in dieser Situation, daran zu denken, dass Ihr/e Partner/in Sie sicher nicht absichtlich verletzen oder erzürnen möchte. Und wenn Sie sich dann noch vor Augen führen, dass Sie beide ohnehin schon zu spät dran sind – der Kübel also schon umgefallen ist –, sodass sich an dieser Situation nichts mehr ändern lässt, gibt es zwei Möglichkeiten: Entweder Sie sagen die Einladung wütend ab und stoßen alle vor den Kopf, decken den Partner mit Schuldzuweisungen und Vorwürfen ein und verleben ganz bestimmt eine schlechte Zeit miteinander, oder Sie versuchen, das Beste daraus zu machen und machen Ihrem Herzblatt klar, dass er/sie sich ruhig sputen kann, denn Sie würden ihn/sie selbst nackt absolut göttlich und sexy finden. Deshalb sollten Sie sich möglichst rasch auf die Socken machen, um bald wieder gemeinsam die Zweisamkeit zu genießen, auf die Sie sich jetzt schon wieder freuen. – Das Ärgernis der Verspätung bleibt. Aber die gemeinsame Zeit wird deutlich schöner.

Wenn das Zeitmanagement häufiger das Problem Ihres Partners ist, wissen Sie das jetzt ja und können eine zeitliche Pufferzone einrechnen. Wird sie nicht gebraucht, sind Sie eben etwas zu früh fertig und können das gemeinsam feiern. Die Aussicht auf eine kleine, gemeinsame Vorfeier im Vorfeld der Pünktlichkeit ist sicher ein guter Ansporn für jede/n, sich noch mehr zu beeilen. – Sicher mehr als die Vermeidung von negativem Stress.

Mit dieser Kritikfähigkeitssteigerungsstrategie, die übrigens selbstverständlich gegenseitig gilt, wird der Weg geöffnet für sehr offene Gespräche über durchaus auch schwierige Themen und Kritikpunkte. Die doppelte Portion an Komplimenten signalisiert unverrückbare Wertschätzung und Liebe und entschärft schwierigere Situationen, was einerseits die Kritik freundlicher und konstruktiver erscheinen lässt, andererseits ihre Entgegennahme wohlwollender, in zuvor geschaffener fröhlicher Grundstimmung, und damit einfacher macht.

Wesentlich für die Reise ins Epizentrum des Eheglücks ist nicht, dass Sie sich immer einig sind, sondern vielmehr, dass Sie *im interessierten Kontakt mit Ihrem Partner bleiben*, wissen, was in ihm vorgeht, und so wechselseitig an Ihrer beider Entwicklung teilhaben können. Dafür packen wir alle Chancen, auch die, die auf den ersten Blick unangenehm aussehen und versuchen, *Anstand und Respekt zu wahren und die unverrückbare Liebe zu erklären*.

Es geht letztendlich *immer um den Ausgleich*, um die *Sicherstellung*, dass sich beide Partner vom jeweils anderen geliebt und wertgeschätzt fühlen und jeder sicher sein kann, vom anderen nicht verlassen zu werden, egal was kommt. Das ist es, was das Eheglück wirklich ausmacht.

DIE EHELICHE KOMMUNIKATION

Viele Verlobte und Verheiratete glauben dem sich hartnäckig haltenden Gerücht, sie könnten den/die Partner/in eines Tages plötzlich nicht mehr verstehen, weshalb in der Folge Eheprobleme auf sie zukämen. Es besteht die Befürchtung, die Kommunikation werde plötzlich schieflaufen. Gründe dafür seien zum Beispiel Hausarbeit, finanzielle Probleme, Kinder, Betrug und Misstrauen etc. und deshalb entstünden Missverständnisse und Eheprobleme. Ich habe sogar einmal die Behauptung eines Beziehungsexperten gelesen, es könne *falsche* Gesprächsthemen in der Ehe geben. Nicht umsonst bietet der Buchmarkt so viele Eheratgeber, mit und ohne Checklisten und mit praktischen Tipps, die den Eheleuten Kommunikationstechniken und -trainings anbieten. *Beziehungscoach* ist ein schöner Beruf geworden, der die zwischen den Ehepartnern zerfranste Kommunikation wieder reparieren soll. Den Partner zum Zuhören zu bewegen wird als eine richtige Kunst sein. Wer hat es nicht schon gehört: *Formulieren Sie Ihre Sätze ohne Vorwürfe an den Partner!* oder *Bleiben Sie bei sich!* oder … oder! Checklisten pflastern den Weg in der Ehekrise. Sehr beängstigend das Ganze, wirklich.

Das braucht Sie alles aber überhaupt nicht zu beunruhigen! Sie können ganz sicher sein, dass Sie nicht plötzlich Ihr Ausdrucksvermögen und Ihre Sprache verlieren werden und das auch noch beschränkt auf den eigenen Ehepartner. Wie sollte das denn passieren? Man wacht nicht eines Morgens auf und stellt fest, dass die Kommunikationsfähigkeit gegenüber dem Ehepartner plötzlich abhandengekommen ist. Die bleibt existent. Jede Befürchtung, Sie könnten Ihre Kommunikationsfähigkeit in der Ehe verlieren und die Ehe würde deswegen scheitern, ist meiner Meinung nach geradezu absurd.

Natürlich kann es passieren, dass Sie ab und zu nicht verstehen können, wie Ihr/e Partner/in dazu gekommen ist, etwas für Sie Verblüffendes zu tun oder zu unterlassen. Dass die Kommunikation auf dem Weg über die sieben Stufen in die Ehekrise zusammenbrechen wird, wissen Sie jetzt. Und jetzt wissen Sie auch, warum das so ist. Sie kennen nun den Mechanismus. Und Sie wissen jetzt auch, dass das mit Ihrer Sprachfähigkeit absolut nichts zu tun hat, sondern dem Bauplan im Innenbereich der Ehe geschuldet ist. Dass Sie beide nicht immer genau wissen, wo der andere gerade in seiner Ehewelt steht, ist doch die logische Konsequenz des Bauplans mit den den beiden unterschiedlichen Ehewelten, die sich nur in Teilen überschneiden. Wenn Sie sich beide jeweils in Ihrer eigenen Ehewelt aufhalten und von dort aus über Ereignisse miteinander diskutieren, ist die Gefahr groß, dass Sie aneinander vorbeireden, weil Sie bloß *meinen*, vom selben zu sprechen, es aber nicht tun.

Das war, wie Sie wissen, schon vor der Ehe so gewesen. Die Welt des anderen war für Sie spannend und aufregend, Sie haben nächtelang darüber gesprochen, wer von Ihnen beiden worüber wie denkt und sämtliche Schmetterlinge im Bauch sind immer höher geflogen.

An der sachlichen Situation hat die Heirat nichts verändert. Die Unterzeichnung der Heiratsurkunde legt die beiden Welten, in der Sie beide im Eheinneren leben, nicht so übereinander, dass sie sich zu 100 Prozent überschneiden. Das wissen Sie auch. Aber nach der Heirat gerät dies oft rasch in Vergessenheit, weil Sie glauben, Ihren Seelenverwandten geheiratet zu haben und nun zu einem *harmonischen Ehepaar* zusammengefügt worden zu sein. Deshalb glauben Sie, Ihre/n Partner/in nun in- und auswendig zu kennen. Sie glauben die Reaktion Ihres/r Partners/in auf Ihre Aufopferung voraussagen zu können – was aber natürlich nicht der Fall ist. Nicht der Fall sein kann, weil die beiden unterschiedlichen Erlebenswelten im Eheinneren (also die beiden Ehewelten) natürlich noch immer in vollem Umfang dastehen. So wie sie sind. Die Heirat lässt das unberührt. Jede der beiden Ehewelten ist vom jeweils anderen Partner in großen Teilen unerforscht und bleibt für ihn mysteriös.

Nur wird das nach der Heirat nicht mehr so gesehen. Im romantischen Bestreben der Brautleute, durch die Heirat miteinander eins zu werden, quasi zu verschmelzen, geht vor allem bei den Prinzessinnen oft unter, dass nur sie ganz privat ihre eigenen Gefühle, auch ihre Liebesgefühle, tief in ihrem Inneren fühlen können. Ihr Partner fühlt ihre Gefühle nicht. Er ist – Gott sei Dank, möchte ich sagen – nicht Ihr siamesischer Zwilling, mit dem Sie sogar die Hormonausschüttungen teilen.

Dasselbe gilt natürlich auch für ihn: Er hat seine eigene Erlebens- und Gefühlswelt, die er ganz privat und allein erlebt. Seine Partnerin kann bloß anhand seiner Äußerungen spekulieren, dass er sie liebt, aber wenn er ihr seine Gefühle nicht tatsächlich für sie wahrnehmbar demonstriert, bleibt ihr verborgen, wie er wirklich zu ihr steht.

Die Prinzessinnen, die ja gemäß allgemeiner Lebenserfahrung und diverser Vorurteile anerkanntermaßen in enger Verbindung mit ihrer eigenen inneren Welt stehen, neigen dazu zu glauben, jeder sähe ihnen ihre Empfindungen schon an der Nasenspitze an – und das Gegenüber empfinde natürlicherweise dasselbe wie sie, müsse nur die Augen öffnen, und schon sei alles klar ersichtlich. Wenn so eine Prinzessin sich mit Ihrem Mann am Morgen gestritten hat und sich verletzt und zurückgewiesen fühlt, zeigt sie ihm am Abend *nach den Regeln in ihrer Welt* durch ihre ganze Körperhaltung, ihr Verhalten, ihre Blicke, dass er sie verärgert hat. Sie glaubt, dass sie ihm durch ihre versteckten Signale und Gesten ihre Gefühle zeigt, aber wie wir wissen, nehmen Männer das nicht unbedingt wahr, und wenn doch, wird das Wahrgenommene ja noch gemäß den Regeln der eigenen (in diesem Fall männlichen) Ehewelt interpretiert. Die Wahrscheinlichkeit, dass der Mann die auf diese Weise vermittelten Informationen korrekt interpretiert, geht gegen null.

Die Männer sind also in ihrer Welt üblicherweise pragmatischer und direkter unterwegs als Frauen. Wenn ihnen etwas nicht passt, dann sagen sie es. Nur selten, nämlich wenn sie ahnen, dass ihre Meinung als unwillkommene, vielleicht sogar beleidigende Kritik aufgefasst werden könnte, ziehen sie sich zurück und schweigen. – Besonders wenn die Kumpels, mit denen sie sich im Notfall (also wenn zu Hause dicke Luft herrscht) zu einem Bier absetzen, gerade nicht in der Gegend sind. Deshalb, liebe Prinzessin: Damit er, der sich während seines Alltags über Stunden nicht mit Ihnen, sondern mit ganz anderen Dingen beschäftigt hat weiß, wie Sie sich fühlen, bedarf es bei Ihrem Wiedersehen einer klaren Ansage, die gut wahrnehmbar sein sollte. Ihre Aufgabe ist es, seine Aufmerksamkeit auf sich und Ihre Befindlichkeit zu lenken und ihm deutlich *durch Worte* klarzumachen, wie Sie sich fühlen. Diese männliche Aufmerksamkeit werden Sie voraussichtlich weder mit dem Anzetteln von Grundsatzgesprächen noch durch Nörgelei noch durch genervtes Anraunzen bekommen. Prinzessinnen sollten immer vor Augen haben, dass die Mehrheit der Männer bei Nörgelei taub wird. Die wundersame männliche Spontanheilung tritt erst wieder bei Stille ein, sollten die Männer nicht schon vorher empört zu ihren Bros gerannt sein und ihre Prinzessin ebenso schäumend vor Wut wie verzweifelt zurückgelassen haben.

Wenn er Sie, liebe Prinzessin, am Morgen also verärgert haben sollte und Sie, um ein Zeichen zu setzen, beim Wiedersehen am Abend beispielsweise schweigend mit Schmollmund in der Ecke sitzen, um zu demonstrieren, wie sehr Sie von ihm beleidigt worden sind, nimmt er möglicherweise nicht einmal Ihren Ärger und Ihre schlechte Verfassung wahr, denn Sie schweigen ja vermutlich nicht zum ersten Mal und Ihren süßen Schmollmund, den Sie auch in erfreulichen Situationen präsentieren, liebt er sowieso. Falls er aber doch noch merken sollte, dass es Ihnen nicht besonders gut geht, wird er

Ihre schlechte Gemütslage höchstwahrscheinlich auf Menstruationsbeschwerden zurückführen, eine Magenverstimmung, Knatsch mit einer Freundin, Ärger mit den Nachbarn ... jedenfalls nicht auf sich selbst oder sein Verhalten. Und schon gar nicht auf sein Verhalten vor Verlassen seiner Behausung am Morgen, also vor gefühlten 150 Jahren. In seiner Welt ist es mit hoher Wahrscheinlichkeit sogar so, dass man jemanden, dem es nicht gut geht, in Ruhe lassen muss, zwecks Erholung. Somit kann es leicht passieren, dass er auf Zehenspitzen wegschleicht um Sie nicht zu stören, während Sie darauf warten, dass er Ihr zur Schau gestelltes Leid endlich einmal wahrnimmt und sich um Sie kümmert. Dabei macht er nach den Regeln in seiner Welt genau das und nichts anderes und er ist sich jedenfalls ganz sicher, dass Sie seine Rücksicht und Anteilnahme mehr als nur zu schätzen wissen, denn mangelnde Fürsorge, liebe Prinzessin, ist für ihn ein Fremdwort!

Tja, dumm gelaufen. – Vor allem für die Prinzessin, die sich erneut nicht wahrgenommen, sondern zurückgestoßen und vernachlässigt fühlen wird, anstatt geliebt und umsorgt, wie er denkt. Und warum? Weil keiner der beiden Partner den inneren Bauplan der Ehe berücksichtigt hat. Keiner dachte daran, dass sie in unterschiedlichen Ehewelten leben. Beide unterstellten ihre ganz persönliche Wahrnehmung als einzig selig machende Ehewelt-Wahrheit und haben sich gegenseitig nichts aus ihrer jeweiligen Ehewelt erzählt. Jeder nahm einfach an, beide würden nur in einer einzigen einheitlichen Ehe leben. Grober Fehler!

In allen übrigen Lebensbereichen geht ja auch niemand davon aus, dass ein schweigendes Schmollen das eigene Anliegen erklären würde – weder im Supermarkt noch im Job oder sonst wo.

Fälschlicherweise werden Disharmonien und Streitigkeiten in der Ehe aber als angeblich ehegefährdend hochstilisiert, weshalb diesem Phänomen des uneinigen Ehepaars zu Leibe gerückt werden müsse, auf dass wieder Harmonie und Einigkeit einziehen können, und zwar durch die richtige Kommunikation. Aber alles ganz falsch, wie wir gesehen haben. Wenn Sie und Ihr Partner also in einer Situation wechselseitig mal nicht nachvollziehen können, was der andere meint, heißt das nicht zwangsläufig, dass Sie Ihrer Kommunikationsfähigkeit verlustig gegangen wären oder gar den Draht zueinander verloren hätten. Genauso wenig ist einer von Ihnen plötzlich doof, überemotional oder dement geworden.

Nein, Ihr Partner erzählt Ihnen nur etwas Neues aus seiner Welt, beschreibt Ihnen etwas aus einem Blickwinkel in seiner Ehewelt, den es in Ihrer nicht gibt, zumindest nicht in dieser Form. Es geht um Neues, Auf- und Anregendes, Unbekanntes, das jetzt erstmals in Ihrer Welt auftaucht und diese bereichert. Sie können in diesem Moment einander nur deshalb nicht wirklich verstehen, weil Sie erst mal nicht über dasselbe sprechen!

Ihr/e Partner/in ist umgangssprachlich Ihre bessere Hälfte, Ihre Ergänzung. Das war ja einer der Gründe für die Heirat. Die Ergänzung Ihrer Ehewelt durch die Ihres Partners ist gemäß des Bauplans im Inneren Ihrer Ehe unabdingbar nötig. Denn nur Sie für sich allein können keine Ehe führen. Aber es ist auch klar, dass das, was Ihnen noch unbekannt ist, Sie selbst nicht von vornherein als fehlend erkennen können. Erst wenn Sie wissen, was die Ehewelt Ihres/r Partner/in wirklich zu bieten hat, das Sie bislang nicht kannten, können Sie entscheiden, ob Sie es auch haben möchten oder ob Sie es ablehnen.

Denken Sie nur an die vielen exotischen Speisen, die Sie irgendwann zum ersten Mal probiert haben! Das war zunächst unbekannt, irritierend, aber auch aufregend, in manchen Fällen inakzeptabel, in anderen bereichernd. In jedem Fall haben Sie Ihr kulinarisches Repertoire vergrößert. So ist es auch in der Ehe. Wie irgendjemand auch nur auf den Gedanken kommen kann, es könnte *falsche Themen* in einer Ehe geben, ist mir schleierhaft.

Und nun können Sie auch die Ratschläge der Kommunikationsexperten in den richtigen Kontext stellen. Die Aufforderung *bei sich zu bleiben* ist die Aufforderung, aus Ihrer Welt zu erzählen – genauso wie Sie das schon vor der Heirat getan haben. Und die Empfehlung, den/die Partner/in nicht mit Vorwürfen einzudecken ist meines Erachtens als die Empfehlung anzusehen, zu akzeptieren, dass in seiner/ihrer Welt andere Regeln gelten, die es unvoreingenommen in Erfahrung zu bringen gilt. Das machen Sie ja auch so, wenn Sie ins Ausland verreisen.

Wenn also Kritik und die Bekanntgabe der eigenen Bedürfnisse, die mit denen Ihres Partners im Konflikt stehen, mit einem Ausdruck der persönlichen Wertschätzung und Liebe begleitet wird, ist alles halb so schlimm.

Auch für den Kritisierenden: Denn schließlich lieben Sie Ihre/n Partner/in ja und schätzen sehr viele Eigenschaften und Facetten – und das dürfen Sie ruhig auch in Zeiten sagen, in denen Sie vom aktuellen Verhalten Ihres/r Partners/in nicht restlos begeistert sind. Und schon sieht die Welt ganz anders aus, sodass ein sachliches Gespräch über die Kritikpunkte möglich wird – und damit ein Blick in die Ehewelt des jeweils anderen.

Denn der Partner legte das kritisierte Verhalten aus einem bestimmten Grund an den Tag, zumindest ist es in seiner Welt ganz in Ordnung – sonst würde er es ja nicht tun. Aber gleichzeitig gibt es in der Welt des Kritisierenden Gründe, die das kritisierte Verhalten eben nicht als gut erscheinen lassen. Das ist doch eigentlich eine sehr spannende Diskussion über die beiden unterschiedlichen Lebensweisen im Ehe-Nachbarschaftsausland! Sie wird auch in Ruhe geführt werden können, wenn sich beide geliebt und begehrt fühlen, was sicherzustellen ist – wie schon vor der Ehe.

Ich wünsche mir für Sie, dass Sie mit dieser frischen Leichtigkeit in der Denkweise zu Ihren nächtlichen Gesprächen zurückfinden können, die Sie geführt haben, als Sie sich kennen- und lieben lernten. *Dieser Zauber ist immer noch da – bei Ihnen, im Eheinneren.* Von außen gesehen ist er nicht sichtbar, sondern lebt hinter der dicken Fassade der Heiratsurkunde versteckt weiter.

Merksätze für Notfälle und Eilige:

1. Keine Angst! Sie werden nicht eines Tages aufwachen und Ihre/n Partner/in nicht mehr verstehen können. Das gibt es nicht!

2. Keine Angst vor Kritik!

3. Ihnen selbst käme oft nicht einmal in den Sinn, dass Ihr Verhalten überhaupt Anlass zu Kritik sein könnte.

4. Kritik erlaubt Ihnen beiden einen Blick in die persönliche Ehewelt Ihres Herzblattes.

5. Auf diese Weise lernen Sie sich beide immer besser kennen und erweitern Ihren Ehehorizont.

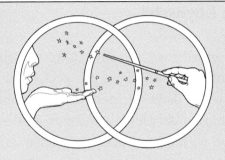

Haben Sie trotz Anlass zu Kritik schon Eheglück gezaubert?
Haben Sie Ihrem/r Partner/in gleichzeitig mit der Kritik auch in geballter Form gesagt, was Sie an ihm/ihr besonders bewundern, lieben und unwiderstehlich finden?
Ja? Super!
Dann haben Sie in Ihrem/r Partner/in die Sicherheit gegeben, dass Sie ihn/sie heiß lieben und wertschätzen, er/sie wunderbar ist und Sie ihn/sie nicht verlassen werden – auch wenn Ihnen offenkundig diese Facette, die Sie gerade gesehen haben, nicht unbedingt gefällt.
Oder etwa doch – nach der überraschenden, logischen Erklärung?

Sprechen Sie Ehelisch?

Das Wichtigste zum Erhalt des Eheglücks wissen Sie jetzt: Nur wenn es Ihnen in Ihrem Ehealltag gut geht, wird es der Ehe gut gehen. Voraussetzung dafür ist, dass Ihre persönlichen Wohlfühl-Bedürfnisse auch nach der Heirat Beachtung finden und abgedeckt sind. Ob es Ihnen wirklich gut geht, was Ihnen zu Ihrem persönlichen Glück noch fehlt, das wissen nur Sie selbst. Ihr Partner kann darüber nur spekulieren – und liegt damit sehr oft völlig falsch. Ganz besonders dann, wenn Sie Ihre Bedürfnisse nicht mitteilen, sondern das, was Ihnen wirklich wertvoll ist, als scheinbar unwichtig hinstellen, nur um der momentanen Harmonie wegen.

Dabei ist es so unendlich wichtig, dem Partner Leitplanken zu geben. Bitte denken Sie daran, dass Sie von Ihrem Ehegatten nur dann das von Ihnen wirklich Gewünschte erhalten können, wenn er/sie auch tatsächlich weiß, wo Ihre Vorlieben liegen, was Sie sich wünschen und was Sie verabscheuen. Ihre Interessen, Vorlieben und Wünsche ändern sich im Verlauf der Jahre. Stellen Sie sicher, dass Ihr Herzblatt nichts verpasst. Und hören Sie zu, wenn er/sie Ihnen erzählt, was ihn/sie beschäftigt, worüber er/sie sich gefreut hat und wo er/sie belastet ist.

Sie beide machen jeden Tag neue Erfahrungen, lernen neue Menschen kennen, erarbeiten sich neue Fähigkeiten und Erkenntnisse. Schleichend werden neue Dinge für Sie wichtig, wahrscheinlich haben Sie in der Familie Zuwachs erhalten, vielleicht entdeckten Sie Sport oder Gartenarbeiten für sich oder machten eine Kletterpartie im Himalaja. Vielleicht erlitten Sie schwere Verluste, sind krank geworden, haben durch einen Unfall Gliedmaßen verloren oder sogar ein Kind. Diese Ereignisse im Verlauf Ihres Lebens prägen und verändern Sie und Ihre ganz persönliche Weltanschauung maßgeblich. Sie sind nach einigen Jahren nicht mehr dieselbe Person, die Sie bei Ihrer Heirat waren. Ihre Interessen, Ihre Bedürfnisse, Ihre Vorlieben, Ihr Geschmack und vielleicht auch Ihre Idee, wie und wo Sie Ihr Leben verbringen wollen, werden sich im Verlauf der Jahre grundlegend verändert haben. Dasselbe gilt selbstverständlich auch für Ihren Partner.

Sie wissen, dass das Eheglück nur auffindbar ist, wenn Sie durch die Veränderungen des Lebens in enger Verbindung bleiben können und diese in sich selbst und dem Partner erleben. Dabei ist nicht wesentlich, dass Sie beide in allen Situationen und Lebensumständen stets dieselbe Bewertung vornehmen und gleiche Reaktionen oder Entwicklungen Ihrer Persönlichkeit aufweisen. Sie beide werden, entsprechend Ihrer individuellen Persönlichkeit, oft Ereignisse unterschiedlich erleben und individuell darauf reagieren. Es ist wichtig, dem Partner die eigene innere Reifung erkennbar zu machen. Sie beide werden sich entsprechend Ihren Erlebnissen verändert haben und jeder von Ihnen beiden wird das Erlebte in seiner ganz eigenen und einzigartigen Art der Verarbeitung und Verinnerlichung verarbeitet haben. Diese Entwicklung aufzuhalten ist Ihnen beiden unmöglich – Sie brauchen es nicht einmal zu versuchen, Ihr phänomenales Scheitern wäre vorprogrammiert. Aber das ist schön so. Nur infolge persönlicher Reifung und innerlicher Weiterentwicklung eines Menschen hat eine 60-jährige Person einer 20-jährigen mit knackigem Hintern und vollem Haar weitaus mehr entgegenzustellen als nur mehr Gewicht, graue Strähnen und Falten. Insofern ist die Welt gerecht.

Damit Ihr Partner mit Ihnen und Ihrer inneren Reifung Schritt halten kann, muss er/sie wissen, was in Ihnen vorgeht, was Sie mögen und was nicht. Wie Sie wissen, ist Ihr Herzblatt eben nicht Ihr siamesischer Zwilling und es ist falsch zu glauben, dieser müsse Ihnen alles von den Augen ablesen können. Weder Sie noch Ihr Partner haben eine Kristallkugel. Jeder von Ihnen ist auf offene Worte und Taten des anderen angewiesen. Nur dadurch wird Ihr Partner erkennen können, wo Sie sich gerade befinden, welche Interessen Sie aktuell haben und womit man Ihnen eine Freude bereiten kann. Fehlt ihm/ihr dieser Einblick, wird er/sie nicht mit Ihnen Schritt halten können.

Indem Sie Ihrem Herzblatt Ihre Gedanken, Vorlieben, Ängste und Abneigungen offen und klar bekannt geben, geben Sie ihm die Chance, mit Ihnen Schritt halten zu können, nicht von Ihnen abgehängt zu werden. Erklären Sie ihm/ihr deutlich, was Ihr Anliegen ist, und verweisen Sie Ihren Partner nicht auf Spekulationen, die mühsam sind und Missverständnisse heraufbeschwören. Es ist für den langjährigen und glücklichen Bestand Ihrer Ehe von ausschlaggebender Bedeutung, Ihrem Partner ehrlich zu sagen, womit er Ihnen aktuell eine Freude bereiten und womit er Sie verletzen kann. Zu dieser nötigen Offenheit gehört natürlich auch zu sagen, wenn Sie etwas nicht (mehr) mögen. Ihr Herzblatt braucht Leitplanken, damit er/sie sich orientieren kann. Sie geben damit Orientierungshilfe. Sehen Sie sich einfach als seine/ihre Pannenhilfe an. Helfen Sie ihrem Herzblatt in den Sattel. Sie sind der *Ferrari* in immer wieder neuer Modellausführung und er/sie muss halt immer wieder lernen, damit umzugehen. Nehmen Sie sich die Zeit und Geduld, ihm/ihr zu zeigen, wie Sie *ticken*. Eine Hilfestellung aggressiv, unfreundlich, sarkastisch oder herablassend vorzutragen, ist nicht nötig. Die Franzosen sagen zu Recht, dass der Ton die Musik macht. Auch eine sehr weise Freundin sagte mir einst: »Eine Dame kann alles sagen – solange sie dabei nur freundlich ist und dazu lächelt.«

Mit dieser gelebten Offenheit tragen Sie allerdings beide das Risiko, dass er/sie Ihren Wünschen nicht nachkommen will und Sie sich deswegen nicht gut behandelt fühlen könnten. Fragen Sie doch einfach freundlich nach, weshalb er/sie Ihnen diesen Gefallen nicht tun möchte. So hat er/sie die Chance, Ihnen die Gründe dafür zu erläutern.

Lassen Sie mich Ihnen die Tatsache erklären, dass es in Ihrer Kommunikation mit Ihrem/r Partner/in normalerweise kein *Richtig* und kein *Falsch* gibt. Wenn Sie einander nicht verstehen, reden Sie mit Sicherheit unbemerkt aneinander vorbei.

Ich möchte Ihnen das anhand eines einfachen Beispiels verdeutlichen:

Stellen Sie sich bitte vor, Sie und Ihr Ehepartner sitzen sich an einem Tisch gegenüber. Jemand hält Ihnen ein Blatt Papier vor die Nase, und zwar so, dass einer von Ihnen nur die Vorderseite sieht, der andere nur die Rückseite. Sie beide sehen also dasselbe Blatt, aber jeder aus einer anderen Perspektive. Sie werden jetzt aufgefordert zu beschreiben, was Sie auf dem Blatt Papier sehen.

Sie, liebe Prinzessin, beschreiben Ihrem Ehemann das Blatt als lindgrün mit roten Punkten. Der schüttelt verständnislos den Kopf und behauptet, das Blatt sei nicht lindgrün, sondern hellgelb und mit roten Querstreifen. – Das ist der Stoff, aus dem unangenehme Gespräche entstehen können, denn auch wenn Sie Ihrem Partner ernsthaft, mit hoher Ausdauer und in verständlichen Worten detailliert beschreiben, dass das Blatt lindgrün und rot gepunktet ist, wird er darauf beharren, dass es hellgelb mit roten Querstreifen ist – eben so, wie er es sieht.

Natürlich sprechen Sie Ehelisch!

Natürlich haben solche Diskussionen zwischen Ihnen und Ihrem Partner, in denen Sie sich gegenseitig nicht verstehen können, nichts damit zu tun, *wie* Sie sprechen und *welche Worte* Sie wählen. Sie sehen eine Sache ganz einfach aus unterschiedlichen Perspektiven, aus Ihren jeweiligen ganz persönlichen Ehewelten heraus.
Ihre Ausdrucksweise (also Ihre Kommunikationsfähigkeit) ist Teil Ihrer einzigartigen Persönlichkeit und hat Sie beide ja mit zusammengeführt. Sie haben sich von Anfang an gut verstanden, besser als mit allen anderen, sonst hätten Sie gewiss nicht geheiratet. Natürlich haben Sie sich im Laufe der Zeit verändert, aber: Mit Ihren Freunden kommen Sie ja immer noch klar – je mehr Schwierigkeiten in der Kommunikation mit dem Ehepartner auftauchen, desto reger ist üblicherweise die mit Freunden.
Wenn Sie also verzweifelt sind, weil Sie Ihren Partner nicht mehr verstehen, ihm nicht mehr verdeutlichen können, wie es Ihnen wirklich geht, was in Ihnen vorgeht, liegt das meiner Erfahrung nach nicht an Ihrem fehlenden Kommunikationstalent oder einer plötzlich unverständlichen Ausdrucksweise. Es liegt auch nicht daran, wie Sie einen Satz formulieren.
Mit größter Wahrscheinlichkeit liegt es nur daran, dass Sie als unterschiedliche Persönlichkeiten mit unterschiedlichen Erfahrungen aus verschiedenen Blickwinkeln aus Ihrer eigenen Ehewelt heraus über etwas kommunizieren und Ihnen dieser Unterschied nicht (mehr) bewusst ist.
Die Antwort auf die Frage, wie das passieren kann, da es ja vorher offensichtlich funktioniert hat, wurde vorher schon beantwortet. *In der Kennenlernphase wollten Sie die spannende Welt des anderen kennenlernen.* Nach der Hochzeit glauben Sie, dass die beiden Ehewelten neu deckungsgleich wären, *weil das Notwendigkeit für*

ein harmonisches Ehepaar sein muss. Ein fataler Irrtum! Ihr/e Partner/in hat auch nach der Hochzeit nichts von ihrem/r geheimnisvollen Mysterium und dem Interessanten, Fremden – Ihrer Ergänzung! – in seiner/ihrer Erlebnis- und Gedankenwelt (Ehewelt) eingebüßt, das es natürlich weiter zu erforschen gilt. Ihr/e Ehepartner/in mit Ihrer wundervollen, individuellen Persönlichkeit, die sich deutlich von der Ihren unterscheidet und diese ergänzt, ist und bleibt interessant, unerforscht, auf- und anregend!
Zudem kann dieses fehlende Bewusstsein der Andersartigkeit, der verschiedenen Sichtweisen und parallelen Ehewelten auch durch Gewohnheit im Alltag entstanden sein, weil im Allgemeinen von Tag zu Tag nicht viel Weltveränderndes geschieht, vielleicht auch durch Stress und Ablenkung, zu wenig gemeinsame Zeit oder dergleichen. Es ist aber schnell aus der Welt zu schaffen. Sobald nämlich ein Konflikt da ist, können Sie sich sehr sicher sein, dass jeder von Ihnen die sich stellende Sachfrage aus dem Blickwinkel und nach den Regeln seiner ganz persönlichen Ehewelt betrachtet.
Das scheinbare Kommunikationsproblem lässt sich jedenfalls sehr schnell beheben, wenn Sie sich die beiden unterschiedlichen Positionen in den zwei individuellen Ehewelten vor Augen halten. Wenn Sie akzeptieren können, dass beide Sichtweisen auf die eine Sache, über die Sie gerade diskutieren, richtig und berechtigt sind, dann verstehen Sie sich plötzlich – und haben Ihren eigenen Horizont um die Sichtweise Ihres/r Partners/in erweitert. Plötzlich haben Sie mehr Optionen zur Verfügung!
Ziehen wir zum besseren Verständnis noch einmal die Diskussion über das Blatt Papier heran: Solange Sie bloß *glauben*, von denselben Fakten und Sachverhalten (das Blatt Papier / die Ehe) zu sprechen, *in Wahrheit aber über Unterschiedliches* - nämlich *je die eigene Sicht auf dasselbe Papier / die Ehe –* diskutieren, werden Sie zwangsläufig immer aneinander vorbeireden. *Sobald Sie jedoch*

feststellen, dass das Blatt Papier auf jeder Seite anders bedruckt ist, dass also beide recht haben und das auch beide anerkennen, werden Sie sich sofort wieder verstehen.
Die ruhige Frage *Wovon sprichst du genau? Wo stehst du?* wird für Sie, wenn Sie über eheliche Belange sprechen und sich gegenseitig plötzlich nicht mehr verstehen, Spannendes aus der Ehewelt Ihres Partners zutage fördern. Sie werden interessiert und vermutlich auch verblüfft diese innere Welt weiter erkunden können.

Derselbe Mechanismus greift natürlich, wenn Sie beide über irgendwelche Fragen des Lebens sprechen. Sie werden am Anfang der Diskussion notwendigerweise immer den einseitigen Blickwinkel aus Ihrer persönlichen Ehewelt einnehmen. Ihr/e Partner/in macht allerdings dasselbe. Denken Sie nur beispielsweise an eine Diskussion über Treue: Der eine Partner war vielleicht nach den Regeln in seiner Ehewelt mehr als nur treu, während er mit seinem Verhalten nach den Treueregeln in der Ehewelt des anderen definitiv Mist gebaut hat. Vielleicht hat er/sie aber auch nach den Regeln in beiden Ehewelten Mist gebaut. Das ist aber normalerweise ein Zeichen, dass er/sie ein Bedürfnis außerhalb der Ehe gedeckt hat, weil es ihm/ihr im Inneren der Ehe fehlt. Auch das ist doch eine spannende Diskussion, geeignet, Sie beide in Ihrem Eheleben weiterzubringen und offene Bedürfnisse anzusprechen!
Nach welchen Maßstäben in der Pattsituation im Inneren der Ehe zu entscheiden sein wird, werden wir im Kapitel *Der Dreh der Aufwärtsspirale – Das Spiel des Eheversprechens* noch erörtern. Bevor aber überhaupt eine Entscheidung gefällt werden kann, muss klar werden, dass eine solche überhaupt ansteht. Daher können sogar sogenannte *Missetaten* eines Partners Sie beide näher zum Eheglück führen, weil Aufgestautes, Unausgesprochenes und Leidvolles endlich ins Tageslicht rückt.

Sie sehen also: Sie brauchen keinen Kommunikationskurs, damit Ihr Partner Sie versteht. Reden Sie ruhig so, wie Ihnen der Schnabel gewachsen ist, denn Ihre Ausdrucksweise ist Teil Ihrer Persönlichkeit, die Ihr Partner ja liebt. Sie brauchen sich nicht zu verbiegen. Außerdem läuft der größte Anteil der Kommunikation sowieso über Körperhaltung, Gesichtsausdruck, Gestik etc., also über die nonverbale Schiene. So wie Sie sprechen, versteht Ihr Partner Sie sehr gut. Er hört, was Sie sagen, kann es aber häufig nur nicht nachvollziehen – weil er aus einer Ecke seiner eigenen Ehewelt heraus selbst etwas ganz anderes sieht. Und er weiß, was er sieht, ohne jeden Zweifel. Deshalb kann er auch nicht einfach so leicht einlenken. Er müsste ja die Realität, wie er sie wirklich wahrnimmt, verleugnen.

Eventuell fühlt sich dieses gegenseitige Nichtverstehen manchmal an wie eine Krise, weil die Abweichung größer ist als üblich, weil die beiden Betrachtungsweisen weiter auseinanderliegen. Aber das ist doch auch das Spannende, das Aufregende, das Hinreißende, das es zu entdecken gilt! Die Fähigkeit zu akzeptieren, dass Sie beide einfach unterschiedlich über die zwei Seiten derselben Medaille sprechen, ist perfektes Ehelisch! Und wenn Sie in dem einen oder anderen Punkt mal zu keiner Einigung kommen, können Sie sich zumindest harmonisch darauf einigen, dass Sie sich in diesem Punkt eben nicht einig sind. Dann stehen sich einfach zwei unterschiedliche Alternativen gleichwertig gegenüber. Und jetzt? Ist das nicht schön? Ihre Auswahlmöglichkeit hat sich plötzlich vergrößert. Falls Sie eine gemeinsame Entscheidung treffen müssen, sich aber nicht einig sind, gibt es eine ganz einfache Denkstruktur, die es Ihnen ermöglicht, zwischen zwei Möglichkeiten die zu wählen, aus denen Sie beide für sich einen Gewinn ziehen können – selbst wenn Sie mit Ihrer Ansicht nicht durchdringen sollten. Das ist die Denkstruktur, die die glücklichen Ehepaare an den Tag legen. Wenn

Sie die kennen (Sie werden sie im Kapitel *Aufwind* detailliert aufgeschlüsselt bekommen), werden Sie diese zweifelsfrei als richtig verinnerlichen und sich fragen, warum Sie nicht selbst darauf gekommen sind.

Vorerst sei Ihnen noch einmal versichert, dass Konflikte und Diskussionen über Streitfragen nicht ehegefährdend sind, sondern gemäß dem inneren Bauplan der Ehe vorprogrammiert sind. Wichtig ist nur, dass Sie rücksichtsvoll miteinander umgehen und einander nicht absichtlich persönlich verletzen. Dazu besteht ja auch gar keine Veranlassung: Sie diskutieren schließlich über eine Sachfrage, über Ihnen Unbekanntes aus der Ehewelt Ihres Partners, Ihrer besseren Hälfte – obwohl die Linie zum Persönlichen manchmal schon sehr fein gezogen ist. Je feiner, desto mehr ist darauf zu achten, den anderen nicht mit abwertenden Worten und Gesten zu verletzen, sondern seine Sicht auf die Dinge herauszufinden. Aber das dürfte Ihnen jetzt leicht fallen. Betrachten Sie das einfach als Ausflug in Ihr Lieblings-Auslandland mit Ihrem/r Ehepartner/in als Ihrem persönlichen Tourguide, den Sie wie gesagt ja auch nicht anschnauzen, weil er Ihnen die lokalen Spezialitäten empfiehlt.

Auf diese Weise erweitern Sie die Ehehorizonte beider Welten, denn beide Ehepartner haben einander viel aus ihrer jeweiligen Welt zu berichten. Sie werden immer wieder Interessantes und Spannendes entdecken. Und, wer weiß, vielleicht mögen Sie, was Sie zu hören und zu sehen bekommen – dann ist auch die gemeinsame Schnittmenge der beiden Ehewelten gewachsen. Falls nicht, auch gut. Dann wissen Sie wenigstens, was Ihr Ehepartner denkt und wie er/sie wirklich tickt.

Denken Sie immer an das auf jeder Seite anders bedruckte Blatt Papier. Bleiben Sie offen und hören Sie seinen/ihren Erklärungen zu, auch wenn Sie intuitiv glauben, das, vom anderen an den Tag gelegte Verhalten abzulehnen. Urteilen Sie erst, wenn Sie alles verstanden haben, ob Sie es tatsächlich nicht mögen oder ob sich eine neue Möglichkeit des Selbstausdrucks und des Ausgleichs auch für Sie auftut.

Das einzige No-Go für Sie in der ehelichen Kommunikation: Übernehmen Sie nicht die Schuld für Entscheidungen Ihres Partners, mit denen er/sie Sie verletzt hat! Niemals und zu keiner Zeit. Es ist und bleibt immer die Freiheit Ihres Partners zu entscheiden, wie er sich im Leben verhalten will – auch Ihnen gegenüber. Dieselbe Freiheit steht auch Ihnen zu. Die Heiratsurkunde ist kein Sklavenbrief. Jeder von Ihnen trifft jeden Tag die eigenen Entscheidungen. Jeder von Ihnen ist für sein Tun und (Unter-)Lassen allein verantwortlich. Deshalb können Sie für die von Ihrem Partner getroffenen Entscheidungen keine Verantwortung übernehmen und keine Schuld akzeptieren.

Wenn zum Beispiel Ihr/e Partner/in fremdgeht, entscheidet ganz allein diese/r, ob er/sie eine Affäre eingehen, sie aufrechterhalten oder beenden will. Das bestimmen nicht Sie. Sie können sich abmühen, schimpfen, toben, sich zurückziehen oder auswandern: Sie bestimmen nicht. Es ist allein Ihr Partner, der entscheidet.

Aber Sie werden sehen, dass Sie nicht machtlos sind. Die Kräfte in einer Ehe sind ausgeglichen – aber nicht so, wie Sie wahrscheinlich gedacht haben. Es geht nicht darum, den Willen des anderen zu brechen und Macht zu demonstrieren. Die Kraft dessen, der die Entscheidungen für den/die Partner/in nicht treffen kann, liegt ganz woanders. Das werden wir im Kapitel *Der Dreh der Aufwärtsspirale – Das Spiel mit dem Eheversprechen* beleuchten und unter einem weiteren Aspekt im Kapitel *Ausgeglichene Kräfteverhältnisse*.

Vorab, ich gebe zu, etwas vorgreifend, ist in diesem Zusammenhang festzuhalten, dass es für das Glück im gemeinsamen Zusammenleben äußerst wichtig ist, dass sich jeder der Ehepartner in

Konfliktsituationen in Ruhe Klarheit darüber verschafft, wer für welche Entscheidung wirklich verantwortlich ist.

Um beispielhaft ins tiefste Niveau der Ehehölle zu greifen: Ist wirklich das verspätete Essen die Ursache des Schlags des Täterpartners gewesen oder nicht doch *seine/ihre einsame Entscheidung zuzuschlagen*? Der Täterpartner hätte mehrere andere alternative Handlungsmöglichkeiten gehabt, hat sich aber dazu entschlossen zuzuschlagen. Alternativ hätte er/sie sich in der nächsten Bäckerei ein Essen kaufen können oder für sich am Abend zuvor vorkochen können, wie er/sie das vor der Heirat mit dem Opferpartner auch gemacht hat ... Aber diese Möglichkeiten wurden verworfen. Der Entschluss zur Gewaltanwendung wurde vom Täterpartner aus verschiedenen Möglichkeiten ausgewählt – ohne das Zutun des Opferpartners.

Alles, was Ihrem Einflussbereich entzogen ist, können Sie nicht gestalten. Es ist daher für Sie auch müßig, sich in dem Glauben abzuquälen, mit noch mehr Anstrengung hätten Sie Ihre/n Partner/in halten können. Denn *das Schlimme* war der Entschluss zum *Schlag*. Das ist die *direkte Ursache der Verletzung*.

Hätte der Opferpartner diesen Entschluss anstelle des Täterpartners fällen können, hätte er sich gegen den Schlag entschieden. Was auch immer vorher vorgefallen sein mag: *Dieser Schlag basiert allein auf der Entscheidung des Täterpartners, die Hand zu erheben und zuzuschlagen.* Sie können/konnten nichts tun. *Deshalb trägt der Täterpartner ganz alleine die Verantwortung.*

Der *Opferpartner ist den Schlag betreffend ohnmächtig* – wirklich ohne Macht – und damit auch ganz klar ohne jede Möglichkeit, Schuld dafür zu übernehmen.

Aber der Opferpartner ist nicht ohnmächtig zu bestimmen, ob ihm die Gewalt in der Ehe guttut und ob er/sie die Ehe weiterführen oder beenden will. Denn Ihre Ehe lebt ganz genau so lange, wie Sie *gegenseitig Ja zueinander* sagen.

Sie tun gut daran, sich das *Ja* Ihres/r Partners/in möglichst zu sichern. Sie bestimmen ganz allein, wie Sie Ihre/n Partner/in behandeln.

Ich jedenfalls wünsche mir für Sie, dass Sie wieder nächtelang über die Sichtweise Ihres/r Liebsten sprechen und sich ein Leben lang besser kennen- und liebenlernen werden. Nur weil Sie beide die Heiratsurkunde unterschrieben haben, haben sich Ihre Persönlichkeiten, Ihre Wünsche, Träume, Vorlieben, Abneigungen, Meinungen und Ansichten nicht in Luft aufgelöst. Und weil das Leben im Fluss der Veränderung steht, verändern sich diese Facetten laufend wie in einem bunten Kaleidoskop.

Merksätze für Notfälle und Eilige:

1. Wenn Sie einander nicht verstehen, liegt es nicht daran, dass Sie Ihre Kommunikationsfähigkeit gegenüber Ihrem Herzblatt verloren hätten.

2. Wenn Sie einander nicht verstehen, liegt es daran, dass Sie die sich stellende Sachfrage aus einem anderen Blickwinkel sehen als Ihr Herzblatt.

3. Ihre persönliche Sichtweise ergibt sich aus den Regeln Ihrer persönlichen Ehewelt.

4. Ihrem Herzblatt geht es genau gleich, sodass Sie unbemerkt aneinander vorbeireden. Sie beschreiben detailliert die Vorderseite des Mondes, Ihr/e Partner/in die Rückseite.

5. Die Frage an Ihr Herzblatt »Wo stehst du gerade?« wirkt normalerweise Wunder.

6. Auch wenn es in vielen Situationen schwierig und schmerzhaft sein kann, besonders wenn es um Fragen des Fremdgehens, der Manipulation etc. geht: Hören Sie zu, was Ihr/e Partner/in Ihnen zu sagen hat. Es ist ein Blick in die Welt und die Persönlichkeit Ihres/r Partner/in.

7. *Ehelisch* fördert verdeckte Konflikte und unbefriedigte, lebensnotwendige Bedürfnisse in der Ehe zutage.

8. Deshalb ist auch dieser vielleicht schmerzhafte Prozess wichtig, damit Sie überhaupt erkennen können, dass Entscheidungen zur Verbesserung der Situation, der Lebensqualität in der Ehe, längst anstehen.

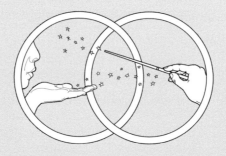

Haben Sie schon Eheglück gezaubert?
Haben Sie Ihr Herzblatt in aller Ruhe gefragt, was es bedrückt und gut zugehört, was gesagt wurde und die Antwort als Ihrer Meinung erst einmal gleichwertig stehenlassen können?
Super! Sie sind auf dem besten Weg ins Ehe-Nirwana.

Beispiele aus dem Ehelisch-Translate

Wie jemand spricht und sich ausdrückt, ist Teil seiner Persönlichkeit. Die Frage zu beantworten, ob es tatsächlich geschlechtsunterschiedliche Ausdrucksweisen gibt, überlasse ich gerne der Forschung. Ich habe keine Ahnung. Was ich jedoch beobachten konnte ist, dass die Äußerung des einen Ehepartners, die in seiner Welt völlig normal und klar verständlich ist, in der Welt des Empfängers oft verzerrt und manchmal sogar ins Gegenteil verkehrt ankommen kann. – Ein Nachfragen zur Klärung lohnt sich.

Das wird aber nur dann gemacht, wenn der Empfänger nicht beleidigt einschnappt, sondern sich, weil er sich ohnehin geliebt und wertgeschätzt fühlt, freundlich nachfragt, ob er denn richtig verstanden hat.

Sie fragen sich bestimmt, was ich genau meine, daher zwei Beispiele dazu:

Beispiel 1

Der Ruf aus der Männerwelt in die Frauenwelt, wenn sich auf Stufe sieben der Abwärtsspirale das Problem stellt, dass sich jemand darüber beklagt, freiwillig etwas sehr Belastendes getan zu haben, womöglich über lange Zeit, ohne dass der andere Partner jemals darum gebeten hatte:
Also, das ist nun wirklich dein Problem! Ich habe das nie von dir verlangt und habe überhaupt kein Problem damit! Ich? Zum Paartherapeut? Ich glaube, du musst eher zum Psychiater!

Was das in der Männerwelt heißt:
Mein Schatz – alles ist in bester Ordnung! Ich liebe dich, ich möchte mit dir unsere Ehe weiterführen, alles ist okay, vielleicht nicht immer ganz perfekt, aber doch ganz ordentlich! Ich verstehe beim besten Willen nicht, was in dir vorgeht. Du musst das, was dich so belastet und worüber du dich so aufregst, doch gar nicht tun! Ich liebe dich auch so! Wir haben es doch schön miteinander und deshalb kann ich dir auch nicht helfen! Leider! Ich bin da nicht der Richtige. Am besten, du suchst dir Hilfe von einem erstklassigen Fachmann – dann wird sich sicher alles rasch klären und auch wieder einrenken!

Die Verzerrung an der Grenze in der Frauenwelt:
Ich glaube, du bist nicht ganz dicht – ich bin gesund. Denn das Problem, das du siehst, gibt es doch gar nicht! Geh du mal zum Psychiater und lass dich therapieren. Mit mir hat das alles jedenfalls überhaupt rein gar nichts zu tun und deshalb mit der Ehe ganz sicher auch nicht. Das bist allein du!

Beispiel 2

Der Ruf aus der Frauenwelt, wenn die Frau sich aufopfert und in die Überforderung kommt:
Es wird wirklich langsam Zeit, dass du mich unterstützt und ebenfalls deinen Teil zur Ehe beiträgst! Das gibt es doch gar nicht, dass du, nachdem du von der Arbeit nach Hause kommst, dich um nichts kümmerst! So kann das keinesfalls weitergehen!

Was das in der Frauenwelt heißt:
Ich habe den ganzen Tag geschuftet und bin immer noch nicht fertig. Die Wäsche muss noch gewaschen werden und kochen muss ich auch noch. Dann müssen die Kinder gewaschen und zu Bett gebracht werden. Und dann, das weiß ich jetzt schon, wirst du mir beim Abwasch nicht helfen, mit dem Hinweis, dass du schon den ganzen Tag gearbeitet hättest, um unsere Brötchen zu verdienen, und ich nur den ganzen Tag zu Hause gewesen wäre. Dafür sind wir dir auch dankbar, aber du hast geordnete Arbeitszeiten. Ich nicht. Gerade heute stehen mir noch lange Arbeitsstunden bevor und ich wünsche mir deine Unterstützung, damit ich zusammen mit dir heute Abend auch noch etwas abhängen kann.

Die Verzerrung an der Grenze in die Männerwelt:
Du bist faul und kümmerst dich weder um mich noch um die Kinder!
Sie sehen, ein einfaches Nachfragen, ob das, wie es angekommen ist, aus so gemeint war, wird Ihnen sehr viel bringen und noch mehr Leid ersparen.

An die Adresse der Ehefrauen gerichtet werde ich nicht müde diese aufzufordern, ihre Ehemänner einfach *ganz konkret*! zu bitten, was sie für sie tun sollen. Die Männer sind ihren Herzdamen in aller Regel sehr gerne zu Diensten, vielleicht erledigen sie die Arbeit nicht gerade sofort, aber sicher später. Jedenfalls ist klar, dass die Arbeit dann an den Mann delegiert worden ist – und das weiß er auch. Und um ihren Frauen zu gefallen, werden sie diese früher oder später auch erledigen.
Wenn die Männer dann dafür auch noch ein Lob, Anerkennung und zum Dank ein kühles Bier mit Kuss für den Helden bekommen – immer wieder sehr gerne!

Aber, es wird sehr, *sehr schwierig für Männer*, wenn ihnen nicht genau gesagt wird, *was genau* von ihnen als Unterstützungsleistung *gewünscht* wird.
Da kann es passieren, dass er den Abwasch liegenlässt, worüber Sie sich maßlos ärgern, weil das ins Auge sticht. Vielleicht fällt Ihnen aber erst später auf, dass er die Fenster geputzt hat, um Ihnen die körperlich viel anstrengendere Arbeit abzunehmen. Wie fürchterlich müssen Sie sich nach einer solchen nachträglichen Entdeckung doch fühlen, nachdem Sie ihn zuvor lauthals der Faulheit bezichtigt hatten.

Wunschkonzert im Eheinneren

Wenn Sie Ihrem/r Partner/in ehrlich sagen, dass Sie jetzt seine/ihre Zuwendung und Fürsorge brauchen – weshalb sollte er/sie Ihnen diese nicht geben? Und falls er/sie sie Ihnen doch verweigern sollte: Fragen Sie einfach, warum. Nur so hat er/sie die Chance, sich zu erklären, kann Sie in seine/ihre Welt einzuführen.

Ihr Ehepartner, von dem/der Sie bitte ausnahmslos immer – auch in schwierigen Zeiten – annehmen, dass er/sie nur Ihr Allerbestes will, kann nur dann erkennen, was Sie wirklich mögen, welche Vorlieben und Wünsche Sie haben und was Sie verabscheuen, wenn Sie sich darüber äußern – klar und deutlich, unmissverständlich. Nicht nur in tiefgreifenden Gesprächen (bei denen die Männer üblicherweise Reißaus nehmen), sondern fröhlich und leicht bei jeder sich bietenden Gelegenheit *en passant*. – Aber für Ihren Partner erkennbar und sehr deutlich. Kramen Sie ruhig Ihren größten Holzhammer aus der Handtasche beziehungsweise Werkzeugkiste oder, noch besser, winken Sie nicht nur mit dem Zaunpfahl, sondern gleich mit dem ganzen Gartenzaun, um unmissverständlich, aber kurz, immer wieder in Abständen und – bitte! – vor allem freundlich und liebenswürdig zu sagen, wie Ihre wahre Befindlichkeit ist, was Sie gern von Ihrem Partner hätten.

Würden Sie gern mit ihm in ein romantisches Wochenende verreisen? Soll er Ihre Füßchen massieren? Wünschen Sie, dass er/sie nach dem Baden auch alles wieder trocken wischt? Sagen Sie es! Aber bitte keine harschen Befehle im Kasernenhofton und nicht zur Unzeit, also nicht ausgerechnet dann, wenn er/sie zur Arbeit muss oder zum Fußball, wenn die Kumpels schon in der Kneipe warten oder wenn ihr Friseurtermin ansteht.

Bitte denken Sie daran, dass Sie von Ihrem Ehegatten nur dann das

von Ihnen Gewünschte erhalten können, wenn er/sie auch tatsächlich weiß, *was genau* Sie sich wünschen und *was genau* Sie verabscheuen. Das kann sich nämlich ändern, denn Ihre Interessen, Vorlieben und Wünsche ändern sich im Laufe der Jahre. Sie haben sich ja im Grunde bereits mit der Heirat verändert!
Stellen Sie sicher, dass Ihr Herzblatt nichts verpasst. – Und hören Sie zu, wenn der andere Ihnen erzählt, was ihn/sie beschäftigt, worüber er/sie sich gefreut hat und wo er/sie belastet ist.
Sie verändern sich langsam, weil Sie beide jeden Tag neue Erfahrungen machen, neue Menschen kennenlernen, sich neue Fähigkeiten erarbeiten und neue Erkenntnisse gewinnen. Schleichend werden neue Dinge für Sie wichtig. Wichtige Ereignisse im Laufe Ihres Lebens prägen und verändern Sie und Ihre Weltanschauung maßgeblich. Sie sind nach einigen Jahren nicht mehr dieselbe Person, die Sie bei Ihrer Heirat gewesen sind. Ihre Interessen, Ihre Bedürfnisse, Ihre Vorlieben, Ihr Geschmack und vielleicht auch Ihre Idee, wie und wo Sie Ihr Leben verbringen wollen, haben sich womöglich grundlegend verändert. Dasselbe gilt selbstverständlich auch für Ihren Partner. Dabei ist nicht wesentlich, dass Sie beide alle Situationen und Lebensumstände stets gleich bewerten, gleich auf alles reagieren oder Ihre Persönlichkeit in gleicher Weise weiterentwickeln. Sie werden beide, entsprechend Ihrer jeweiligen Persönlichkeit, oft Ereignisse und Situationen, sogar, wenn Sie diese gemeinsam durchmachen, unterschiedlich erleben und individuell darauf reagieren. Sie beide werden sich entsprechend Ihren Erlebnissen, die jeder von Ihnen beiden auf seine ganz eigene und einzigartige Weise verarbeitet und verinnerlicht hat, verändert haben. Diese Entwicklung, Ihre Reifung im Leben aufzuhalten ist unmöglich. – Sie brauchen es gar nicht erst versuchen, Ihr phänomenales Scheitern ist vorprogrammiert.

Damit Ihr Partner mit Ihnen und Ihrer inneren Reifung Schritt halten kann, muss er/sie wissen, was in Ihnen vorgeht, was Sie mögen und was nicht. Es ist falsch zu glauben, er/sie müsste Ihnen alles von den Augen ablesen können. Jeder von Ihnen ist auf offene Worte und klare Handlungen angewiesen, um beurteilen zu können, wo sich der andere gerade befindet, welche Interessen er/sie aktuell hat und womit man ihm/ihr eine Freude bereiten kann. Fehlt ihm beziehungsweise ihr dieser Einblick, wird er/sie nicht mithalten können, sondern abgehängt werden.

Erklären Sie Ihrem Partner also deutlich Ihre Anliegen und überlassen Sie ihn/sie nicht mühsamen Spekulationen über Ihre Befindlichkeit, die Missverständnisse heraufbeschwören können. Sie können auch nur vor den Kopf Ihres Partners schauen und nicht hinein – und ihm/ihr geht es in Bezug auf Sie ganz genauso!

Es *gibt keine Selbstverständlichkeiten* – weil Sie sich beide in unterschiedlichen Ehewelten aufhalten. Jeder von Ihnen fühlt anders und beurteilt dieselbe Situation anders. Auch das Bedürfnis nach Nähe und Distanz kann sich deshalb sehr unterschiedlich gestalten. Erklären Sie Ihrem Partner, wie Sie sich fühlen und was Ihnen guttun würde.

Es ist für den langjährigen und glücklichen Bestand Ihrer Ehe von ausschlaggebender Bedeutung, Ihrem Partner ehrlich zu sagen, womit er/sie Ihnen aktuell eine Freude bereiten, aber auch – ganz mutig – womit er/sie Sie verletzen kann. Aber Ihr Partner ist doch der Mensch auf der Welt, dem Sie am meisten vertrauen. Na also! Was macht es dann schon aus, wenn er/sie weiß, was wirklich in Ihnen vorgeht?

Ihr Herzblatt braucht Ihre helfende Hand als Orientierungshilfe. Nehmen Sie sich die Zeit und Geduld, ihm/ihr zu zeigen, wie Sie ticken, wie es in Ihrer Ehewelt aussieht.

Eine Hilfestellung oder eine Bitte darum aggressiv, unfreundlich, sarkastisch oder herablassend vorzutragen, ist ganz zweifelsohne kontraproduktiv.

Mit dieser gelebten Offenheit gehen Sie natürlich beide das Risiko ein, dass Ihr Partner Ihren Wünschen nicht nachkommen will und Sie sich deswegen nicht gut behandelt fühlen könnten. In einem solchen Fall fragen Sie freundlich nach, warum er/sie so reagiert.
So hat e/sie die Chance, Ihnen die Gründe zu erklären.
Und Sie haben die Chance, seine/ihre Ehewelt besser kennenzulernen. Sie werden immer wieder neue Charakterzüge und Facetten in Ihnen und Ihrem Partner entdecken können.
Vielleicht passen Ihnen diese, sodass – vielleicht – Sie die gemeinsame Schnittmenge erweitern können.
Vielleicht aber auch nicht.
Das macht übrigens in aller Regel gar nichts, was wir nachfolgend noch beleuchten werden. Vielleicht sagt Ihnen Ihr Partner frei heraus, dass er etwas nicht tun will, weil er/sie keine Lust dazu hat.
Wie die gesunde Denkstruktur in einer solchen Konfliktsituation selbst in solchen Szenarien zu einer Win-win-Situation führen kann, werden wir ebenfalls noch eingehend besprechen.

Merksätze für Notfälle und Eilige:

1. Die Beschäftigung und Auseinandersetzung mit der durch Reifung durchaus stark wechselnden Befindlichkeit, sowohl von Ihnen selbst als auch Ihrem Partner, macht das Zusammensein auch über die Jahre hinweg interessant.

2. Scheuen Sie sich nicht, Ihrem/r Partner/in zu sagen, wie Sie die Dinge sehen, was Sie sich wünschen. Scheuen Sie sich nicht vor offenen Konfliktsituationen – diese sind bauplanmäßig in der Ehe vorprogrammiert und helfen Ihnen, sich selbst und Ihren Partner zu spüren, zu fühlen, zu erfahren.

3. Es sind genau diese Konfliktsituationen und unterschiedlichen Bedürfnisse, die Ihnen die Chance bieten, gemeinsam zusammenzuwachsen, aber auch Ihrem/r Partner/in Geschenke zu machen, die nur ihn/sie erfreuen. Das ist beispielsweise immer dann der Fall, wenn Sie sein/ihr Hobby nicht teilen.

4. Beide Ehewelten, die vier Beziehungen, die dort sind, verändern sich laufend und auch die gemeinsame Schnittmenge. Die so gelebte Ehe ist lebendig und bleibt deswegen frisch und spannend – auch noch nach Jahrzehnten.

5. Denn ein Eheleben reicht nicht aus, um die stets wechselnden, unbekannten Gebiete in beiden Ehewelten vollständig erforschen zu können.

Außenstehende sprechen nicht Ihr Ehelisch

Ehelisch wird nur im Inneren der Ehe gesprochen. Die beiden Ehewelten von Mann und Frau werden einander dadurch nähergebracht und verständlich gemacht, und zwar nicht immer nur freundlich – wir sind alle nur Menschen.

Wie bei einem Gebäude kommt es auch in der Ehe immer darauf an, durch welches Fenster, durch welches Schlüsselloch welcher Außentür der Außenstehende einen Blick ins Innere wirft: Einmal eröffnet sich der Blick in den Eingangsbereich, einmal der in die Küche, ins Wohnzimmer, ins Schlafzimmer, ins Bad oder in den Keller. Ein Außenstehender kann, je nach Blickwinkel, immer nur einen Ausschnitt eines der drei sehr unterschiedlichen Teilbereiche des Eheinnenlebens sehen: einen Ausschnitt aus der gemeinsamen Ehe-Teilmenge, aus der Ehewelt des einen Partners oder der des anderen.

Was die Außenstehenden sehen, ist dann schlicht eine aus ihrer Sicht fehlende Harmonie und Einheit, sie erkennen unterschiedliche Sichtweisen und fragen sich, wo die Einigkeit geblieben ist. Dabei befinden sich die beiden Eheleute einfach nicht in der gemeinsamen Schnittfläche ihrer beiden Ehewelten, also etwas völlig Normales und für die Ehe Gesundes. Denn Sie beide brauchen mit Ihrer großen, einzigartigen Persönlichkeit in Ihrer Ehe Platz. Und den Platz sollten Sie auch einnehmen – und sich in die Ehe einbringen. Das war doch der Plan, nicht wahr?

Das fehlende Verständnis für die Architektur der Ehe ist auch der Grund dafür, dass Ihre Nächsten so besorgt sind, wenn Sie mit Ihrem Partner Probleme zu diskutieren haben, sich in wichtigen Fragen des Zusammenlebens uneinig sind.

Das führt zum Irrglauben, dass Sie beide als Ehepaar vermeintlich exakt dieselben gemeinsamen Eheprobleme hätten, was natürlich völliger Unsinn ist und nur daher rührt, dass die Außenstehenden Ihre Ehe nur als eine Außenfassade, nur als Einheit sehen – eben, die *eine* Ehe, *ein* Ehepaar, *gemeinsame* Eheprobleme. Fälschlicherweise wird dann von Außenstehenden die Individualität der beiden Gatten als Fehler eingestuft, gegen den man durch harte Arbeit vorgehen müsse. *Das weiß doch jeder!*, heißt es dann allseits. So eine Bewertung von außen kann Sie, Ihren Ehepartner und Ihre Ehe völlig unnötigerweise belasten. Also lassen Sie das. Und lassen Sie sich nicht tangieren, wenn Oma, Onkel oder entfernte Cousine sich dazu hinreißen lässt. In Ihrer Ehe zählen nur zwei Meinungen – und die *von Opas und Tanten gehören nicht* dazu.

Es ist ein Dauerzustand, dass Sie beide in der Außensicht auf Ihre eine Ehe als Institution, als Ehepaar betrachtet werden, als *das* Ehepaar, eine sächliche Einheit. Sie sind aber in Ihrem Alltag nicht *das Ehepaar*, sondern zwei einzigartige, wundervoll individuelle Menschen, die den Alltag bewältigen – jeder für sich, aber im gemeinsamen Reigen. Sie und Ihr Partner sind nach wie vor Sie selbst, mit allen Facetten, Stärken und Schwächen Ihrer einzigartigen und individuellen Persönlichkeiten.

Mit dem Wissen um die Architektur der Ehe mit der äußeren Fassade und dem Bauplan im Eheinneren ist Ihnen nun klar, dass alle Ängste und Unsicherheiten, ob Ihre Ehe wegen Diskussionen und Disharmonien scheitern wird, völlig unnötig sind. Konflikte und Streitigkeiten gehören planmäßig zu jeder Ehe dazu – wie zu jeder anderen Beziehung auch. Konflikte, Streit und Diskussionen allein gefährden das Eheglück nicht – nicht einmal dann, wenn sie in ganz zentralen Punkten auftauchen –, sondern höchstens der falsche, destruktive Umgang damit.

Für das Eheglück ist allein entscheidend, *wie* Sie mit Disharmonien und Streit im Alltag umgehen, wo und wie Sie sich die Kompensation, Ihren persönlichen Ausgleich dazu holen können. Diesbezüglich sind Sie zum Glück keine Anfänger, denn Ihre Streitigkeiten vor der Hochzeit haben selbige ja auch nicht verhindert.

Merksätze für Notfälle und Eilige:

1. *Ehelisch* wird nur im Inneren der Ehe gesprochen.

2. In Ihrer Ehe zählen nur zwei Meinungen – und die *von Opas und Tanten gehören nicht* dazu.

3. Außenstehende können Ihre eheliche Sprache weder verstehen noch richtig einordnen.

4. Außenstehende erwarten nur eine Stimme zu hören: die des harmonischen Ehepaars.

5. Was aber *in* Ihrer Ehe vorhanden ist, *sind zwei Stimmen, die sich erheben* – die Ihre und die Ihres/r Partner/in.

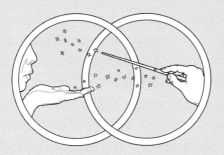

Haben Sie heute schon Eheglück gezaubert?
Wenn eine Äußerung Ihres Herzblatts Sie irritiert – haben Sie freundlich nachgefragt, ob Sie richtig verstanden und interpretiert haben?
Ja?
Weil Sie nicht davon ausgehen, dass Ihr/e Partner/in Sie absichtlich beleidigen will?
Gratulation! Genau so ist es!

DER DREH DER AUFWÄRTSSPIRALE

Haben Sie sich schon einmal überlegt, was eigentlich Liebe ist?

Ganz sachlich ausgedrückt ist die Liebe, die Sie empfinden, wie jedes Gefühl in Ihnen, *Ihre emotionale Antwort auf Gegebenheiten Ihrer Umgebung*, die auf Sie einwirken. Duftet Ihr/e Partner/in gut, behandelt er/sie Sie gut, fürsorglich und mit Toleranz, bringt er/sie Sie zum Lachen, stimuliert er/sie Ihren Intellekt und findet Sie großartig, dann werden Sie als emotionale Antwort Zuneigung und Liebe empfinden und das Bedürfnis haben, ihm/ihr Ihre Hingabe zu geben. Ist Ihr Gegenüber allerdings ein/e ungepflegte/r Stinker/in, ein echtes Ar…loch, das Sie schlecht behandelt und vielleicht sogar mit Schlägen, Lügen und Gemeinheiten eindeckt, werden Sie dieser Person über kurz oder lang keine warmen Gefühle mehr entgegenbringen. Ekel, Abscheu und Angst werden Ihre dominanten Gefühle werden – Ihre emotionale Antwort auf die vom Partner gesetzten Tatsachen. Sie werden mit dieser Person nichts (mehr) zu tun haben wollen, weil sie Ihnen schadet. Ihre Lebensqualität wird unter solchen Umständen ins Bodenlose fallen und Ihre Ehe wird unglücklich verlaufen, mutmaßlich sogar vor dem Scheidungsrichter enden. Jede Senkung Ihrer eigenen Lebensqualität nach der Heirat ist, wie Sie wissen, ein direkter Angriff auf Ihre Ehe. Sie kennen nun die Abwärtsspirale, wie sie ausgelöst wird und wissen um den Fallstrick der Selbstverständlichkeit. Was gibt es nun Einfacheres, als sich davon fernzuhalten?

Sehen Sie die beiden gegensätzlichen Drehrichtung der Gefühlsspirale? Hier liegt die Antwort auf die Frage, wie Eheglück entstehen kann, wie sich die Liebe in Ihrem Herzen dauerhaft einnisten kann.

Die traditionelle Denkhaltung, möglichst die eheliche Harmonie wahren zu müssen, dafür immer nur zu geben, selbst zurückzustehen und auf die egoistische Selbstverwirklichung zu verzichten, ist kein gutes Rezept.

Machen wir uns außerdem mal nichts vor: Wir sind alle keine Heiligen, die immer nur geben, geben, geben! Wir erwarten natürlich für jede unserer Leistungen eine Gegenleistung: Wertschätzung, ein Dankeschön, Zeichen der Zuwendung für das eigene Zurückstehen zugunsten des anderen. Denn wenn Sie zurückstehen und den anderen an die erste Stelle setzen, zeigen Sie Ihrem Partner schließlich auch Ihre Liebe und Zuneigung – und zwar durch Taten und nicht bloß durch Worte. Natürlich erhoffen Sie sich auch seine Wertschätzung, Freude, Zuwendung und Hingabe in Ihre Richtung als Reaktion, als Gegenleistung für Ihre Mühe, die Sie beflügeln wird. Das jedenfalls ist es, was Sie sich erhoffen. Sie wollen als Gegenleistung Ihres Partners das Gefühl bekommen, von ihm in Ihrem Bemühen um sein Wohl wahrgenommen und auch dafür vorbehaltlos geliebt und begehrt zu werden. Das ist in Ihren Augen die von Ihnen angestrebte ultimative Steigerung Ihrer Lebensqualität. Sie hoffen auf ein *allein vom Partner abgeleitetes Glück*. (Sie erkennen die emotionale Abhängigkeit, in die Sie sich auf diese Weise begeben.)

Um das zu erreichen, leisten Sie mehr, als nur unbedingt nötig. Im Hinblick auf den Lohn seiner gesteigerten Liebe, Zuwendung und Anerkennung schränken Sie sich ein und stellen Ihre Bedürfnisse zurück.

Was aber, wenn vom Partner nichts zurückkommt, Sie den erhofften Lohn seiner gesteigerten Liebe zu Ihnen nicht eintüten können? (Gemäß Leitspruch besteht Liebe ja nicht darin, etwas vom Partner zu erwarten.) Wenn Sie also keinen Dank, keine Zuwendung, kein

Zeichen der Wertschätzung als Gegenleistung erwarten dürfen, aber auch nicht selbst auf sich achten, nicht für die Aufrechterhaltung Ihrer eigenen Lebensqualität einstehen? Was bleibt für Sie dann noch übrig? – Genau: nichts. Es bleibt für Sie nichts an Lebensqualität übrig. Und schon sind wir beim Scheidungsgrund angelangt.

Im Inneren der Ehe müssen Sie Ihren Platz haben und einnehmen. Mit Ihrer ganzen großartigen Persönlichkeit in ihrer vollen Pracht. Sie dürfen in Ihrer Ehewelt nicht verkümmern. Verkümmern Sie als eines der zwei Organe im Gefüge, wird der Organismus *Ehe* sterben. Deshalb orientieren Sie sich bitte am Leitsatz der Liebe reloaded – den wir schon besprochen haben.

Was die Nachbarn, Freunde und Bekannte über Ihre Ehe denken, ist auch nur von sehr untergeordnetem Interesse. Außenstehende können Ihre Ehe nur von außen sehen, nicht von innen, und haben daher immer einen falschen Eindruck. Das Einzige, was innen und außen genau gleich sichtbar ist, ist häusliche Gewalt.

Das Spiel des Eheversprechens schafft leicht Ordnung

Erinnern Sie sich noch an Ihr Eheversprechen? Ja? Es lautete: *Ich verspreche dir die Treue in guten und bösen Tagen, in Gesundheit und Krankheit, in Reichtum und Armut, bis der Tod uns scheidet. Ich will dich lieben, achten, ehren und für dich sorgen alle Tage meines Lebens ...* oder so ähnlich.

Die Fragen sind jetzt: Wie lösen Sie Ihr Ehegelübde im Alltag ein? Was geben Sie Ihrem Ehepartner denn Schönes im Ehealltag?

Am einfachsten kann man das anhand eines Spiels erklären: Stellen Sie sich vor, jeder von Ihnen bekommt am Tag Ihrer Heirat eine hübsche Liebesschatulle geschenkt. Die Spielregeln lauten:
1) Ihre Aufgabe, die Sie mit dem Jawort übernommen haben, besteht darin, die Liebesschatulle Ihres Partners zu füllen. Ihm/Ihr möglichst schöne, kostbare Momente, Zeichen der liebevollen Zuwendung zu schenken, in denen er/sie sich geborgen und geliebt fühlt, ist Inhalt Ihres Versprechens.

Dieser Mechanismus ist Ihnen nicht fremd. Sie hatten sich vor der Verlobung und vor der Heirat immer wieder überlegt, wie Sie Ihrem Partner eine Freude machen könnten – und es auch getan. Warum sollten Sie nun nach der Heirat damit aufhören?

Es liegt also ganz allein in Ihrer Verantwortung, was Sie Ihrem Partner geben: wertschätzende Liebesbeweise, schöne Momente, Gelächter, Spaß, Dankbarkeit etc. oder den Missbrauch seines Vertrauens, Forderungen, Beschimpfungen oder gar Schläge.

2) In Ihre eigene Liebesschatulle packen Sie alle Liebesbeweise Ihres Partners, alle Erfahrungen, alle Erlebnisse, alle Schätze und jeden Mist, jede Verletzung, die Sie von ihm/ihr erhalten. Es ist wie mit den Weihnachts- und Geburtstagsgeschenken: Sie können sich zwar etwas wünschen, aber ob Sie es dann auch tatsächlich bekommen, das Sie einpacken können beziehungsweise müssen, entscheidet allein der Schenkende.

Sie beide müssen jede Behandlung, die Sie durch Ihren Partner erfahren, jede damit verbundene Emotion, jede Freude und jedes Leid, einpacken. Jedes einzelne Stück zählt, und Sie können nichts ablehnen. Sie müssen ausnahmslos alles in Ihre Schatulle legen, ganz egal wie kostbar oder wie eklig es auch sein mag. Nichts darf ausgelassen werden.

Und wie funktioniert Verzeihen in diesem Spiel? Durch Ihr Verzeihen können Sie zwar den entsprechenden Schmutzlappen, den Ihnen Ihr Herzblatt zum Einpacken in Ihre Liebesschatulle vor die Füße geworfen hat und den Sie einstecken mussten, wieder daraus entfernen, aber seien wir doch ehrlich: Die Schmutzspur bleibt als Erinnerung in ihrem Inneren erhalten. Sie werden sie immer wieder bemerken, traurig werden und sich fragen, ob sich das wiederholt hat und Sie nur nichts davon wissen, oder ob es sich wiederholen wird.

Sie können natürlich nur in fröhlicher Erwartung hoffen, dass Ihr Partner nicht nur Ihre Vorzüge, sondern auch Ihre Vorlieben kennt. Das kann er/sie aber nur, wenn Sie vorher selbst sehr offen, wahrheitsgemäß und für ihn/sie klar verständlich gezeigt haben, was Ihnen gefällt und was nicht, wenn Sie ihm/ihr Leitplanken an die Hand geben. Bedenken Sie, dass Sie in unterschiedlichen Ehewelten leben und ihn/sie immer wieder aufs Neue in die Ihre einführen müssen. Die schönsten Geschenke sind ja bekanntlich die, die allein die Bedürfnisse des Partners in seiner persönlichen Ehewelt bedienen, also eben nicht die neue Küchenmaschine für den haushaltsführenden Partner oder der neue Rasenmäher für den, der/die die Gartenarbeit übernimmt zum Geburtstag – außer natürlich, dass das wirklich ausdrücklich gewünscht wird.

Im Grunde genommen machen Sie, wenn Sie das Glück Ihrer Ehe betrachten, immer eine Inventaraufnahme der Gaben Ihres Partners in Ihrer Liebesschatulle. Aber nur in Ihrer persönlichen Schatulle! Ab und zu kramen Sie in ihr, schwelgen in freudigen Erinnerungen oder weinen nachts verzweifelt und unglücklich in Ihr Kopfkissen.

Den Inhalt der Schatulle Ihres Ehepartners kennen Sie nicht wirklich. Sie mögen vielleicht glauben, ihm/ihr schöne Perlen zum Einpacken gegeben zu haben, können aber nicht wissen, ob er/sie diese nach den Regeln und den Wertvorstellungen in seiner persönlichen

Welt auch wirklich als solche erkannte, als er sie in seine Schatulle eingepackt hat. Die Chance, dass Ihr/e Partner/in Ramsch und Mist in die Schatulle einpacken muss steigt, wenn er/sie Ihnen vorher nicht klar gesagt und gezeigt hat, was er/sie Schönes zu seinem/ihrem Wohlbefinden braucht. Sie werden Ihre/n Partner/in nicht mit Dingen überschütten wollen, die von diesem/r zuvor als unwichtig, unnötig, unbrauchbar und ohne Wert bezeichnet worden sind. Schließlich respektieren Sie Ihre/n Partner/in und wollen ihn/sie glücklich sehen. Woher sollen Sie bitte wissen können, dass Sie vom Partner in die Irre geführt worden sind – und alle Ihre Bemühungen nun umsonst sind? Sie können zwar die steigende Trauer, Wut, Unausgeglichenheit und Unzufriedenheit Ihres/r Partner/in sehen, wissen aber nicht, woher diese stammt und was Sie dagegen tun können. Schließlich bemühen Sie sich – aber offensichtlich vergeblich. Sie kommen nicht mehr an den/die Partner/in heran …

Begegnet Ihnen Ihr Ehepartner überwiegend mit Wertschätzung, und haben Sie offen Ihre Bedürfnisse, Wünsche und Abneigungen kommuniziert, können Sie sicher viele Kostbarkeiten in Ihre persönliche Schatulle legen. Dazu gehören natürlich auch seine/ihre Toleranz und seine/ihre Mühe, Sie in Ihrer Selbstverwirklichung zu unterstützen und Ihnen Ihr Leben zu erleichtern und zu verschönern. In diesem Fall fühlen Sie sich in Ihrer Ehe glücklich, geliebt und begehrt, auch wenn Sie noch den einen oder anderen Schmutzlappen haben. Die haben wir schließlich alle …

Verleiht Ihr Ehepartner seiner Liebe und Wertschätzung im Alltag Ihnen gegenüber allerdings keinen Ausdruck, werden Sie sich früher oder später ungeliebt und ausgenutzt fühlen. Sie haben nichts Schönes einzupacken und sehen – immer von Ihrer Warte aus –, dass Sie selbst verzichten, sich aufopfern, geben und geben. Derweil bleibt Ihre eigene Schatulle leer.

Wenn Sie vom Ehepartner nicht (mehr) das von Ihnen Benötigte bekommen, nichts Schönes zum Einpacken in Ihre Liebesschatulle, kann das eine Vielzahl von Gründen haben: Am wahrscheinlichsten ist, dass Sie beide über den Fallstrick der Selbstverständlichkeit gestolpert sind. Das ist tatsächlich wohl in den meisten Ehen der Fall. Vor allem die Ehemänner glauben, es sei alles in bester Ordnung. Er strengt sich ja so unglaublich und so offensichtlich an, leistet seinen Beitrag auf das Vortrefflichste, um die Ehe zum Erfolg zu führen. Tagtäglich und unter der Nase der Ehefrau. Es käme ihm nie in den Sinn, dass seine Prinzessin seine konstanten Bemühungen und Anstrengungen um ihre Person und die Kinder nicht sehen, dass sie nichts Besonderes in ihre Liebesschatulle einpacken könnte. Schließlich weiß sie doch, wie früh er aufstehen muss und wie diszipliniert er jeden Tag von morgens früh bis abends spät die im Job geforderte Arbeit leistet und dass er entsprechend viel verdient, wie er sich um sie und die Kinder kümmert und darum besorgt ist, dass es ihnen möglichst an nichts fehlt. Er legt ihr seine Welt zu Füßen. Seine tagtäglichen Bemühungen um seine Ehefrau und die Kinder muss sie doch sehen und würdigen können! Alles Perlen für sie!

Dasselbe denkt natürlich die Prinzessin, die in ihrer Ehewelt alles für das Gelingen der Ehe leistet. Sie entlastet ihn, wo sie nur kann. Jeden Tag hat er doch Schönes und Kostbares zum Einpacken in die Liebesschatulle – nur sagt er das nie. Ab und zu wirft er ihr in diesem Zusammenhang nur Schmutzlappen hin, wenn er mit der Ordnung zu Hause und dem Essen nicht zufrieden ist.

Wir sind wieder bei den Selbstverständlichkeiten angelangt, die zu keinem Dank und zu keiner Wertschätzung im Alltag Anlass zu geben scheinen. Dabei sind Ihre echten Zeichen der Wertschätzung und Aufmerksamkeit immer Perlen in die Liebesschatulle Ihres Ehepartners. Geben Sie sie zum Einpacken – es bedeutet für Sie keine Mehrarbeit. Es gibt keine selbstverständlichen Leistungen in der Ehe.

Es kann aber auch sein, dass Ihr/e Partner/in meint, Ihnen eine Kostbarkeit zu schenken, während Sie in Ihrer Ehewelt daran überhaupt keine Freude haben, sondern im Gegenteil schon fast beleidigt sind, solchen Ramsch überhaupt entgegennehmen zu müssen, gemäß dem altbekannten, richtigen und bewährten Zitat: *Wat dem eenen sin Uhl, is dem annern sin Nachtigall* (Kurt Tucholsky, *Ein Pyrenäenbuch*). Es ist nun mal alles eine Sache der Perspektive. Sie haben möglicherweise Ihrem Partner nicht offen genug gesagt, was Sie sich wünschen, welche Bedürfnisse Sie haben, was Ihre Vorlieben und Abneigungen sind.

Da sind wir wieder im Bereich der ehegefährdenden Selbstverleugnung, dem ehegefährdenden Zurückstellen der eigenen Bedürfnisse. Wir sind beim Thema, dass Selbstverleugnung den/die Partner/in, der/die Ihnen Gutes tun möchte, in die Irre führt. Ihr/e Partner/in möchte Ihnen gefallen, von Ihnen Zustimmung erhalten und bemüht sich um Sie – aber völlig vergeblich. Alle Bemühungen um Sie verpuffen wirkungslos, weil Sie ihm/ihr vorenthalten haben, was Ihnen wirklich fehlt, was Ihnen Freude bereitet, wie er/sie Ihnen seine/ihre Liebe zeigen kann. Damit Sie bekommen, was Sie in Ihrer Ehewelt zum Aufblühen brauchen, müssen Sie es sagen. Sie sehen also, das ist schlicht und ergreifend fatal. Viel zerstörerischer als jeder offene Konflikt, der es Ihrem/r Partner/in es ermöglicht, Ihre Ehewelt besser kennenlernen zu können. Sie besser kennenlernen zu können.

Vor allem Frauen neigen sehr dazu mit ihren Wünschen hinter dem Berg zu halten, haben immer das Gefühl, zugunsten der anderen

Familienmitglieder zurückstecken zu müssen. Sie wissen jetzt, dass das nicht die richtige Einstellung ist. Die Quittung dafür ist eine halb leere und mit vielem Mist angefüllte Liebesschatulle. Bei der Inventaraufnahme Ihrer Schatulle stellen Sie dann das Ihnen Fehlende schmerzlich fest. Sie sind dabei, am ausgestreckten Arm emotional zu verhungern. Sie wissen das, aber Ihr/e Partner/in hat davon keine Ahnung. Wegen Ihrer Selbstverleugnung weiß Ihr/e Partner/in nicht, dass er/sie daneben liegt und tappt ratlos völlig im Dunkeln. Das ist doch nicht das, was Sie wollen!
Sie sind wichtig! Ihre Bedürfnisse sind wichtig! Sie müssen auf Ihre hohe Lebensqualität achten und sagen, was Sie brauchen. Das sind zumeist auch keine materiellen Bedürfnisse, sondern die nach Zuwendung und Zärtlichkeit. Sagen Sie es ihm, wenn Sie eine Umarmung wünschen. Sagen Sie es, wenn Ihnen eine liebevolle Nackenmassage guttun würde. *Sagen Sie es!* Lassen Sie ihn an Ihrem Alltag, Ihren Bedürfnissen, Ihrem Reifeprozess, an Ihrem wahren Ich teilhaben. Fallen Sie nicht in Ihrem Verhalten gegenüber Ihrem Ehemann in das alte Muster zurück, das Sie schon als Kind bei Ihrer Tante an den Tag gelegt haben. Dieses Verhalten wurde von den Eltern vermutlich als *anständiges Benehmen* abverlangt, denn Ihre Tante hatte Ihnen zu jedem Fest mit sehr viel Liebe farbenfrohe Socken gestrickt, die immer kratzten. Artig haben Sie sich bedankt, die neuen Kratzsocken bewundert und versichert, wie toll Sie diese Socken fänden, um sie dann zu den zwanzig anderen aus den Vorjahren zu legen und niemals anzuziehen.

In Ihrer Ehe geht es um viel, viel mehr als nur um kratzende Socken, weshalb die ehrliche, positive Mitteilung, was Sie sich wirklich wünschen und was nicht, unumgängliche Notwendigkeit ist, wollen Sie Überlebensnotwendiges und Überlebenswichtiges von Ihrem Partner erhalten. Sie müssen Ihrem Ehepartner von Ihrer

Ehewelt erzählen, sagen, was dort für Sie wichtig ist. Wenn Sie hier falsche Informationen liefern – wie soll er/sie in Ihre wahre Ehewelt hineinsehen können? Spielen Sie ihm/ihr nichts vor. Keine Selbstverleugnung! Nicht in der Ehe, die ja bis zum Lebensende dauern soll! Sie wissen nun, wohin das führt: Sie führen Ihren Ehepartner, Ihr Herzblatt, sonst in Ihrer persönlichen Ehewelt komplett in die Irre, denn es ist menschlich, das zu wiederholen, was zum Erfolg – zu Ihrer Freude – zu führen scheint. Aber eben nur scheint, was Ihr Partner aber nicht erkennen kann, wenn Sie sich wie bei der Tante für Unerwünschtes bedanken und Freude signalisieren. Sie haben sich selbst und Ihre wahren Bedürfnisse verleugnet. Wie wollen Sie auf diese Weise jemals bekommen, was Sie wirklich brauchen? Sie sorgen ja geradezu für diese Glücksdürre, durch die Sie verhungern und verdursten werden, während er glaubt, Sie mit Kostbarkeiten zu beschenken.

Sie können versichert sein, dass Ihr Ehemann genauso wie die Tante Agatha darauf erpicht ist, Ihnen eine Freude zu machen. Seien Sie ehrlich! Es geht um Ihren Ehemann, nicht um eine Tante, die sie nur Weihnachten sehen! Sonst bekommen Sie trotz seiner Bemühungen nicht, was Sie in Ihrer Welt wirklich zum Gedeihen brauchen.

Und obwohl das tatsächlich hauptsächlich Frauen betrifft, sollten sich auch Männer ruhig mal fragen, ob sie ihre Wünsche tatsächlich klar genug zum Ausdruck bringen, wenn selbige nicht erwartungsgemäß erfüllt werden.

Aber auch die tatsächliche *Unfähigkeit* des Schenkers zur Finanzierung eines Geschenks – sowohl in finanzieller als auch in emotionaler Hinsicht gemeint – könnte ein Grund dafür sein, dass Sie das Gewünschte nicht bekommen. Sprechen Sie mit Ihrem Ehepartner darüber und hören Sie, was er aus dem Blickwinkel seiner Ehewelt

heraus dazu zu sagen hat. Wenn das von Ihnen Gewünschte materiell einfach nicht finanzierbar ist, ist sowieso alles klar. Wenn Sie sich einen Ferrari wünschen, aber nur ein Moped bezahlbar ist, werden Sie sich, vernunftbegabt wie Sie ja sind, sicher nicht persönlich angegriffen fühlen. Das ist kein Problem der Wertschätzung, kann ganz offensichtlich kein solches Problem sein.
Erstaunlicherweise wird aber, sobald es sich um persönliche Zuwendung handelt, in der Ehe sehr selten daran gedacht oder damit gerechnet, dass es dem Schenker schlichtweg unmöglich ist, die gewünschte Leistung zu erbringen. Wie meine Freundin, eine ältere, sehr, sehr weise Prinzessin immer sagt: *Wenn jemand keine Arme hat, kann nicht erwartet werden, dass er die Faust macht!*
Ausgerechnet in Ehe- und Liebesbeziehungen wird oft viel zu rasch auf Unwillen des anderen geschlossen, wohl weil schon am Anfang der Beziehung wegen einer gewissen rosaroten Brille der in Wirklichkeit fehlende Arm des Partners, also seine Unfähigkeit, gewisse Emotionen und Nähe zeigen zu können, gar nicht wahrgenommen werden konnte. Aber diese Eigenschaft des Ehepartners war schon immer da – und erst mit der Zeit erkennen Sie das Manko. Aber keine Angst vor der Realität! Wie schon ganz am Anfang des Buches gesagt, gibt es immer und überall und in verschiedenen Aspekten Luft nach oben.
Letztendlich entscheidend ist das Gesamtpaket unter Berücksichtigung der vielen tollen Eigenschaften Ihres Partners und seiner Bemühungen um Sie, die ihn/sie so unwiderstehlich machen.
Wenn Sie so ein Manko an Ihrem Partner feststellen, ist die Ehe deswegen natürlich noch nicht am Ende. Es ist nur wesentlich, die Aufrechterhaltung der eigenen Lebensqualität zum gemeinsamen Projekt zu machen und gemeinsam Lösungen für den – von beiden – benötigten Ausgleich zu finden.

Merksätze für Notfälle und Eilige:

1. Liebe ist Ihre emotionale Antwort auf Gegebenheiten Ihrer Umgebung, die auf Sie einwirken.

2. Sie entscheiden, wie Sie Ihre/n Partner/in behandeln, ob gut und liebevoll oder mies und gewalttätig.

3. Wirken positive Gegebenheiten nach der Heirat auf Sie ein, fühlen Sie sich vom Partner wertgeschätzt, gut und rücksichtsvoll behandelt und steigt Ihre Lebensqualität im Allgemeinen – wozu Sie das Ihre ebenfalls beizutragen haben –, werden Sie in Ihrer Ehe glücklich sein.

4. Sie entscheiden in der Rolle des Richters, ob Ihnen die Behandlung, die Ihnen Ihr/e Partner/in zukommen lässt, guttut und gefällt oder nicht.

5. Der Richter hat immer recht!

6. Damit Sie Ihr Eheglück finden, dürfen Sie den offenen Konflikt nicht scheuen, sondern sollten Differenzen in den Ansichten und Lebensweisen zwischen Ihnen und Ihrem Partner als Ausflüge in die Ehewelt Ihres Partners betrachten. Reisen erweitert bekanntlich den Horizont.

7. Nur ehrliche und offen gezeigte Selbsttreue gibt Ihrem Partner die Orientierungshilfe, die Leitplanken, die er/sie braucht, um Sie gut behandeln zu können.

8. Nur wenn er/sie weiß, was Ihnen Freude macht, was Sie brauchen und wünschen, wird er/sie Ihnen das geben, was Sie glücklich macht.

9. Seien Sie doch die Hilfe, die Ihr/e Partner/in braucht!

Der Ausgleich macht glücklich

Sie wissen, dass Sie den für Sie richtigen Partner an Ihrer Seite haben. Einen wunderbaren Menschen mit Ecken und Kanten, eine einzigartige Persönlichkeit, die Sie mehr lieben als Ihr Leben.
Aber dennoch, auch wenn Sie selbst Ihre alltägliche Lebensqualität hochhalten und die Ehe damit stabilisieren, herrscht bei Ihnen nicht immer eitel Sonnenschein. Kann ja gar nicht, weil die beiden Ehewelten im Eheinneren auf Konflikte ausgelegt sind, denn nur so haben Sie beide mit Ihrer Einzigartigkeit im ehelichen Zusammensein Platz. Sie haben nun, wenn wir alles bisher Gesagte zusammenfassen, nach der Heirat die Richtschnur, wie Sie im Konfliktfall entscheiden können und sollten. Das Eheversprechen ist Ihr Leitfaden, die eigene Persönlichkeit Ihre Grenze. Diese dürfen Sie nicht überschreiten, denn sonst sind Sie in der Gewaltfalle und stehen auf der ersten Stufe der Abwärtsspirale. Gleichzeitig kümmern Sie sich auch um sich selbst und halten Ihre Lebensqualität hoch. Sie nehmen die Leistungen des Ehepartners, auch wenn es in Ihren Augen nur eheliche Pflichten sind, nicht als Selbstverständlichkeit zur Kenntnis, sondern bringen ihm die verdiente Dankbarkeit und Wertschätzung entgegen.

Aber dennoch gibt es im Alltag immer wieder kleine Ärgernisse. Im Gespräch mit einer meiner Freundinnen, die vor Kurzem zum zweiten Mal geheiratet hat, stellte sich heraus, dass ihr Mann seine Wäsche überall im Haus herumliegen lässt – für viele Prinzessinnen ein immer wiederkehrendes, tägliches Ärgernis, durchaus geeignet, auf Dauer ihr Selbstwertgefühl zu zerstören. Denn immer wieder, wenn sie die männlichen Hinterlassenschaften sieht und wegräumen muss, denkt sie sich: *Warum muss ich immer hinter dem Pascha herräumen? Warum macht er das? Ist das eine Machtdemonstration, um mir zu zeigen, dass ich in seinen Augen nichts wert bin? Ich habe Besseres verdient als das!* (Hinweis für Männer: Wenn Ihre Frau in

den Nörgelmodus verfällt, dann gehen ihr solche Gedanken durch den Kopf. Stellen Sie ruhig den Zusammenhang mit rumliegenden Socken und ohrenbetäubendem Gezeter her. Siehe oben, Kapitel *Erste Hilfe für Männer – der Blick in das weibliche Selbstwertgefühl.*) Meine Freundin jedenfalls beklagte das grinsend als *ganz furchtbar!*
»Überall in der Wohnung verstreut finde ich hier eine Socke, dort die andere, die Unterhosen und die Shirts an jeweils anderen Orten ...! Man könnte meinen, dass diese Männerunterbekleidungsutensilien in der Wohnung ein eigenständiges Brutverhalten entwickeln.« Ob sie das störe, wollte ich wissen. »Nein«, sagte sie. »Weißt du, er bringt mir jeden Morgen eine Tasse Kaffee ans Bett und die Zeitung, wir tauschen uns aus und starten bei einem gemeinsamen Kaffee im Bett in den Tag. So gestärkt räume ich dann wie ein Bagger alles weg, das ist ja schnell gemacht und überhaupt kein Problem.«

Besonders solche kleinen alltäglichen Aufmerksamkeiten und Zeichen der Zuwendung, die nur ganz privat für Sie und Ihren Ehepartner bestimmt sind, wirken wahre Wunder in Ihrer Ehe. Auch wenn Konfliktsituationen und Meinungsverschiedenheiten immer wieder entstehen – entstehen müssen –, verhindern diese kleinen Zeichen der Aufmerksamkeit und Zuwendung, dass sich Ihr Partner von Ihnen missachtet oder gar ungeliebt und zurückgestoßen fühlt, was wiederum die sachliche Diskussion fördert. Eigene Zweifel und Ängste, dem Partner nicht zu genügen, sollten möglichst keinen Raum einnehmen können.
Natürlich werden sich auch diese Gefühle und Ängste immer wieder in den Alltag einschleichen – mal mehr, mal weniger –, aber sie sind durch das regelmäßige Einflechten von kleinen Aufmerksamkeiten, und sei es nur eine kleine, zärtliche Berührung, ab und an einem Dankeschön oder Kompliment, einigermaßen leicht wettzumachen.
Denken Sie einfach an die Liebesschatulle Ihres/r Partners/in, die *Sie* zu füllen haben: Die Gründe, die zu Nörgelei, Gezeter und Rückzug

Anlass geben, sind die Schmutzlappen, die Ihr/e Partner/in in seine/ihre Schatulle einpacken muss. Diese können mit Kostbarkeiten wieder kompensiert und ausgeglichen werden.
Sie müssen nicht perfekt sein, lediglich im Alltag immer wieder für einen Wohlfühlfaktor sorgen, nicht nur für Ihren geliebten Partner, sondern auch für sich selbst. Zur Steigerung Ihrer Lebensqualität. Das ist alles.
Und es ist doch eine schöne Aufgabe, nicht wahr? Jedenfalls sehr weit weg von *harter Beziehungsarbeit*.

Das Punktesystem des Ausgleichs – speziell für Männer: kostengünstig und effektiv!

Noch ein kleiner Hinweis zu den Unterschieden im Ausgleichspunktesystem von Mann und Frau: Schenkt ein Mann seiner Ehefrau etwas sehr Teures, ein veritables Statussymbol, investiert er aus seiner Sicht massiv in das Punktekonto, das seine Frau in ihrer Liebesschatulle zu seinen Gunsten führt.

Deshalb kann er sich dann, *gemäß den Regeln in seiner Ehewelt*, zurücklehnen und mit weiteren Zeichen der Wertschätzung etwas geizen, denn die Ehefrau wird das teure Geschenk seiner Meinung nach ja als Symbol seiner großen Liebe werten.
Da dieses teure Geschenk aber nicht die erwartete Wirkung hat, erinnert er sie sicherheitshalber ständig daran.

Liebe Männer, ich muss Sie enttäuschen: In der persönlichen Ehewelt Ihrer Ehefrau ist alles anders. Da gibt es keine Extrapunkte für große, teure Geschenke. Jede Zuwendung, jede Aufmerksamkeit, jedes Geschenk – alles ist gleich wertvoll und gibt genau einen Punkt.
- Massieren der Füße Ihrer Ehefrau nach einem anstrengenden Tag: ein Punkt.
- Kaffee ans Bett: ein Punkt.
- Wellnesswochenende: ein Punkt.
- Teure Uhr: ein Punkt! – Nicht die 1000 Punkte, die Sie in Ihrer Status-Welt dafür ansetzen würden, ergo erwerben Sie auch kein 1000-Punkte-Guthaben, durch das Sie die nächsten drei

Jahre keine Blumen mehr kaufen und keine Füße mehr massieren müssen.

Besonders sehr teure Geschenke können Anlass für Tränen Ihrer Ehefrau und gegenseitige Enttäuschung sein. Bevor Sie Ihrer Frau etwas sehr Teures schenken, tun Sie daher sehr gut daran, vorab sicherzustellen, dass es wirklich das ist, was sie sich tatsächlich wünscht.

Ruth und Alex

Alex wusste, dass sich seine Ruth eine Uhr einer ganz bestimmten Marke gewünscht, sie aber nie gekauft beziehungsweise bekommen hat, weil sie wirklich sehr teuer war. Alex, der seiner Ehefrau seine Liebe zeigen wollte, hatte lange auf dieses Geschenk gespart, fuhr dann extra in eine größere Stadt, um es zu kaufen, suchte das schönste Modell aus und freute sich wie ein Schneekönig auf den Abend, an dem er ihr dieses kostbare, lang ersehnte Geschenk übergeben konnte. Er reservierte einen Tisch in ihrem Lieblingslokal und hatte sich ihre große Freude, die auch ihn mitreißen würde, schon in den schönsten Farben ausgemalt.

Ruth packte das liebevoll verpackte Geschenk aus, sah entsetzt auf, stammelt ein Danke und brach in Tränen aus.

Alex verstand die Welt nicht mehr.

Tja, Ruth hatte sich zwar eine Uhr dieser Marke gewünscht, aber leider ein anderes Modell, nicht das, das Alex für sie ausgesucht hatte. Das viele schöne Geld war weg, aber nicht für das ersehnte Modell, sondern für eines, das Ruth nicht so gut gefiel und das sie nicht haben wollte.

Das klingt jetzt materiell und kleinlich, aber berücksichtigt man die damit verbundenen Kosten und die darauf aufbauende Erwartungshaltung des Schenkenden sowie die damit ersichtliche Dankesverpflichtung des Beschenkten, sind die Tränen durchaus verständlich.

Bei Geschenken gilt es noch einen weiteren Aspekt zu beachten, liebe Männer:
Wenn Sie Ihrer Prinzessin immer wieder in Erinnerung rufen, was Sie ihr unlängst – vor einiger Zeit – Schönes und Teures geschenkt haben, schmälert das in den weiblichen Augen den Wert, denn sie hat Ihnen den einen Punkt dafür bereits gegeben. Offenbar reut es

Sie, ihr das Geschenk gemacht zu haben – sie scheint es Ihnen wohl doch nicht wert gewesen zu sein, sonst würden Sie es ihr ja nicht immer und immer wieder vorhalten ... Dass der Mann einfach mehr als einen Punkt dafür erwartet hat, ist eine in ihrer Ehewelt nicht existente Idee. Alle Zuwendungen, auch teure Geschenke, bekommen nur einen Punkt, deshalb sind die persönlichen, kostenlosen Zuwendungen als Zeichen Ihrer Wertschätzung und Liebe im Alltag entscheidend und für das Wohlbefinden Ihrer Ehefrau unerlässlich.

Die ausgeglichenen Kräfteverhältnisse in der Ehe

Das Spiel mit dem Eheversprechen zeigt, dass in der Ehe die Kräfteverhältnisse immer ausgeglichen sind. – Selbst in einer Ehe, in der Gewalt vorkommt. Ich widerspreche hier ganz entschieden der üblichen Auffassung, wonach es in jeder Ehe ein Machtgefälle geben sollte. Dem ist nicht so. Selbst ein der Gewalt unterworfener Ehepartner ist nicht machtlos, sondern vielmehr in der Rolle des Richters. Er/Sie spricht das Urteil und bestimmt letztendlich, was mit der Beziehung, und damit mit der Ehe, weiter geschehen soll. Dazu im Einzelnen:
Sie wissen nun aus dem Spiel des Eheversprechens, dass jeder sein eigenes Verhalten bestimmt und dafür – aber für nichts anderes! – die Verantwortung übernehmen muss. Jeder bestimmt selbst, wie er/sie den Ehepartner behandelt, und hat dafür einzustehen.
Der Ehepartner hingegen, der die Behandlung erfährt, entscheidet ganz allein, ob er diese gut findet oder nicht. Er sieht, wie er vom Partner behandelt wird und beurteilt, *allein nach Maßgabe der Kul-*

tur und den Regeln seiner eigenen Ehewelt, ob er Perlen in die Liebesschatulle einpacken kann oder Schmutzlappen. Er/Sie allein bestimmt in der Rolle eines Richters mit Blick auf das Sammelsurium von aufgesammelten Perlen, Kostbarkeiten, Schmutzlappen und Dreck in der Liebesschatulle, ob ihm/ihr die Behandlung, die er/sie durch den anderen Partner erfahren hat, gefällt und guttut, oder eben nicht.

Deshalb ist es auch so wichtig, dass Sie der/die Richtige für Ihren Partner sind und sich in seiner/ihrer Gegenwart so sein können, wie Sie nun einmal sind und sich dabei wirklich wohlfühlen. Denn Sie fühlen sich natürlich nur deshalb wohl, weil Ihrem/r Partner/in gefällt, was er/sie in Ihnen sieht und Sie deshalb gut behandelt. Die gute, liebevolle Behandlung, die Sie durch Ihren Partner erfahren, ist die Ursache für Ihr Wohlbefinden in der Ehe. Ihre emotionale Antwort darauf ist Ihr Gefühl der gesteigerten Liebe zu Ihrem Partner. Wenn Sie ohne Weiteres Sie selbst sein können, werden Sie weniger Gefahr laufen, sich selbst zu verbiegen, zu unterdrücken – also Gewalt gegen sich selbst anzuwenden, um Ihrer Liebe Ihrem Partner gegenüber Ausdruck zu verleihen. Das ist der zentrale Mechanismus, eine zentrale Voraussetzung für eine hohe Lebensqualität in der Ehe – und deshalb zentral für das Glück in der Ehe. Sie wollen möglichst viel Land zwischen sich und den Scheidungsgrund bringen, nicht wahr? Sie sehen: Der Kreis schließt sich auch hier.

Wichtig ist mitzunehmen, dass letztendlich immer der Ehepartner, der die Behandlung des anderen empfängt und dadurch Perlen und Schmutzlappen für seine Liebesschatulle einsammelt, in die Richterrolle schlüpft und beurteilt, ob ihm die Behandlung passt oder nicht. Und niemand wird wohl bestreiten, dass ein Richter eine machtvolle Position in der Beurteilung des Verhaltens eines anderen Menschen innehat. Es ist denn auch der Richter, der entscheidet, wie es mit demjenigen, der in seinem Verhalten zu beurteilen ist, weitergehen soll. Es ist daher immer derjenige Partner, dem die Behandlung durch den anderen nicht passt, der zum Richter über die Ehe wird und letztendlich den Schlussstrich unter die Ehe zieht.

Die Kräfteverhältnisse in einer gesunden Ehe sind deshalb immer ausgeglichen. Der eine schenkt, der andere beurteilt, ob es Perlen oder Schmutzlappen sind. Am Ende des Tages zählt, ob die Kostbarkeiten überwiegen – oder nicht.

So ist es auch allein der/die der Gewalt Unterworfene, der/die bestimmt, ob er/sie diese Art der Behandlung weiterhin ertragen will oder nicht. Der/Die vermeintlich Schwächere bestimmt allein nach den Regeln der eigenen Ehewelt, ob ihm/ihr das Verhalten des Ehepartners Freude macht oder ob er/sie sich missachtet und verletzt fühlt, ob seine/ihre persönliche Lebensqualität im Zusammenleben stimmt und er/sie in der Ehe glücklich ist oder nicht. Dieses Urteil des vermeintlich schwächeren der beiden Ehepartner, das allein auf den Gesetzmäßigkeiten der eigenen, persönlichen inneren Ehewelt beruht, ist immer richtig.

Auch in den Fällen der Gewalt gegen sich selbst gelten genau dieselben Regeln. Denn traurigerweise hat der Ehepartner, der seine Bedürfnisse verleugnet, nichts Schönes zum Einpacken in die Liebesschatulle. Ganz sicher nicht das Richtige, ohne dass der andere Partner etwas davon bemerkt hat beziehungsweise etwas davon hätte bemerken können. Die Selbstverleugnung des einen Partners führt den anderen dermaßen in die Irre, dass jener gar nicht bemerkt, nur unnützen Plunder statt Perlen und Kostbarkeiten zum Einpacken in die Liebesschatulle hinzulegen. Ehepartner, die ihre wahren Bedürfnisse verleugnen und vor dem anderen verbergen, verhungern in der Ehe quasi am ausgestreckten Arm, ohne dass der andere davon überhaupt etwas mitbekommen kann. Das sind dann eben die unliebsamen Überraschungen, die nach meiner Erfahrung viele Männer ereilen (siehe Kapitel *Die Architektur der Ehe – die Ehefrauen sind in der Ehe unglücklicher als die Ehemänner)*. Auch der Ehepartner, der sich hingebungsvoll aufopfert und auslaugt, aber die erhoffte Wertschätzung und Hingabe nicht bekommt, hat nichts einzupacken – höchstens immer wieder einen Schmutzlappen, wenn er sich wie die Kommode im Flur behandelt fühlt.

Das ist traurig und unnötig. Und warum das Ganze? Nur weil man einem Rollenklischee nachjagt, die perfekte Harmonie wünscht und Konflikte scheut, und dabei die beiden Menschen im Inneren der Ehe mit ihren Bedürfnissen im echten Leben aus den Augen verliert.

Sie sehen also: In diesem Sinne gibt es keine Opfer und keine Täter im Inneren der Ehe. Die Kräfte sind ausgeglichen. Es ist nicht so, dass nur einer der Ehepartner bestimmt und Macht über den anderen ausübt. Jeder der beiden Ehepartner bestimmt ganz allein für sich, wie rücksichts- und liebevoll er mit seinem Ehepartner umgeht, ob er/sie den anderen Partner mit Humor, Toleranz und Hingabe unterstützt, umsorgt und respektiert oder quält, missachtet, belügt und betrügt.

Der andere Ehepartner, der diese Behandlung abbekommt, entscheidet dann aber für sich ganz allein darüber, ob ihm das guttut oder ihn belastet, ob er damit glücklich oder unglücklich ist.

Deshalb macht letztendlich den großen Unterschied für Sie *die Behandlung* aus, die Ihnen Ihr Ehepartner angedeihen lässt. Solange Sie sich wertgeschätzt, geliebt und begehrt fühlen, werden Sie glücklich durch den gemeinsamen Alltag gehen und jeder Gedanke an Scheidung bleibt Ihnen fremd. Sobald Sie jedoch wegen der miesen Behandlung Ihres Partners Ihre persönliche Lebensqualität geringer sehen, als die, die Sie als Single hätten, werden Sie entweder die Beziehung beenden und die Scheidung einreichen oder aber verkümmern. Aber es gilt immer: Sie entscheiden für sich, wie Sie weitermachen wollen. Jede Ehe ist Geschichte, wenn einer von Ihnen entscheidet, dass es reicht und deshalb aus der Ehe ausbricht und sie beendet.

Und das ist üblicherweise der scheinbar Schwächere ... Der *scheinbar* Schwächere hält in Wahrheit die Fäden in der Hand.

Merksätze für Notfälle und Eilige:

1. Die Kräfteverhältnisse in der gesunden Ehe sind ausgeglichen.

2. Die Funktionsweise ist:
Sie entscheiden, wie Sie Ihre/n Partner/in behandeln, ob gut und liebevoll oder mies und gewalttätig.
Der andere Partner entscheidet allein, ob ihm/ihr die Behandlung, die sein/ihr Partner/in an den Tag legt, guttut und gefällt oder nicht. Er/sie nimmt die Richterposition in dieser Beurteilung ein. Der Vorteil eines Richters: Er/sie hat immer recht.

3. Wirken positive Gegebenheiten nach der Heirat auf Sie ein, fühlen Sie sich vom Partner wertgeschätzt, gut und rücksichtsvoll behandelt und steigt Ihre Lebensqualität im Allgemeinen – wozu Sie das Ihre ebenfalls beizutragen haben –, werden Sie in Ihrer Ehe glücklich sein.

4. Natürlich herrscht nicht immer eitel Sonnenschein. Der Weg jeder Beziehung, auch der Ehe, ist stets auch gepflastert mit Missverständnissen und Kummer.

5. Allerdings ist alles nicht so schlimm, wenn sich die beiden Partner überwiegend oft vom anderen geliebt und wertgeschätzt fühlen. Fröhliche, liebevolle und unbeschwerte Momente und zärtliche Hingabe gleichen viele Situationen des Leids aus.

6. Beachten Sie das unterschiedliche Punktesystem!

7. Für Männer: Kleine (auch kostenlose) Zeichen der Zuwendung, Liebe und Hingabe haben bei Ihrer Frau denselben Stellenwert wie sehr teure Geschenke!

8. Niemand hindert Sie, Ihrem/r Partnerin im Alltag immer wieder durch kleine Zeichen der Zuwendung, Liebe und Hingabe zu zeigen, wie glücklich Sie sind, ihn/sie um sich zu haben.

9. Die Regelmässigkeit dieses Verhaltens wird dringend empfohlen!

10. Sammeln Sie Eheglücks-Punkte, indem Sie Perlen verteilen.

Die Königsdisziplin: Die Win-win-Entscheidung im scheinbar unauflösbaren Konflikt

Sie kennen nun die Architektur der Ehe innen und außen, wissen um die beiden unterschiedlichen Ehewelten und haben die Fallstricke und Honigfallen, die nach der Heirat aufgebaut herumstehen, besichtigt. Sie wissen, dass Sie beide mit Ihrer Individualität in der Ehe Platz haben müssen, damit Sie sich mit Herz, Haut und Haar einbringen können, und dass Selbstverleugnung und Gewalt – auch gegen sich selbst – der Ehe schwer schaden. Es ist viel besser, offen zu sagen, was Sie brauchen, um sich wohlfühlen zu können, statt sich zu verbiegen und selbst zu unterdrücken. Das wird Ihnen jetzt sicher leicht fallen im Wissen, dass Sie sich vor Konflikten nicht zu fürchten brauchen, weil diese Ihnen in Wahrheit Orientierungshilfe im Ehealltag geben.

Sie kennen nun den Auslöser und den Mechanismus der Abwärtsspirale im Detail. Und Ihnen ist jetzt bewusst, dass Ihre Behandlung Ihres Ehepartners für das Eheglück von matchentscheidender Bedeutung ist und Sie gut beraten sind, es sich zur Gewohnheit zu machen, Ihrem Partner im Alltag immer wieder durch kleine Zeichen der Hingabe und Zuneigung, durch ein Dankeschön, Ihre Wertschätzung zu zeigen. Das Spiel mit dem Eheversprechen und der Liebesschatulle versinnbildlicht Ihre schöne Aufgabe. Wie der Drall der Aufwärtsspirale zu geben ist, wissen Sie und Ihnen ist auch bekannt, dass niemand perfekt ist, sodass Sie sich getrost so geben können, wie Sie wirklich sind. Sie haben auch Kenntnis davon, dass der Ausgleich wichtig ist und wie die unterschiedliche Punkteverteilung in der Ehewelt der Männer und der Frauen funktioniert.

Wir haben festgestellt, dass der konstruktive Umgang in Konfliktsituationen Sie beide weiterbringen, Ihre Liebe und damit auch Ihre Ehe festigen wird.

Das Einzige, was wir noch nicht besprochen haben ist, nach welchen Kriterien Sie beide Konflikte lösen und in eine Win-win-Situation verwandeln können, wenn in diesen Konfliktsituationen einfach keine Einigung möglich ist, aber nur ein *Ja* oder ein *Nein* die Antwort sein kann.

Diese Lösung ist denkbar einfach.

Wer von Ihnen trägt schwerer an den Konsequenzen der Entscheidung?

Das Eheversprechen mit dem Spiel der Liebesschatulle einerseits und die Vermeidung der Selbstverleugnung andererseits zeigen den Rahmen auf, wie die Entscheidung ausfallen muss, um eine Win-win-Situation schaffen zu können.
Wir beleuchten das System an einem ganz banalen Beispiel. Aber natürlich ist es nur ein System, das auf jede andere, beliebige Konflikt-Pattsituation umgemünzt werden kann.
Geht es beim Konflikt um beispielsweise einen bestimmten Kleiderstil, den der Ehemann bei einem bestimmten Anlass bevorzugt, in dem sich die Ehefrau, die das Kleid letztendlich tragen soll, aber nicht wohlfühlt, ist die Sache einfach: *Sein und ihr Wohlbefinden sind gegeneinander abzuwägen.*

Dabei ist klar, dass das Wohlbefinden der Ehefrau im Kleid sicher schwerer wiegt als das des Ehemannes, nicht zuletzt, weil die Ausstrahlung des persönlichen Wohlbefindens die innere Schönheit ausmacht. Würde sich die Frau mit Rücksicht auf den Geschmack Ihres Mannes anders entscheiden und sich deswegen während des gesamten Anlasses unwohl fühlen, hätte sie weder dieselbe Ausstrahlung noch könnte sie sich unbeschwert verhalten. Sie würde die ganze Zeit am Kleid herumzupfen, es zurechtrücken … Aber wenn sie sich zu diesem speziellen Anlass in ihrem Kleid wohlfühlt, rückt es in den Hintergrund und sie kann den Abend genießen.
Davon profitiert selbstverständlich auch der Ehemann, weil er von ihrer guten Laune angesteckt, von ihrem Charme, ihrer Spritzigkeit mitgerissen und von ihrer Ausstrahlung eingefangen wird – und das sind die Zutaten für einen wundervollen gemeinsamen Abend, nicht das Kleid.

Dieses Prinzip funktioniert natürlich in allen Situationen. Derjenige Partner, der den größeren Nutzen hat, das größere Wohlbefinden, sollte den Zuschlag erhalten.
Und wissen Sie was? Dieses Wissen, dass zu dessen Gunsten entschieden worden ist, steigert dessen Liebesgefühle dem anderen Partner gegenüber. Denn um Großzügigkeit und Toleranz erfahren zu können, muss zuerst eine Situation bestanden haben, die nur durch Großzügigkeit und Toleranz gelöst werden konnte. Das Wissen, dass sich der/die Partner/in großzügig und tolerant gezeigt hat, wird als Liebesbeweis, als Zeichen der Wertschätzung entgegengenommen und verbucht. Natürlich bleibt die emotionale Antwort, die gesteigerte Hingabe und Liebe nicht aus.
Der offene Konflikt wurde zur Win-win-Situation, die die Lebensqualität, die gegenseitige Liebe und Wertschätzung deutlich steigerte.

Respektierung der Persönlichkeitsgrenzen

Geht es um einen anderen, weniger banalen, vielleicht sogar sehr intimen Wunsch eines Ehepartners, mit dem der andere konfrontiert wird – etwa der gemeinsame Besuch eines Swingerklubs in einer an sich geschlossenen Ehe –, verhält es sich genau gleich wie bei der Entscheidung über die Kleiderwahl. Man kann bekanntlich immer von jeder Ebene auf jede Ebene schließen. Das Prinzip ist immer dasselbe.

Für die Entscheidung, ob ein Ehepartner einen solchen Wunsch des anderen erfüllen möchte, spielt *seine Persönlichkeitsstruktur* eine *ausschlaggebende Rolle*.
Er/Sie muss hinterfragen, ob seine/ihre spontane Ablehnung nur in der persönlichen Fantasie-Ehe-Monogamie-Harmonie-Märchen-

vorstellung begründet ist, die problemlos an die Realität angepasst werden kann (und muss), oder *ob mit dem Vorschlag tatsächlich die Grenzen der eigenen Persönlichkeit überschritten* werden und man deshalb Nein sagt. Nein sagen muss, um nicht gegen sich selbst gewalttätig zu werden.

Wir wissen, dass Selbstverleugnung in die Ehekrise führt, und deshalb sind die Grenzen der Persönlichkeit (der eigenen und der des anderen) immer zu respektieren. Die Persönlichkeit jedes Ehepartners, die sich im Laufe der Jahre natürlich auch verändert und entwickelt, muss unversehrt bleiben.

Wird der Kern der Persönlichkeit des einen Ehepartners verletzt, wenn er dem anderen die Freude machen soll, *trägt er schwerer an den Konsequenzen* – an der *schweren Gewaltanwendung* gegenüber sich selbst.

Jeder der beiden Ehepartner muss sich zu jeder Zeit wohlwollend im Spiegel betrachten können. Jede Art von Selbstverleugnung und Gewalt gegen die eigene Persönlichkeit führt unweigerlich dazu, dass der Kontakt zum eigenen Ich sukzessive verloren gehen wird. Es ist wie bei einem Holzgebäude, bei dem nach und nach die Bretter herausgenommen werden: Zuerst wird es zugig, dann wird es in sich zusammenbrechen. Bricht ein Ehepartner zusammen, ist die Ehe am Ende.

Ein solcher Wunsch (z. B. Swingerklubbesuche) sollte deshalb meines Erachtens *nur dann erfüllt werden, wenn das mit den Persönlichkeitsstrukturen beider Ehepartner vereinbar* ist. Die Unversehrtheit der Persönlichkeit, sowohl die eigene als auch die des Partners, hat immer Vorrang.

Was geschieht aber nun, wenn der eine Partner aus Rücksicht auf die Persönlichkeit des anderen zurücksteht und auf die Befriedigung seines Bedürfnisses verzichtet?

Nun ... der andere Ehepartner fühlt sich respektiert, geliebt und wertgeschätzt, denn er ist *erkennbar wichtig für den Partner*. Kommt dann noch dazu, dass er/sie auch im Alltag als nicht selbstverständlich wahrgenommen wird, was ab und an durch ein Dankeschön, eine zärtliche Berührung und kleine Dienste ausgedrückt wird, dann wird, wenn etwas schiefgelaufen ist, nicht reklamiert, sondern nachgefragt und Unterstützung angeboten. – Wie bitte schön könnte es im ehelichen Alltag besser laufen? Sie werden platzen vor Glück! Und es wird natürlich das Bestreben des Partners, dessen Persönlichkeitsschutz den Vorrang hatte, sich für das Verständnis beziehungsweise die Rücksichtnahme entsprechend zu revanchieren.

Wie gesagt: Der Kern der Persönlichkeit jedes Menschen ist unantastbar und muss geschützt werden. Deshalb ist es auch so immens wichtig, selbst für den/die Partner/in der/die Richtige zu sein. Ihr/e Partner/in ist ohnehin wundervoll. Genauso wie Sie es auch sind!

Merksätze für Notfälle und Eilige:

1. Wenn sich beide Ehepartner gleichzeitig etwas anderes wünschen – also ein offener Konflikt besteht –,- ist die Entscheidung nach der Maßgabe zu fällen, wer von Ihnen beiden den besseren Nutzen hat.

2. Wenn der Nutzen bei beiden gleich groß ist, wird einmal zugunsten des einen Partners, ein andermal zugunsten des anderen Partners entschieden.

3. Die Win-win-Situation liegt darin, dass derjenige Partner, dessen Wunsch erfüllt wird, *weiß*, dass er/sie vom zurücktretenden Partner großzügig und tolerant behandelt wird.

4. Diese gute Behandlung ist ein gelebtes Zeichen der Liebe und Wertschätzung, was die Liebesgefühle und den Wunsch nach Ausgleich fördert.

5. Die Ehe wird so gestärkt.

6. Ursache dafür sind der *offene Konflikt* und die konstruktive Lösung.

7. Nur der *offene Konflikt* fördert die Großzügigkeit und Toleranz des zurückstehenden Partners überhaupt erst zutage und lässt sie – auch ohne große Worte – erkennbar machen.

8. Das ist beim verdeckten Konflikt, bei dem die wahren Bedürfnisse hinuntergeschluckt werden, nicht der Fall.

9. Der/die Partner/in, die von den wahren Wünschen und Bedürfnissen des anderen keine Ahnung hat, glaubt fälschlicherweise, dass die Wünsche deckungsgleich seien – und kann keine besondere Großzügigkeit und Toleranz als Liebesbeweis orten. – Ziel verfehlt!

Nun wissen Sie konkret, was sich in den Tiefen Ihrer Beziehung durch die Heirat verändert.
Damit können Sie jetzt erkennen, welche Denkhaltung nach dem Jawort die ehelichen Fallstricke und Honigfallen auslegt und wo

sich diese befinden. Jetzt können Sie die Gefahrenzonen der Ehe umgehen.

Sollten Sie dennoch ab und zu über den Fallstrick stolpern und in die Honigfalle tappen, was im Laufe einer langen Ehe immer wieder vorkommen wird, wissen Sie nun, wo Sie stehen und wie Sie den Abwärtsmechanismus in die Krise stoppen können. Dieses Wissen wird Ihnen helfen, sich vom einzigen Scheidungsgrund fernhalten zu können.

Herzliche Gratulation Ihnen beiden und von ganzem Herzen alles Gute!

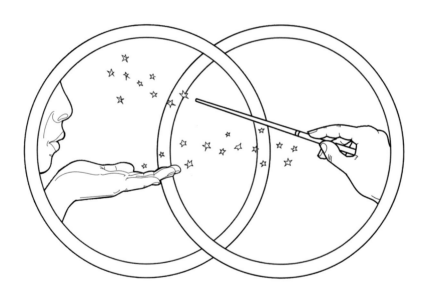

LITERATURHINWEISE

[1] Sirin Kale (Journalistin): Artikel in *VICE*, 13.03.2018: *Warum Geruch bei der Partnerwahl so eine große Rolle spielt,* zur bahnbrechenden Studie von Claus Wedekind, Thomas Seebeck, Florence Bettens und Alexander J. Packe: *MHC dependent mate Preference in human* vom 22. Juni 1995, Universität Bern. Diese Forschungsergebnisse wurden im Laufe der Zeit durch weitere Forscher in eigenen Experimenten bestätigt.

[2] F. Jiménez: *Ohne Pille wirkt der Partner plötzlich anders* in: *Die Welt,* 27.11.2014, unter Bezugnahme auf Forschungsergebnisse der Florida State University (https://www.fsu.edu)

[3] Sirin Kale (Journalistin): Artikel in *VICE*, 13.03.2018: *Warum Geruch bei der Partnerwahl so eine große Rolle spielt,* zur bahnbrechenden Studie von Claus Wedekind, Thomas Seebeck, Florence Bettens und Alexander J. Packe: *MHC dependent mate Preference in human* vom 22. Juni 1995, Universität Bern. Diese Forschungsergebnisse wurden im Laufe der Zeit durch weitere Forscher in eigenen Experimenten bestätigt.

[4] F. Jiménez: *Ohne Pille wirkt der Partner plötzlich anders* in: *Die Welt,* 27.11.2014, unter Bezugnahme auf Forschungsergebnisse der Florida State University (https://www.fsu.edu)

[5] K. Wiedermann: *Wir sollten unserer Nase vertrauen* in: *Hamburger Abendblatt*, 14.08.2018, Interview von Robert Müller-Grünow, Autor des Buches *Die geheime Macht der Düfte*.

[6] F. Jiménez: *Ohne Pille wirkt der Partner plötzlich anders*, in: *Die Welt* 27.11.2014, unter Bezugnahme auf Forschungsergebnisse der Florida State University (https://www.fsu.edu)

[7] *Lexikon der Biologie: Mensch*

[8] Zitat von Penke in Wiebke Hollersons Artikel: *Die Erfindung der Monogamie*, 20.08.2016, mit Bezug auf die Forschungsarbeiten von Christopher Ryan u. Cacilda Jethà: *Sex – Die wahre Geschichte*, erschienen 2016, Klett-Cotta.

[9] Zitat von Penke in Wiebke Hollersons Artikel: *Die Erfindung der Monogamie*, 20.08.2016, mit Bezug auf die Forschungsarbeiten von Christopher Ryan u. Cacilda Jethà: *Sex – Die wahre Geschichte*, erschienen 2016, Klett-Cotta.

[10] Michael J. Rosenfeld: *How Couples Meet and Stay Together (HCMST)*, Study of how Americans meet their spouses and romantic partners, Stanford University Department of Sociology, 2017

[11] R. Breyton: *Deutsche Jugendliche haben ein konservatives Frauenbild* in: *News Check* der *ZEIT* vom 13.09.2018.

[12] Julia Beil in *Business Insider,* 23.08.2021, Artikel: *Es sind vor allem vier Lebensbereiche, die eure Persönlichkeit auch als Erwachsene noch stark verändern können*, mit Hinweisen

[13] *Plan B für die Liebe*, Komödie USA 2010

[14] Artikel Max-Planck-Gesellschaft vom 05.05.2015 «Macht das erste Kind unglücklich, kommen seltener Geschwister» mit Hinweis auf eine Studie des Max-Planck-Instituts für demografische Forschung in Rostock

[15] Artikel Frankfurter Allgemeine 25.08.2019 «Kinder machen glücklich – wenn sie aus dem Haus sind» mit Verweis auf eine Studie von Christoph Becker von der Universität Heidelberg und

Kollegen im Fachjournal „Plos One" sowie Spiegel vom 21.08.2019 «Kinder machen glücklich – wenn sie ausziehen»

[16] BR Wissen Stand: 12.01.2022 , Artikel *Lügen haben kurze Beine – Kleine Schwindler, große Karriere*, mit Zitat von Prof. Dr. Matthias Gamer, Lehrstuhl für Experimentelle Klinische Psychologie, Universität Würzburg

[17] Rebekka Haefeli 08.12.2018, in Artikel NZZ, *Durchschnittlich lügt jeder 25 Mal am Tag*. Die Rechtspsychologin Revital Ludewig sagt, Lügen gehörten zur Sozialkompetenz.

[18] Julia Vergin, Artikel *Lügen machen krank und einsam*, 19.12.2017 in DW, made for minds, mit Hinweisen

[19] Achim Schröder (gest. 2017) in: Deinet, Ulrich/Sturzenhecker, Benedikt (Hrsg.) 2013: *Handbuch Offene Kinder- und Jugendarbeit*, 4. Auflage, Wiesbaden, S. 111-118 in *Handbuch offene Kinder- und Jugendarbeit*, Springer

[20] Definition Bettina Altenberger in: Gewaltprävention. Netzwerk TIROL: Prävention-Intervention-Fortbildung, abgerufen am 22. April 2018.

[21] BKA Partnerschaftsgewalt Kriminalstatistische Auswertung – Berichtsjahre 2019 und 2020

[22] Dr. phil. Marion Sonnenmoser, Ärzteblatt, PP 16, Ausgabe März 2017, Seite 117, Artikel: Häusliche Gewalt gegen Männer: Unbeachtet und tabuisiert